元華文創

卓越文庫 EB009

文獻蒙拾

|鮑廣東　著|

清代圖書目錄集部提要管窺

潘　序

　　本書作者鮑廣東，現為佛光大學語文教育中心、聖母醫護管理專科學校通識教育中心兼任助理教授，講授國文、古今文選與應用文習作、文學與生活、藝術與人生等課程。並曾擔任「98 學年度『教育部通識教育課程計畫──大一國文』專案博士生助理」及「國立臺灣大學《先秦兩漢文選》編輯校對助理」。廣東就讀佛光大學文學所碩士班時，即對古典文獻學有濃厚之興趣，曾選修本人講授之《版本學研究》、《目錄學研究》及《文學文獻學專題》等課程。在本人指導之下，於民國九十八年六月，以〈王國維圖書版本、目錄學著作之文學性研究〉獲得碩士學位。進入博士班後，繼續研究文獻學之相關議題，於民國一〇五年六月，以〈清代圖書目錄集部提要研究〉獲得博士學位。其主要研究領域為文學文獻學、目錄學、中國古代藏書文化，兼及世界華文文學、應用中文寫作、藝術文化等。

　　本書乃作者近年於「文學文獻學」領域的研究成果，係以「清代圖書目錄集部提要」為研究對象，嘗試結合「文學」與「文獻學」的學科思維作為詮釋角度，在「文獻」的資料性學術意義之外，思索潛藏於客觀資訊之下的內在學術意涵，進而作為觀照其他相關議題的重要線索。全書分別從清代圖書目錄集部提要的「外在結構」、「內在理路」與「文學視野」等三個面向進行析論，闡釋其中所揭示的學術意涵，並藉以觀照清代文學現象與發展情形之一隅。整體而言，本書深具學術研究價值，足供相關學者參考。

　　本書之完成與出版，證明作者在此研究領域，更向前邁進了一大步。期望廣東能不辭辛勞、不畏艱難，繼續在這一塊園地耕耘、播種，豐碩的成果，

是指日可待的。

潘美月

謹識於國立臺灣大學中國文學系

民國一百零柒年三月二十一日

目 次

第一章　緒論

　　自西漢劉向（77 B.C.－6 B.C.）、劉歆（約50 B.C.－23）父子確立圖書目錄編纂之要旨，包含「條其篇目，撮其旨意」、「論其指歸、辨其訛謬」和「集六藝群書，種別為《七略》」，後世編纂目錄多以此為依歸，清代章學誠（1738－1801）更以「辨章學術，考鏡源流」，總括目錄學之意義。章氏之說，彰顯「目錄」雖是以書籍為對象，但編纂者亦須參酌學術源流及各書宗旨，否則難以部次類居，甚至可能產生鄭樵（1104－1162）《通志》所謂「類例不明，圖書失紀」的窘況。

　　清王鳴盛（1722－1797）《十七史商榷》云：「目錄之學，學中第一要緊事，必從此問途，方能得其門而入。」[1]又有張之洞（1837－1909）《輶軒語‧語學篇‧論讀書宜有門徑》云：「氾濫無歸，終身無得；得門而入，事半功倍。……此事宜有師承，然師豈易得？書即師也。今為諸君指一良師，將《四庫全書總目提要》讀一過，即略知學術門徑矣！」[2]王、張二人皆標舉「目錄學」之於治學的重要意義，而其所謂「入門」之關鍵，即取決於圖書目錄所具備「辨章學術，考鏡源流」的特質。從體制上來說，若要論一圖書目錄是否具備「辨章學術，考鏡源流」的特質，除考其「類例（亦稱「種別」）」外，「提要」即為一項觀察之重點。

---

[1] 〔清〕王鳴盛，《十七史商榷》（臺北：廣文書局，1980年），頁56。

[2] 〔清〕張之洞，《輶軒語》，收錄於嚴靈峯編，《書目類編》第93冊（臺北：成文出版社，1978年），頁41651。

一、研究動機與目的

考中國目錄學之起源,當始於先秦,然西漢劉氏父子,融會前人撰述敘錄、校讎編目、圖書分類等智慧結晶,創建一套縝密而完善的目錄學體制,故後世稱「目錄學」時,多尊劉氏父子為宗。[3]自劉向《別錄》、劉歆《七略》以降,經《漢書・藝文志》、《隋書・經籍志》、《崇文總目》……等官修圖書目錄,以及私撰圖書目錄如:《郡齋讀書志》、《直齋書錄解題》、《百川書志》……等,使圖書目錄「提要」之體制愈趨完備。時至清代,有官修《四庫全書總目提要》(以下簡稱《四庫全書總目》)為集大成者,又有《牧齋題跋》、《讀書敏求記》、《士禮居藏書題跋記》、《蕘圃藏書題識》、《鄭堂讀書記》……等私撰圖書目錄前後相繼而出。清代圖書目錄著作,一時蔚然。

除「類例」外,「提要」亦為圖書目錄中的重要體制。提要,別稱「敘錄」、「解題」、「書錄」等。「提要」體制係源於西漢劉向,《漢書・藝文志・序》云:

> 至成帝時,以書頗散亡,使謁者陳農求遺書於天下。詔光祿大夫劉
> 向校經傳、諸子、詩賦;步兵校尉任宏校兵書;太史令尹咸校數術;
> 侍醫李柱國校方技。每一書已,向輒條其篇目,撮其旨意,錄而奏
> 之。[4]

阮孝緒(479－536)《七錄・序》亦云:「昔劉向校書,輒為一錄,論其

---

[3] 昌彼得、潘美月,《中國目錄學》(臺北:文史哲出版社,1986年),頁29—36。

[4] 〔漢〕班固,《漢書・藝文志・序》,收錄於班固,《仁壽本二十六史・漢書》(臺北:成文出版社,1971年),頁1339。

指歸，辨其訛謬。」⁵可知「提要」體制當以劉向為濫觴，而其所立「提要」的義例，亦為後世目錄編纂者所奉之圭臬、所持之準繩，諸如《郡齋讀書志》、《直齋書錄解題》及《四庫全書總目》……等，大致皆依循劉向所立義例以撰寫「提要」。

昌彼得、潘美月《中國目錄學》云：

> 劉向撰寫敘錄，所立下的義例有三項：一曰介紹著者的生平……並敘述作者的學術淵源及其師承……；第二個義例為說明著書的原委，及書的大旨……；第三項義例是評論書的得失……。⁶

在劉向所建構的「提要」義例之上，後人亦根據不同的需求和使用取向，加入其他有助益於治學的資訊，如：記版本鑑別及遞藏源流、抄錄書中序跋、釋校勘辨偽情形，或載前人手書題識、印記等；似此類「提要」者，多出於明清時期，又被稱為「賞鑑書志」。⁷然而，無論後世所撰「提要」載錄內容，是否與劉向所立之義例全然相合，但仍大抵不脫「撮其旨要」、「論其指歸、辨其訛謬」的範疇，以及「使讀者在未讀其書之先……幫助他們讀其書時可以有進一步的了解」的精神宗旨。⁸換句話說，若能掌握圖書目錄中的「類例」與「提要」，則應能作為觀照整體學術樣貌和各領域學門發展的途徑。

劉歆《七略》按圖書之類例，分有〈輯略〉、〈六藝略〉、〈諸子略〉、〈詩賦略〉、〈兵書略〉、〈數術略〉及〈方技略〉等七略；時至魏晉，由於學術漸趨精細，典籍數量與日遽增，七略之分法已難恪守，故四部分類之法，乘勢而起。自有四部之法，無論為「甲、乙、丙、丁」或「經、史、子、集」，均

---

5 〔梁〕阮孝緒，《七錄·序》，收錄於《宋磧砂大藏經·廣弘明集》（臺北：新文豐出版社，1987年），頁292。

6 昌彼得、潘美月，《中國目錄學》，頁42—44。

7 昌彼得、潘美月，《中國目錄學》，頁60—63。

8 昌彼得、潘美月，《中國目錄學》，頁44。

有以收詩賦、文集為主之部類，如：荀勗(？－289)《中經新簿》「丁部」分詩賦、圖贊、汲家書三類，魏徵（580─643）《隋書‧經籍志》[9]「集部」分楚辭、別集、總集三類，至《四庫全書總目》「集部」則有楚辭、別集、總集、詩文評、詞曲等五類。由此可知，無論是以「七略」或「四部」分類，文學之作俱列於其中。

曹丕（187－226）《典論‧論文》云：「文章經國之大業，不朽之盛事。」杜甫（712－770）〈偶題〉亦云：「文章千古事，得失寸心知。」可知文學乃千古之大業，而俾使文學得以傳承千古的主要載體，即為「集部典籍」。然而，古往今來「集部典籍」何其之多，絕無任何圖書目錄可收盡天下之「集部典籍」，故在「收」與「未收」之間，即產生諸多可供解讀的詮釋空間。其次，無論是部次類居或撰寫提要，目錄編纂者皆難以「絕對客觀」的立場進行編纂工作，其中必定摻有個人的「主觀意志」；而「主觀意志」的產生，勢必與其個人過去的學習經驗、生命歷練、文學觀念……等因素息息相關，甚至如官修圖書目錄，亦可能受到當朝政治意識的影響，而出現「選擇性」收錄或「導引式」論述的情形。再進一步思考，圖書目錄編纂時的國事興衰、社會氛圍、學術和文學風氣……等，亦可能是影響編纂者「主觀意志」的外在因素。如此想來，許多潛藏在目錄「類例」和「提要」表象之下的深層意涵，便具有值得進一步探索之意趣。

另一方面，根據范芝熏〈中國古典目錄體制「提要」之研究〉[10]整理，中國歷代提要書目，自西漢至清代至少有 215 種，其中又以清代為最多，計有 151 種；雖已「散佚」或「未見」者亦列於其中，但尚存（包含「殘存」與「輯存」）且屬清代者，猶計有 149 種，足見清代圖書目錄發展之盛況。因此，筆者以為若能對於其中的「集部提要」有所掌握，或能作為觀察清代文

---

[9] 按昌彼得、潘美月《中國目錄學》所考，唐長孫無忌為奉召監修《隋書》，稿成後亦由其進表，但《隋書‧經籍志》的實際撰稿人應為唐魏徵，詳見《中國目錄學》，頁 135－136。故本書所稱《隋書‧經籍志》的著者皆作魏徵，而《隋書》的著者仍因循傳本所題，皆作長孫無忌。

[10] 范芝熏，〈中國古典目錄體制「提要」之研究〉，輔仁大學圖書資訊學系碩士論文，2006 年。

學現象及發展情形的一種途徑。

　　而綜觀前賢對於「清代圖書目錄提要」的相關研究，除了就「中國圖書目錄的『類例』情形與方式」，以及「中國圖書目錄的『提要』體例與形制」所進行的綜合性討論之外，針對「圖書目錄」本身所作的相關研究，無論官修或私撰，多是以單一圖書目錄為論述主軸，如《四庫全書總目》、《文選樓藏書記》、《愛日精廬藏書志》、《鄭堂讀書記》……等；因此，本書係欲嘗試串連前賢對於各圖書目錄的研究，進而開展關於「清代圖書目錄集部提要」的相關論述。另一方面，對於清代的文學發展情形與文學視野的相關討論，過去多以「文學作品」或「學術思潮」為主要的論述出發點，而本書係欲以「圖書目錄提要」為起點，析論其中所揭示的內在意涵，並與前賢研究相互對照，希冀能更為全面地掌握清代的文學發展情形與文學視野。

　　職是之故，本書擬以徐瑞香〈析辨「提要」及其撰寫原則舉隅〉[11]、范芝熏〈中國古典目錄體制「提要」之研究〉為撰述之基礎，參考曾守正《權力、知識與批評史圖像──《四庫全書總目》「詩文評類」的文學思想》[12]、龔詩堯《《四庫全書總目》之文學批評研究》[13]的研究方法，並以周彥文《中國文獻學理論》[14]所建構之理論為架構，輔以其他相關文獻，如：昌彼得、潘美月《中國目錄學》、周彥文《中國目錄學理論》[15]、鄔國平等著《清代文學批評史》[16]、張維屏《紀昀與乾嘉學術》[17]、曾紀剛《《四庫全書》之纂修

[11] 徐瑞香，〈析辨「提要」及其撰寫原則舉隅〉，《書目季刊》第 38 卷第 1 期（2004 年 6 月），頁 39─54。

[12] 曾守正，《權力、知識與批評史圖像──《四庫全書總目》「詩文評類」的文學思想》（臺北：臺灣學生書局，2008 年）。

[13] 龔詩堯，《《四庫全書總目》之文學批評研究》（臺北：花木蘭文化出版社，2005 年）。

[14] 周彥文，《中國文獻學理論》（臺北：臺灣學生書局，2011 年）。

[15] 周彥文，《中國目錄學理論》（臺北：臺灣學生書局，1995 年）。

[16] 鄔國平、王鎮遠著，《清代文學批評史》（上海：上海古籍出版社，1995 年）。

[17] 張維屏，《紀昀與乾嘉學術》（臺北：國立臺灣大學出版委員會，1998 年）。

與崇實思潮之關係研究》[18]、陳祖武等著《乾嘉學派研究》[19]及曹紅軍《康雍乾三朝刻書機構研究》[20]……等，嘗試從「文學史」、「文學批評」與「文獻學」等面向著手，以「清代圖書目錄集部提要」為對象，思考其中所揭示的內在意涵。希冀能藉由對文獻的歸納與分析，結合「文學」與「文獻學」的學科思維作為詮釋角度，觀照清代的文學現象及發展情形之一隅。

二、文獻探討與分析

本節凡分二部分，第一部分〈目前研究概況〉，係就本書研究論題可能涉及之學術範疇和領域的參考文獻作梳理，藉以釐清目前相關的研究概況，並作為後續討論的基礎。第二部分〈主要參考文獻的探討與分析〉，係針對本研究開展論述時，所欲根據的主要參考文獻進行探討、分析，藉以作為全文論述的核心基礎架構。以下即依序探討、分析之：

(一) 目前研究概況

針對本書所欲探討之論題方向，筆者大抵將前賢對於「清代圖書目錄集部提要」的相關研究成果，區分為三個主要面向進行探討和分析，藉以梳理目前相關論題之研究概況，分別為：「『類例』和『提要』」[21]、「清代官修圖書目錄」、「清代私撰圖書目錄」。

---

[18] 曾紀剛，《《四庫全書》之纂修與崇實思潮之關係研究》（臺北：花木蘭文化出版社，2005 年）。

[19] 陳祖武、朱彤窗，《乾嘉學派研究》（北京：人民出版社，2011 年）。

[20] 曹紅軍，《康雍乾三朝刻書機構研究》（臺北：花木蘭文化出版社，2013 年）。

[21] 本部分所稱「類例」與「提要」，係指於「目錄學」學科範疇內，就「類例」和「提要」體制所作的綜合性或理論性的討論，而非針對單一或二部以上之圖書目錄的「類例」和「提要」所作的研究；因此，諸如周汝英〈《四庫全書總目》分類法評述〉、李劍亮〈試論《四庫全書總目》詞籍提的詞學批評成就〉……等論著，即不在本部分所稱「類例」與「提要」的指涉範圍之內。

1.「類例」和「提要」

綜觀前賢研究，討論「類例」者眾多，如有：昌彼得、潘美月《中國目錄學》、劉兆祐《中國目錄學》[22]、周彥文《中國目錄學理論》和《中國文獻學理論》……等「目錄學」與「文獻學」專著，皆有部分篇章專門析論圖書目錄的「類例」及相關延伸之議題；又如盧荷生〈中國目錄學的歷史特性：略考中國目錄類例之衍變〉[23]及〈集部類例考述〉[24]、鄭惠珍〈中西圖書分類原理之比較研究〉[25]……等期刊和學位論文，對於圖書目錄「類例」的原理與發展情形，係有詳盡的剖析與闡釋。前賢的研究與討論，大抵勾勒了中國圖書目錄的「類例」方式、原理與發展情形，進而點出歷代學科分類視野的衍變概況。

其次，前賢對於「提要」的研究，除上述昌彼得、潘美月《中國目錄學》、劉兆祐《中國目錄學》、周彥文《中國目錄學理論》……等「目錄學」專著，同樣有部分篇章對於「提要」有專門的析論之外，其他諸如李子瑞〈序跋提要及其他〉[26]、朱天俊〈中國古代提要〉[27]、王忠賢〈提要發展述略〉[28]、王玉華〈提要與文摘異同比較〉[29]、吳聖波〈論古代書目提要〉[30]、祈晨越〈「藏書志」界義初探〉[31]、黎至英〈論書目提要〉[32]、李蘇華〈試論提要在文獻編目

[22] 劉兆祐，《中國目錄學》（臺北：五南圖書出版公司，2002 年）。

[23] 盧荷生，〈中國目錄學的歷史特性：略考中國目錄類例之衍變〉，《輔仁學誌・文學院之部》第 15 期（1986 年 6 月），頁 193—209。

[24] 盧荷生，〈集部類例考述〉，《輔仁學誌・文學院之部》第 20 期（1991 年 6 月），頁 95—104。

[25] 鄭惠珍，〈中西圖書分類原理之比較研究〉，臺灣大學圖書資訊學系碩士論文，2009 年。

[26] 李子瑞，〈序跋提要及其他〉，《圖書館工作與研究》第 4 期（1984 年），頁 26—27。

[27] 朱天俊，〈中國古代提要〉，《晉圖學刊》第 4 期（1993 年），頁 50—54。

[28] 王忠賢，〈提要發展述略〉，《圖書館學刊》第 16 卷第 3 期（1994 年），頁 52—55。

[29] 王玉華，〈提要與文摘異同比較〉，《情報資料工作》第 6 期（1994 年），頁 20—22。

[30] 吳聖波，〈論古代書目提要〉，《圖書館論壇》第 4 期（1995 年），頁 13—15、72。

[31] 祈晨越，〈「藏書志」界義初探〉，《圖書館雜誌》第 25 卷第 8 期（2006 年），頁 75—77。

中的重要作用〉[32]、徐瑞香〈析辨「提要」及其撰寫原則舉隅〉、范芝熏〈中
國古典目錄體制「提要」之研究〉……等期刊和學位論文,皆對於圖書目錄
「提要」體制作有深入的析論。簡單來說,前賢對於中國圖書目錄「提要」
體制的研究成果,大抵包含對目的、作用、種類、體例、形制、撰寫原則、
源流與發展情形等不同面向的討論;藉此,即能作為本書後續開展論述,以
及探究「清代圖書目錄集部提要」所體現之學術意涵和文學視野的重要基礎。

2. 清代官修圖書目錄

　　清代官修圖書目錄大抵分有二大系統,一為「《四庫全書》系統」[34],次
為「『天祿琳琅』系統」[35]。

　　綜觀前賢研究成果,歷來對於「《四庫全書》系統」圖書目錄的討論,特
別是與《四庫全書總目》相關的研究論著繁多,且所涉之學術面向及領域亦
屬多元,實難逐一詳細列舉。於專著方面,如有余嘉錫《四庫提要辨證》[36]、
司馬朝軍《《四庫全書總目》研究》[37]及《《四庫全書總目》編纂考》[38]、周積
明《文化視野下的《四庫全書總目》》[39]、胡玉縉《四庫全書總目提要補正》
[40]、崔富章《四庫提要補正》[41]、張舜徽《四庫提要敍講疏》[42]、張傳峰《「四

---

[32] 黎至英,〈論書目提要〉,《大學圖書情報學刊》第 3 期(1996 年),頁 1—3。

[33] 李蘇華,〈試論提要在文獻編目中的重要作用〉,《嘉義大學學報(社會科學)》第 4 期(1998
年),頁 104—106。

[34] 本書所稱「《四庫全書》系統」,係指以《四庫全書》為核心,所編纂具有提要體制的官修圖書
目錄,擇其要者有《四庫全書總目提要》與《四庫全書簡明目錄》。

[35] 本書所稱「『天祿琳琅』系統」,係指根據清代「昭仁殿(「天祿琳琅」)庋藏,所編纂具有提
要體制的官修圖書目錄,包含《天祿琳琅書目》與《天祿琳琅書目續編》(又稱《天祿琳琅書目
後編》)。

[36] 余嘉錫,《四庫提要辨證》(臺北:藝文印書館,1989 年)。

[37] 司馬朝軍,《《四庫全書總目》研究》(北京:社會科學文獻出版社,2004 年)。

[38] 司馬朝軍,《《四庫全書總目》編纂考》(武漢:武漢大學出版社,2005 年)。

[39] 周積明,《文化視野下的《四庫全書總目》》(北京:中國青年出版社,2001 年)。

[40] 胡玉縉,《四庫全書總目提要補正》(臺北:木鐸出版社,1981 年)。

庫全書總目」學術思想研究》[43]……等。於期刊論文、學位論文方面，如有
周積明〈《四庫全書總目》文化價值重估〉、陳曉華〈《四庫全書》三種提要之
比較〉[44]、司馬朝軍〈殿本《四庫全書總目》與庫本提要之比較〉[45]、李僅〈《四
庫全書總目》案語初探〉[46]、王晉卿〈《四庫全書總目》目錄學思想與方法〉
[47]、黃智明〈武英殿本《四庫全書總目》語文溯閣《四庫全書》書前提要異同
述略〉[48]、許文淵〈清修四庫全書之目錄學〉[49]、段又瑄〈四庫分纂稿、閣書
提要和《總目》提要之內容比較分析——以集部為例〉[50]……等。再有如《兩
岸四庫學——第一屆中國文獻學學術研討會論文集》一類的會議論文集，亦
收有多位前賢從事相關研究的會議論文。綜觀上述，前賢對「《四庫全書》系
統」圖書目錄的討論，所涉及的學術領域和範疇，大抵含括稽考版本源流、
纂修過程、校對補正、學術思想、文化意涵……等多方面向，多有精闢且獨
到之見解。

　　而與本書研究論題較直接相關者，即以《四庫全書總目》「集部」為討論
核心的相關文獻，如曾守正《權力、知識與批評史圖像——《四庫全書總目》

[41] 崔富章，《四庫提要補正》（杭州：杭州大學出版社，1984年）。

[42] 張舜徽，《四庫提要敘講疏》（臺北：臺灣學生書局，2002年）。

[43] 張傳峰，《「四庫全書總目」學術思想研究》（上海：學林出版社，2007年）。

[44] 陳曉華，〈《四庫全書》三種提要之比較〉，《首都師範大學學報（社會科學版）》2005年第3
期，頁61—65。

[45] 司馬朝軍〈殿本《四庫全書總目》與庫本提要之比較〉，《圖書館理論與實踐》第2期（2005年），
頁61—63。

[46] 李僅，〈《四庫全書總目》案語初探〉，《江淮論壇》第4期（2005年），頁157—160。

[47] 王晉卿，〈《四庫全書總目》目錄學思想與方法〉，《湘潭大學學報（社會科學版）》第1期（1994
年），頁111—115。

[48] 黃智明，〈武英殿本《四庫全書總目》語文溯閣《四庫全書》書前提要異同述略〉，《中國文哲
研究通訊》第25卷第3期（2015年9月），頁167—185。

[49] 許文淵，〈清修四庫全書之目錄學〉，政治大學中國文學研究所碩士論文，1975年。

[50] 段又瑄〈四庫分纂稿、閣書提要和《總目》提要之內容比較分析——以集部為例〉，臺灣大學圖
書資訊學研究所碩士論文，2007年。

「詩文評類」的文學思想〉、龔詩堯《《四庫全書總目》之文學批評研究》……
等，對於《四庫全書總目》所體現的文學思想與文學批評之情形，均有深入
的剖析和闡釋，是為本書建構研究方法與思路進程的重要參考文獻。再如包
根弟〈《四庫全書總目提要》歷代詞家評論探析〉[51]、成林〈試論《四庫提要》
的文學批評方法〉[52]、李劍亮〈試論《四庫全書總目》詞籍提要的詞學批評成
就〉[53]、楊有山〈論《四庫全書總目》的文體研究〉[54]、〈試論《四庫全書總目》
的文學批評觀念〉[55]和〈論《四庫全書總目》的文學史研究〉[56]、孫紀文《《四
庫全書總目》文學批評的話語分析〉[57]、曾守正〈被隱藏的聯繫性：《四庫全
書總目》唐代別集提要的文學史敘述〉[58]、許嘉瑋〈「崇實」作為一種批評方
法──論《四庫全書總目》「楚辭類」提要呈現之文學思想〉[59]……等論著，
係從文學研究的角度切入，分別就文體學、文學史、文學批評、文學思想等
面向著手，開展對於《四庫全書總目》的論述。

其次，前賢對於「『天祿琳琅』系統」圖書目錄的討論，亦有豐碩的研究

---

[51] 包根弟，〈《四庫全書總目提要》歷代詞家評論探析〉，《輔仁國文學報》第 9 期（1993 年 6 月），
頁 53─108。

[52] 成林，〈試論《四庫提要》的文學批評方法〉，《南京大學學報（哲學人文社會科學）》第 1 期
（1998 年），頁 47─53。

[53] 李劍亮，〈試論《四庫全書總目》詞籍提要的詞學批評成就〉，《文學遺產》第 5 期（2001 年），
頁 86─93。

[54] 楊有山，〈論《四庫全書總目》的文體研究〉，《南陽師範學院學報（社會科學版）》第 1 卷第 3
期（2002 年 6 月），頁 44─45。

[55] 楊有山，〈試論《四庫全書總目》的文學批評觀念〉，《江漢論壇》2003 年第 4 期，頁 107─109。

[56] 楊有山，〈論《四庫全書總目》的文學史研究〉，《信陽師範學院學報（哲學社會科學版）》第
23 卷第 4 期（2003 年 8 月），頁 95─97。

[57] 孫紀文，〈《四庫全書總目》文學批評的話語分析〉，《江西社會科學》2007 年 7 月（2007 年），
頁 235－243。

[58] 曾守正，〈被隱藏的聯繫性：《四庫全書總目》唐代別集提要的文學史敘述〉，《淡江中文學報》
第 21 期（2009 年 12 月），頁 119－152。

[59] 許嘉瑋，〈「崇實」作為一種批評方法──論《四庫全書總目》「楚辭類」提要呈現之文學思想〉
《淡江中文學報》，第 27 期（2012 年 12 月），頁 225－252。

成果。如楊果霖〈《天祿琳琅書目》補正析例〉[60]、〈《天祿琳瑯書目》鑒別版
刻優劣之法析論〉[61]、〈《天祿琳琅書目》考訂偽本圖書方法析論〉[62]、〈《天祿
琳琅書目》的整理成果及其展望〉[63]、〈《天祿琳琅書目》考辨古籍版本方法述
評〉[64]、劉薔《天祿琳琅研究》[65]、〈論《天祿琳琅書目》對後世版本目錄之影
響〉[66]，以及錢亞新〈略論天祿琳琅書目〉[67]、賴福順《清代天祿琳琅藏書印
記研究》[68]、董運來〈讀《天祿琳琅書目》札記九則〉[69]、王曉靜〈《天祿琳琅
書目》點校拾零〉[70]、胡堅〈《欽定天祿琳琅書目》辨誤補正一則〉[71]、唐桂艷
〈《天祿琳琅書目》研究〉[72]、〈略論《天祿琳琅書目》的文獻學價值〉[73]……

---

[60] 楊果霖，〈《天祿琳琅書目》補正析例〉，收錄於《第一屆中國古典文獻學國際學術研討會論文
集》（臺北：聖環圖書股份有限公司，2010 年），頁 67－86。

[61] 楊果霖，〈《天祿琳瑯書目》鑒別版刻優劣之法析論〉，《人文集刊》第 10 期（2013 年 8 月），
頁 1－23。

[62] 楊果霖，〈《天祿琳琅書目》考訂偽本圖書方法析論〉，《書目季刊》第 40 卷第 3 期（2006 年
12 月），頁 9－29。

[63] 楊果霖，〈《天祿琳琅書目》的整理成果及其展望〉，《臺北大學中文學報》第 19 期（2016 年），
頁 1－22。

[64] 楊果霖，〈《天祿琳琅書目》考辨古籍版本方法述評〉，《國家圖書館館刊》101 年第 1 期（2012
年），頁 23－50。

[65] 劉薔，《天祿琳琅研究》（北京：北京大學出版社，2012 年）。

[66] 劉薔，〈論《天祿琳琅書目》對後世版本目錄之影響〉，《國家圖書館學刊》2011 年第 4 期，頁
64、90－95。

[67] 錢亞新，〈略論天祿琳琅書目〉，《河南圖書館學刊》1989 年第 1 期（總第 33 期）（1989 年 3
月），頁 26。

[68] 賴福順，《清代天祿琳琅藏書印記研究》（臺北：中國文化大學出版社，1991 年）。

[69] 董運來，〈讀《天祿琳琅書目》札記九則〉，《圖書館雜誌》2005 年第 4 期（2005 年），頁 73
－75。

[70] 王曉靜，〈《天祿琳琅書目》點校拾零〉，《圖書館理論與實踐》2013 年第 7 期(2013 年)，頁 52
－55。

[71] 胡堅，〈《欽定天祿琳琅書目》辨誤補正一則〉，《圖書館雜誌》2004 年第 3 期(2004 年)，頁 71
－73。

[72] 唐桂艷，〈《天祿琳琅書目》研究〉，山東大學古籍研究所碩士論文，2004 年。

等各家論著，除針對《天祿琳琅書目》內容所進行的校對補正之外，就《天祿琳琅書目》的版本考辨方式、藏書印記、文獻價值與影響，以及相關學術研究之展望等面向，諸位前賢均作有詳盡的考述與闡釋。而關於《天祿琳琅書目續編》的討論，則有謝宛芝的〈《天祿琳琅書目・後編》研究〉[74]、王春琴〈彭元瑞《天祿琳琅書目後編》〉[75]，分別針對《天祿琳琅書目續編》的編纂過程、體例特點、書籍聚散情形、文獻學價值與不足之處等面向，均有詳實的闡述，亦就《天祿琳琅書目續編》的版本鑑定之誤進行辨析；對於開展《天祿琳琅書目續編》的後續研究，實有相當之助益。

3. 清代私撰目錄

綜觀前賢的研究成果，實不乏以清代藏書家或藏書目錄為主軸的論著，如：沈新民《清丁丙及其善本書室藏書志研究》[76]、張碧惠《晚清藏書家繆荃孫研究》[77]、湯絢《清初藏書家錢曾研究》[78]、邱麗玟《馬國翰及其《玉函山房藏書簿錄》研究》[79]、趙飛鵬《觀海堂藏書研究》[80]及《黃丕烈及其《百宋一廛賦注》研究》[81]、藍文欽《鐵琴銅劍樓藏書研究》[82]……等專著；又如姚

---

[73] 唐桂艷，〈略論《天祿琳琅書目》的文獻學價值〉，《故宮博物院院刊》2007 年第 2 期(2007 年)，頁 146－151。

[74] 謝宛芝，〈《天祿琳琅書目・後編》研究〉，臺北大學古典文獻學研究所碩士論文，2005 年。

[75] 王春琴，〈彭元瑞與《天祿琳琅書目後編》〉，華東師範大學人文學院古籍研究所碩士論文，2008 年。

[76] 沈新民，《清丁丙及其善本書室藏書志研究》（臺北：漢美圖書有限公司，1991 年）。

[77] 張碧惠，《晚清藏書家繆荃孫研究》（臺北：漢美出版社，1991 年）。

[78] 湯絢，《清初藏書家錢曾研究》（臺北：漢美出版社，1991 年）。

[79] 邱麗玟，《馬國翰及其《玉函山房藏書簿錄》研究》（臺北：花木蘭文化出版社，2009 年）。

[80] 趙飛鵬，《觀海堂藏書研究》（臺北：花木蘭文化出版社，2005 年）。

[81] 趙飛鵬，《黃丕烈及其《百宋一廛賦注》研究》（臺北：花木蘭文化出版社，2005 年）。

[82] 藍文欽，《鐵琴銅劍樓藏書研究》（臺北：漢美出版社，1991 年）。

伯岳〈《鐵琴銅劍樓藏書目錄》初探〉[83]、王珠美〈清代藏書家張金吾研究〉[84]、白育穎〈周中孚及其《鄭堂讀書記》研究〉[85]……等期刊及學位論文，無論是對於藏書家生平、藏書特色、藏書目錄編纂情形等相關議題，皆有精闢、獨到之見解。然而，對於圖書目錄「提要」所揭示的內在意涵，如文學批評與發展等論題，前賢於研究中則相對較少論及。

(二) 主要參考文獻的探討與分析

此部分係就本書所欲根據的基礎文獻、依憑的研究理論，以及開展論述的研究方法等面向著手，選擇以周彥文《中國文獻學理論》、曾守正《權力、知識與批評史圖像——《四庫全書總目》「詩文評類」的文學思想》、龔詩堯《《四庫全書總目》之文學批評研究》、徐瑞香〈析辨「提要」及其撰寫原則舉隅〉等論著，作為主要參考文獻進行探討與分析，藉以奠定後續論述之基礎。[86]以下依序探討、分析之：

1. 周彥文《中國文獻學理論》

周彥文（以下稱「周氏」）《中國文獻學理論》，係以「使『文獻學』發展成為一門獨立學科」為論述之出發點，藉由方法、外在結構及內在學理等層面，建構專屬於「文獻學」的研究理論，欲以呈現「文獻學」的整體性。全書凡分五章，除第一章〈緒論〉、第五章〈結論〉外，第二章至第四章依序為〈方法論〉、〈外在結構論〉、〈內在學理論〉。

第一章〈緒論〉，闡釋研究動機與目的，以做為後續立論之基礎與依據。

[83] 姚伯岳，〈《鐵琴銅劍樓藏書目錄》初探〉，《常熟理工學院學報（哲學社會科學）》第9期（2008年9月），頁110—117。

[84] 王珠美，〈清代藏書家張金吾研究〉，臺灣大學圖書館學研究所碩士論文，1988年。

[85] 白育穎，〈周中孚及其《鄭堂讀書記》研究〉，臺北大學古典文獻研究所碩士論文，2010年。

[86] 曾守正《權力、知識與批評史圖像——《四庫全書總目》「詩文評類」的文學思想》與龔詩堯《《四庫全書總目》之文學批評研究》二書，雖為針對單一圖書目錄研究的論著，但因屬本書研究方法及思路進程的主要參考文獻，故仍列為〈文獻探討與分析〉的析論對象。

既然周氏欲將「文獻學」視為一門獨立學科,並架構一套屬於「文獻學」的
理論體系,便必須確使「文獻學」納入某個知識體系或學術脈絡之中,並找
出其研究意義與價值,方能使「文獻學」成為一門獨立的學科。周氏云:

> 在閱讀前人文獻後,形成了個人的思想,個人的思想在形諸於新編
> 撰的文獻,再由文獻的閱讀討論,構成一個時代的學術思想,然後
> 再形諸文獻。如此循序往復,架構出一個知識體系。[87]

　　換句話說,「文獻」與「思想」、「學術」三者之間,乃具有密不可分的關
連性;因此,即說明「文獻」確有其被研究、討論的價值與意義,甚至有足
夠的條件被視為一門獨立的學科。而周氏全書所建構的「文獻學理論」,即立
基於「思想」、「文獻」與「學術」三者間的循環體系之上。

　　其次,周氏乃為「文獻」一詞作定義,其云:「一切載體所載錄的,可以
呈現信息和知識的任何文字或符號,均稱之為文獻。」[88]然而,當「文獻」
成為一門正式學科,即所謂「文獻學」時,則其研究範疇不宜漫無目標、無
限上綱地擴張,故周氏在《中國文獻學理論》中所採取的研究策略,乃限定
於對「狹義的文獻」所做的探討,即是對「知識性的文獻」所做的研究[89]。
在此前提之下,周氏進一步劃定「文獻學」應探討的三種研究領域,包括:
文獻整理實務、文獻學史、文獻學理論。另一方面,周氏認為「文獻學理論」
係為一套根據文獻構成原理及文獻詮釋角度的歸納,進而成就的學科,故當
為一門「後設性」的學科;而該學科目的,即「在於幫助文獻的解讀者能夠

---

[87] 周彥文,《中國文獻學理論》,頁4。

[88] 周彥文,《中國文獻學理論》,頁27。

[89] 周彥文云:「我們現在作『文獻學』研究,則限於較狹義的文獻定義上,及專指知識性的文獻。
其他無法納入某一種文獻類型,屬於信息性的文獻,雖是廣義文獻的範疇,可是不納入文獻學的
討論。」(周彥文,《中國文獻學理論》,頁28)。

找到詮釋文獻的路徑及解讀方法」[90]。

　　第二章〈方法論〉，除析論目錄學、版本學及校勘學等治理「文獻學」必須具備的學科知識外，亦分別探討文獻的「變量因素」、「橫向研究」及「時序觀」。周氏認為，「目錄學」固為解析文獻時不可欠缺的知識，但於運用上仍須留意其先天限制，不能僅見書目的表象[91]。因此，只要能留意與避免「目錄學」的先天限制，則「不但可以有新的詮釋角度，而且更可以增強書目的運用功能」[92]。其次是「版本學」與「校勘學」，周氏析論此二門學科研究的封閉性，進而提出「歷史性的版本學」即「文獻性的版本學」的觀點，以突破學科的先天限制與封閉性；另一方面，也談及目錄、版本、校勘、輯佚、辨偽等學科，皆屬文獻學研究的基礎學科，雖各有其研究範疇，但亦有各自的研究限制，因此必須嘗試找到突破口，將這些學科整合運用，使文獻學研究更為全面。再次為「變量因素」，周氏謂之「會影響文獻編撰的所有因素」[93]，並認為當詮釋文獻時，應將變量因素、文獻的表現方式、文獻的本質納入整體考量，方能正確解讀文獻。而周氏所提出文獻的「橫向研究」，即是以關鍵詞和關鍵觀念，做為解讀文獻的途徑。[94]最後是文獻的「時序觀」，即從「時間」的概念做為解讀文獻的主軸，周氏並強調必須留意文獻因「時間點」及「時間差」所衍伸的問題。[95]

　　第三章〈外在結構論〉，分別從「文獻的層級與構成」、「文獻體例論」、「線性與非線性的結構」及「準文本在文獻構成上的意義」等面向，探討「文獻」

---

[90] 周彥文，《中國文獻學理論》，頁 34。

[91] 周彥文，《中國文獻學理論》，頁 60—63。

[92] 周彥文，《中國文獻學理論》，頁 63。

[93] 周彥文云：「變量因素，指的是會影響文獻編撰的所有因素。具體而言，所有文獻的構成，都不免受到大時代及個人小環境的各種主客觀條件的影響，而文獻的編撰或書寫，也必定與這些主客觀條件產生交互影響的作用。」（周彥文，《中國文獻學理論》，頁 78）。

[94] 周彥文云：「在一部書，或是一個系列的文獻當中，以關鍵詞或關鍵觀念為準，探討其內在的意義，即為抽象意義的整合。」（周彥文，《中國文獻學理論》，頁 88）。

[95] 周彥文，《中國文獻學理論》，頁 116。

的外在結構。將眾多文獻資源「部次類居」係為編纂目錄的核心工作之一，而周氏觀察到傳統目錄的分類方式具有一定程度的侷限性，因此提出突破「部、類、目」的分類結構，改以「群組」到「專類」的概念，重構圖書文獻分類的思維。其次，周氏認為當編纂者選擇某種體例編纂文獻時，編纂者的理念勢必會涉入其中，使「體例」與「文獻」互為主體，進而呈現文獻的本質意義；因此，文獻的體例「是一項有意義並可加以理論式詮釋的文獻規則」[96]。再次，周氏提出「線性」與「非線性」結構的概念，認為可藉以「掌握文獻資料的發展」及「詮釋學術或是文化上各種層面的現象」。[97]最後，周氏引用西方「準文本（paratexts）」的概念，概括說明「不屬於正式文本的文件」，例如：序、跋、題辭……等[98]，亦將中國傳統文獻中的「提要」納入「準文本」的討論範疇；另一方面，周氏亦提出可藉由「準文本」的時序觀、自撰互補與他撰轉化現象、以及「準文本」與文本之間相互參照關係，作為解讀、析論文獻的途徑。而本書所欲聚焦探討的「提要」，即屬周氏所謂「準文本」的其中一項。

　　第四章〈內在學理論〉係從「時代環境與文獻構成」、「指涉意義的移轉現象」、「書寫模式與文獻解讀」、「客觀性、主題性與導引性」及「文獻取材論」等面向，析論「文獻」的內在學理。周氏首先強調「時代環境」與「文獻」之間的互動關係，應避免以單向式影響的概念，思考兩者之間的聯繫關係。其次，「文獻」具有「指涉（bedeutung）意義」，周氏釋之為「文獻因其屬性，企圖導引讀者進入某個概念領域的功能。」[99]因此，藉由觀察文獻「指涉意義」的移轉現象，有助於瞭解該時代的社會文化及學術發展情形。再次，

---

[96] 周彥文，《中國文獻學理論》，頁 129。

[97] 周彥文，《中國文獻學理論》，頁 151。

[98] 周彥文云：「所謂『準文本』（paratexts），原意是指附屬於文獻本身，但是並不屬於文本的一切元件。例如序、跋、題辭、出版說明、目錄、以及封面、推薦詞、簡介等。」見周彥文，《中國文獻學理論》，頁 163。

[99] 周彥文，《中國文獻學理論》，頁 214。

周氏將文獻的書寫模式，大抵區分為「定向書寫」即「實寫與虛寫」二種，此外亦提出如「語言系統」及「空窗現象」等書寫模式，即於常見針對文本字句解讀文獻的方式之外，提供其他解讀文獻內在意涵的詮釋角度。再以「提要」為例，因為編撰者所持的寫作態度不同，會影響其所選擇的書寫模式，進而使提要具有「客觀性」、「主觀性」與「導引性」等不同性質；另一方面，藉由檢視提要中所揭示出的「客觀性」、「主觀性」、「導引性」等性質，猶能作為觀照學術發展情形的一種方式。最後是關於文獻「取材」的討論，周氏認為「取材不只是實質上的文獻工作，而且是一種抽象的學術概念的展現」[100]，因為「取材」的標準、範圍係由編纂者所決定，故與編纂者的理念有密切關連；因此，透過「文獻取材」的內容，或能作為解讀文獻的一種方法，並進而思考所呈現的相關學術面向。

第五章〈結論〉，周氏闡述其建構「文獻學」與其相關理論的理念，以及說明文獻學理論的主體內容，最後總結全文。

綜觀上述，周氏《中國文獻學理論》大抵於傳統「文獻學」的學科基礎上，進一步深化其意涵，建構專屬於「文獻學」的學科理論。本書欲以圖書目錄「提要」為主要研究對象，故擬以周氏所建構之「文獻學理論」為基礎，探討「清代圖書目錄集部提要」所揭示的內在意涵，以及文學現象與發展情形。

2. 曾守正《權力、知識與批評史圖像——《四庫全書總目》「詩文評類」的文學思想》

曾守正（以下稱「曾氏」）《權力、知識與批評史圖像——《四庫全書總目》「詩文評類」的文學思想》，凡分五章，除第一章〈緒論〉與第五章〈結論〉外，第二章至第四章分別藉由《四庫全書總目》「詩文評類」提要中，所揭示各朝代的文學批評及文學思想的發展，進而勾勒四庫館臣撰寫「詩文評

---

[100] 周彥文，《中國文獻學理論》，頁 280。

類」提要的觀照角度與批評方式。文後有附錄五則，包含《總目》[101]「詩文評類」的著作暨作者（生卒年）、歷朝著作數量統計、前後七子著作收錄情形、王士禎著作收錄情形、西泠七子著作收錄情形等一覽表。

　　第二章〈朋黨與正典：南朝至元朝批評史圖像及其文學思想〉，以《總目》「詩文評類」中，關於南朝及唐、宋、元朝詩文評著作的提要為討論對象，提出七項觀點：1、認為館臣從詩文批評的形式角度，歸結出五種批評體類與常例；然當體類、常例的觀念出現，即同時意謂產生新批評體類的空間受到壓縮。2、宋代之前的詩文評著作，館臣較少有負面評價，並於詮釋或評價某論著時，會參考王士禎的意見，故帶有對治自我時代的色彩。3、宋朝詩文批評著作中，多有朋黨爭論的概念存在。4、館臣為避免論述陷入朋黨爭論的概念之中，以兼容並蓄的態度進行提要撰寫工作，重新追溯文學正典及其所展現之精神，並倚之為評價的基本意識。5、就宋朝文學與文學批評流派發展而言，以江西詩派影響時間最長、效力最廣，致使南宋時形成江西詩派與對治江西詩派的基本格局。6、面對宋朝文學現象，館臣應是以儒家詩言志的觀念為核心，故雖有「尊元祐」的傾向，但其中並無蘊含「抑熙寧」的機械反應，符合破除門戶私見的的文學態度。7、對於元朝講論金石、經義文章的批評著作，館臣撰寫「提要」乃從詩文法度評估著作之良窳，並能體現元朝文學批評承受唐宋文學之樣貌，亦具有調適而開新的向度。[102]

　　第三章〈贗古與本色：明朝批評史圖像及其文學思想〉，曾氏觀察《總目》「詩文評類」中，著錄明朝詩文評著作的提要，歸結有七種現象：1、就《總目》著錄書及存目書的文獻數量而言，明朝詩文評著作共計有 46 部，然實際著錄者僅 6 部，於皆列於存目書共 40 部，與宋朝總計有 56 部，其中著錄 39

[101] 曾守正，《權力、知識與批評史圖像——《四庫全書總目》「詩文評類」的文學思想》對於《四庫全書總目》，係省稱為《總目》（詳見是書，頁 2）。本書於此部分，係按作者原意以「《總目》」為省稱，後文亦同。

[102] 詳見曾守正，《權力、知識與批評史圖像——《四庫全書總目》「詩文評類」的文學思想》，頁106—107。

部、存目 17 部，二者比例有明顯落差；曾氏以為會有這樣的現象產生，除與文獻真偽的判定相關之外，即牽涉館臣的主觀評價，故知於《總目》中，明朝文獻受到某種程度的貶退。2、館臣多以七子派為檢討對象，將七子派的文學核心主張簡單化、標籤化為「師古」，進而凸顯其流弊——摹擬。3、因將七子派簡單化、標籤化，以致未能梳理該社群內部的複雜現象和理論。4、既無法體現七子派內部複雜現象及理論，即難立體化呈現七子派的文學批評史圖像。5、對於晚明反復古流派，提要中以公安、竟陵為主，然未置佳詞卻以「極弊」論之，故曾氏認為此舉會輕忽竟陵派嘗試於七子、公安派中尋找聯繫的論述。6、曾氏認為《總目》以復古做為觀察明朝文學批評發展的主要視角，並以七子派開明朝文學批評之門戶的討論方式，會造成七子派與前、後其他文學流派之間，充滿對治的緊張性，致使內部複雜現象、理論，相對顯得隱晦不彰。7、館臣認為明朝整體的文學發展趨向退化，從七子派開始出現黨同伐異的現象，而此正是館臣所要批判、糾正的文化現象。[103]

　　第四章〈祖宋與神韻：清朝批評史圖像及其文學思想〉，對於《總目》中清代詩文評著作提要，曾氏亦總結為七項觀點。綜觀曾氏所述，大抵認為《總目》所著錄清代詩文評著作之提要，內容與王士禎有密切關連性，甚至可說是「館臣凸顯、建構了『王士禎現象』」，並此現象乃架構於王士禎詩學的「內在理路」及「擴散效應」。[104]其次，於提要中亦反映「建構客觀知識與服膺國家政策的內在矛盾」、「忽略實用文體的藝術性」及「未深掘詩文評著作的幽微意識」等文學現象。再者，若觀察《總目》中著錄書、存目書及未收書的情形，一方面凸顯「王士禎現象」的影響，二方面亦能察覺館臣「去門戶」的文學思想，有意跳脫唐宋詩爭的框架。最後，就館臣所撰清代詩文評著作

---

[103] 詳見曾守正，《權力、知識與批評史圖像——《四庫全書總目》「詩文評類」的文學思想》，頁166—168。

[104] 曾守正云：「所謂『王士禎現象』，乃指館臣以王士禎詩學——神韻說作為建構清初批評史的焦點，側重神韻說『內在理路』的詮釋與評價，並旁及神韻說「擴散效應」的勾勒與反省。」（曾守正，《權力、知識與批評史圖像——《四庫全書總目》「詩文評類」的文學思想》，頁170。）

之提要來看，其評價著作之良窳的標準，仍立基於儒家詩教之上。[105]

綜觀上述，曾氏《權力、知識與批評史圖像——《四庫全書總目》「詩文評類」的文學思想》，大抵勾勒了四庫館臣於《總目》「詩文評類」提要中所呈現的文學思想與建構的批評史圖像，同時亦揭示權力與知識，皆是成為影響《總目》收錄著作情形及提要批評向度的重要原因。因此，曾氏一書不僅開拓對於《總目》研究的新思維，亦提供有別以往探討圖書目錄提要的研究方法，故實為本研究開展後續論述的重要參考文獻及思路進程之範本。

3. 龔詩堯《《四庫全書總目》之文學批評研究》

龔詩堯（以下稱「龔氏」）《《四庫全書總目》之文學批評研究》，全書凡分六章，除第一章〈緒論〉與第六章〈結論〉外，第二至五章依序為〈《四庫全書總目》的實際批評〉、〈《四庫全書總目》的文學批評標準〉、〈《四庫全書總目》文學批評的「公論」觀念〉和〈文學批評的呈現機制與《四庫全書總目》的作者問題〉。

第二章〈《四庫全書總目》的實際批評〉，係藉由考察《四庫全書總目》「提要」的文學批評情形，梳理《總目》[106]常用的文學批評方法。龔氏分從「對個人的批評」、「對歷代的總體評價」及「選篇摘句批評」等面向，說明《總目》實際批評的情形。其次，再根據《總目》的實際批評情形，進一步耙梳館臣編纂《總目》時，常用的幾項文學批評方法，包含「傳記以徵實」、「徵引與辯駁」、「溯源與比配」、「無語之微意」。

第三章〈《四庫全書總目》的文學批評標準〉，引《總目·集部總敘》所言「蓋有世道之防焉，不僅為文體計」，說明《總目》雖看似以「儒學」為取徑，但實際上「政治考量」方為其編纂的中心思想。其次，「不僅為文體計」

---

[105] 詳見曾守正，《權力、知識與批評史圖像——《四庫全書總目》「詩文評類」的文學思想》，頁264—266。

[106] 龔詩堯《《四庫全書總目》之文學批評研究》對於《四庫全書總目》，係簡稱為《總目》（詳見是書，頁1）。本書於此部分，係按作者原意以「《總目》」為簡稱，後文亦同。

的說法，亦呈現《總目》不以「文采」為單一批評標準，而往往事涉作者的人品、性情、學問，以作為評價作品的標準之一。再次，指出《總目》雖仍有「就文論文」，以「文采」為主的批評方式，但相較人品、性情、學問等批評標準，「文采」的地位仍稍有不及。最後，龔氏認為《總目》具有「重實際」的概念，故能以「寬厚的態度、全面的觀點」為編纂準則，凡「作者或作品有一長處輒採錄之」[107]，使其文學批評標準呈現多元化。

第四章〈《四庫全書總目》文學批評的「公論」觀念〉，以《總目》中「公論」一詞為主要探討對象，指出《總目》所建立的「公論」，實有其觀念本身的不足之處，故與其他文學批評論著同屬「一家之言」，而非真正的「公眾」或「公正」之論。

第五章〈文學批評的呈現機制與《四庫全書總目》的作者問題〉，認為《總目》「理所當然」是一部集體纂修的著作，但其中多呈現總纂官——紀昀個人的思想觀念；此外，清高宗雖非直接從事編纂工作，然常見其意見、觀點涉入，甚至可說是左右《總目》整體編纂思維的關鍵角色，足見其對《總目》的影響程度。

綜觀上述，龔氏大抵勾勒《總目》的文學批評情形，而本書係以「清代圖書目錄集部提要」所揭示的內在意涵，以及所呈現的文學現象與發展情形為主要論題，而非針對單一圖書目錄進行討論，故擬參考龔氏《《四庫全書總目》之文學批評研究》的整體研究思路和討論方式，觀照其他的清代圖書目錄，希冀能更為全面掌握清代的整體文學現象與發展情形。

4. 徐瑞香〈析辨「提要」及其撰寫原則舉隅〉

徐瑞香（以下稱「徐氏」）〈析辨「提要」及其撰寫原則舉隅〉一文，主要探討「提要」體制之類別及撰寫之原則，並比較「提要」與「摘要」的區別。全文凡分五節，除第一節〈前言〉、第五節〈結語〉外，第二至四節依序為〈提要的義涵與功用〉、〈提要的體例與運用〉及〈提要的撰寫方法〉。

---

[107] 龔詩堯，《《四庫全書總目》之文學批評研究》，頁64。

　　第一節〈前言〉，徐氏藉前人對於「提要」的見解，標舉出「提要」之於
學術的重要意義與價值。第二節〈提要的義涵與功用〉，徐氏闡釋「提要」一
詞之源起及內在義涵，進而析論「提要」與「摘要」二者性質之區別，認為
「提要」包含撰者本身的主觀見解及評述，而「摘要」之撰者則「**不能作主
觀的評論與褒貶，只能作客觀的文獻內容作摘述**」[108]。第三節〈提要的體例
與運用〉，指出中國古籍目錄「提要」主要有三大體例，包括「敘述性提要」、
「傳錄體提要」、「輯錄體提要」，而當代圖書目錄則分為「敘述性提要」和「推
薦性提要」，並提出撰寫「最佳提要」的關鍵，即必須在固定的原則下，活用
各種撰寫「提要」的方法，同時亦需兼顧符合讀者、使用者之需求。第四節
〈提要的撰寫方法〉，分別探討「古籍書志」、「現代圖書目錄的提要」、「學位
論文的提要」及「後出轉精的提要」，並且為因應各別「提要」之性質、目的，
當有不同的撰寫原則和方法。第五節〈結語〉，總結全文，並認為若能掌握「提
要」的義涵，在固定的原則下活用撰寫方法，依照不同需求而有所調整，確
實闡明文獻內容的中心思想及相關資訊，如此更能有效發揮「提要」之功用。

　　綜觀徐氏〈析辨「提要」及其撰寫原則舉隅〉一文，大抵勾勒「提要」
撰寫的原則與方法，亦清楚區別「提要」與「摘要」的異同之處。本研究欲
藉由清代圖書目錄集部提要，探討清代的文學現象及發展情形，與徐氏論文
所關注焦點有所不同；然而，經由徐氏對於「提要」剖析所得之觀點，包含
「提要」、「摘要」的義界與區別、「提要」的撰寫原則與方法等，皆為本書開
展後續研究之重要根基。

　　總括前言，前賢之研究論著，除對於《四庫全書總目》的相關討論之外，
其他以「圖書目錄提要」為研究對象者，多為直接探討「提要」本身的體制、
功用或意義；然而，對於一代之圖書目錄提要，以其作為「文獻」本身所揭
示的內在意涵，和所彰顯的一代之學術風氣與發展樣貌方面，則較少論著對

---

[108] 徐瑞香，〈析辨「提要」及其撰寫原則舉隅〉，《書目季刊》第 38 卷第 1 期（2004 年 6 月），
　　頁 45。

此議題有所闡釋，故此點應有可再深入探討的研究價值。其次，前賢的相關研究論著，多是以單一圖書目錄為研究對象，卻少見以綜觀的方式探討「清代圖書目錄集部提要」，並闡釋其中所呈現的內在學術意涵和文學視野。因此，筆者以為這部分仍有值得進一步著墨與探究的空間。

三、研究範圍

本書題為《清代圖書目錄集部提要管窺》，主要係藉由清代圖書目錄集部提要，觀照清代文學現象及發展情形。但是，清代圖書目錄著作繁多，實難逐一考述，且前賢對於個別圖書目錄已多有詳盡討論，而本書欲綜觀清代圖書目錄提要，進而瞭解其中所揭示的內在意涵，以及清代文學現象與發展情形，故不能僅依憑單一圖書目錄或相關文獻作為研究對象；另一方面，又為避免文獻資源過於龐雜，致使討論焦點模糊，抑或論述的細緻度不足，故必須對研究範圍有所限制。以下即就「取材」及「論述」二方面，勾勒本書大致的研究範圍，如下：

(一) 取材範圍

1. 圖書目錄的編纂時間

本書係以「清代」的圖書目錄集部提要為研究對象，故於文獻材料的取用方面，當以「清代」時所編纂的圖書目錄為核心；因此，取材標準係以圖書目錄編纂成書時間為主，編纂者生卒年則為次要考量要點。換句話說，若知圖書目錄的確切成書時間為清代，即據此納為本研究所用；然若無法考該目錄的確切成書時間，則以編纂者生卒年為準，並參考其他相關文獻，方決定是否納為所用。以王國維《傳書堂藏善本書志》為例，王國維（1877—1927）生於清光緒年間，卒於民國，然其編纂的《傳書堂藏善本書志》係於民國十二年（1923）完成，又其與「傳書堂」主人蔣汝藻乃定交於民國五年，可知

《傳書堂藏善本書志》絕非成書於清代,故不在本書主要的討論範疇之內。

　　另一方面,若遇該圖書目錄編纂者生卒年跨越二朝代,即「明末清初」或「清末民初」,且無法確切考知成書時間者,取用標準則將以「學術發展的連續性」為首要考量,再視該圖書目錄之性質、特點,方決定是否納入本書之討論範疇。

2. 圖書目錄的類例

　　本書係以清代圖書目錄中,針對「集部典籍」所撰述的提要為主要研究對象;故於「類例」方面,即以「集部」典籍為主要的論述焦點。然而,各圖書目錄「部次類居」的情形不盡相同,甚至有部分圖書目錄並未明示「類例」。因此,本書擬以「四部」分類法的圖書目錄為主要研究對象,若遇未明示「類例」者,除考慮典籍性質之外,同時參酌《四庫全書總目》及其他圖書目錄的分類情形,以作為是否納為本書研究範疇的依據。

3. 圖書目錄的體制

　　本書係以圖書目錄中的「提要」為核心研究對象,因此所揀選取用圖書目錄的體制,即必須具備「提要」一項。根據昌彼得、潘美月《中國目錄學》的歸納,理想的圖書目錄體制,應包含篇目、敘錄、小序和版本題識序跋等[109];又范芝熏〈中國古典目錄體制「提要」之研究〉分析,「提要」按性質可分為官修及私撰,按體例則有敘錄體、傳錄體與輯錄體,按撰述內容則為著錄作者時代與姓名、介紹作者生平與學術……等八種,依用途又分為讀書記、題跋集與藏書志等。[110]據此,本書擬綜觀清代圖書目錄「提要」,故凡撰有敘錄、小序或版本題識序跋者,且無論其性質、體例、撰述內容或用途,均屬本書之研究範疇。

---

[109] 昌彼得、潘美月,《中國目錄學》,頁37—67。

[110] 范芝熏,〈中國古典目錄體制「提要」之研究〉,頁70—89。

(二) 論述範圍

　　本書係以「文獻學」為核心，以「清代圖書目錄集部提要」為研究對象，掌握其中所揭示的內在意涵，以及清代的文學現象與發展情形。因此，全文論述主軸乃為針對圖書目錄提要所揭示的內在學術意涵和文學視野，其餘的相關議題，如：（一）集部典籍作者的生平、交遊、治學方法；（二）集部典籍本身實際內容的相關討論；（三）對於特定文學理論、文學觀的內在理路等，雖於討論過程中或有述及，但均不為本書主要探討之議題焦點。以《四庫全書總目》載《漁洋詩話》一條為例，本書即不對於作者王士禎個人的生平、交遊、治學方法等有過多的考證或闡述，而《漁洋詩話》的實際內容，以及其所建構的「神韻說」的內在理路，亦非本書所欲探討之主題，故不作深入的分析與討論。

　　綜觀上述，本書研究對象的「取材」範圍，於時間方面係以「清代」編纂的圖書目錄為主，類例方面以「集部」典籍為討論核心，體制方面則以撰有「提要」的圖書目錄為焦點。另一方面，本書非針對單一作品、作者、文學理論或文學觀點的討論，故論述範圍擬限定於闡釋「清代圖書目錄集部提要」所揭示的內在學術意涵和其中所呈現的文學視野；至於其他相關議題在討論過程中或有論及，但不以之為主要的論述核心。

四、研究方法與思路進程

　　本書擬以「文獻分析法」、「歷史分析法」和「文本分析法」為主要研究方法，希冀藉以強化本書論證結構的完整性，瞭解清代圖書目錄集部提要中，所揭示的內在意涵，以及所呈現的文學現象與發展情形。本書研究方法與思路進程，大致說明如下：

(一) 研究方法

1. 文獻分析法

　　回溯前賢研究成果，並思考能夠進一步闡釋、論述的可能議題，此即前文的〈文獻探討與分析〉；其次，以前賢的研究成果為論述基礎，進行系統性的歸納與整理，釐清前賢對於「清代圖書目錄提要」與「集部典籍」的相關論點，進而提出對「清代圖書目錄集部提要」的看法，並針對其中所揭示的內在意涵進行耙梳。

2. 歷史分析法

　　本研究主要係以「文獻學」的學科思維為核心，探究「清代圖書目錄集部提要」所揭示的內在學術意涵和文學視野，故對於清代的藏書文化、刻書情形和學術風氣，即必須有初步的認識；再者，清代初期由於官方勢力的主導，甚至是對學術思想的箝制，以及後期國家政經局勢的動盪不安，皆為影響學術發展與文學風氣的重要因素，故若能掌握清代的社會文化與政經局勢，或有助於觀照「清代圖書目錄集部提要」所揭示的內在意涵。因此，擬藉由對於清代的政經局勢、學術思潮、圖書典藏、出版印刷等相關史料的掌握，進而引為後續討論的基礎認知。茲列舉部分預計參考之相關文獻，作為「歷史分析」研究方法的依據，如下：

　　清代文學風氣與發展的情形，深受當時政經局勢與學術思潮的影響，故必須對此有初步認識，相關參考文獻如：梁啟超《中國近三百年學術史》[111]、胡楚生《清代學術史研究》[112]、馬積高《清代學術思想的變遷與文學》[113]、王俊義等著《清代學術文化史論》[114]、林存陽《三禮館：清代學術與政治互

---

[111] 梁啟超，《中國近三百年學術史》（臺北：里仁書局，1995 年）。

[112] 胡楚生，《清代學術史研究》（臺北：臺灣學生書局，1988 年）。

[113] 馬積高，《清代學術思想的變遷與文學》（長沙：湖南出版社，1996 年）。

[114] 王俊義、黃愛平著，《清代學術文化史論》（臺北：文津出版社，1999 年）。

動的鏈環》[115]、陳祖武等著《乾嘉學派研究》……等。

　　「圖書目錄的編纂」勢必仰賴「圖書的典藏」，兩者之間有著密不可分的關連性，故圖書的典藏情形與文化，即為本研究的基礎認知課題之一，相關參考文獻如：陳登原《古今典籍聚散考》[116]、李希泌等編《中國古代藏書與近代圖書館史料（春秋至五四前後）》[117]、傅璇琮等編《中國藏書通史》[118]、黃建國等編《中國古代藏書樓研究》[119]、徐凌志《中國歷代藏書史》[120]、李瑞良《中國古代圖書流通史》[121]、宋建成《清代圖書館事業發展史》[122]、顧志興《浙江藏書史》[123]、王紹仁編《江南藏書史話》[124]……等。

　　「圖書典藏」亦與「圖書的出版、印刷」息息相關，故相關參考文獻如：屈萬里、昌彼得、潘美月《圖書版本學要略》[125]、張秀民《中國印刷史》[126]、昌彼得《中國圖書史略》、李瑞良《中國古代圖書流通史》[127]、朱賽虹等編《中國出版通史——清代卷》[128]、曹紅軍《康雍乾三朝刻書機構研究》……等。

---

[115] 林存陽，《三禮館：清代學術與政治互動的鏈環》（北京：社會科學文獻出版社，2008 年）。

[116] 陳登原，《古今典籍聚散考》（臺北：河洛圖書出版社，1979 年）。

[117] 李希泌、張椒華編，《中國古代藏書與近代圖書館史料（春秋至五四前後）》（北京：中華書局，1996 年）。

[118] 傅璇琮、謝灼華主編，《中國藏書通史》（寧波：寧波出版社，2001 年）。

[119] 黃建國、高躍新主編，《中國古代藏書樓研究》（北京：中華書局，2002 年）。

[120] 徐凌志，《中國歷代藏書史》（南昌：江西人民出版社，2004 年）。

[121] 李瑞良，《中國古代圖書流通史》（上海：上海人民出版社，2005 年）。

[122] 宋建成，《清代圖書館事業發展史》（臺北：花木蘭文化出版社，2006 年）。

[123] 顧志興，《浙江藏書史》（杭州：杭州出版社，2006 年）。

[124] 王紹仁主編，《江南藏書史話》（上海：上海古籍出版社，2009 年）。

[125] 屈萬里、昌彼得著　潘美月增訂，《圖書版本學要略》（臺北：中國文化大學出版部，1986 年）。

[126] 張秀民，《中國印刷史》（上海：上海人民出版社，1989 年）。

[127] 李瑞良，《中國古代圖書流通史》（上海：上海人民出版社，2005 年）。

[128] 朱賽虹、曹鳳祥等編《中國出版通史——清代卷（上、下）》（北京：中國書籍出版社，2008 年）。

3. 文本分析法

本研究擬以「清代圖書目錄集部提要」為「文本」，析論其中所揭示的內在意涵。首先，針對提要的書寫模式與筆法進行耙梳，以掌握其中可能的指涉意義；其次，觀察各圖書目錄的提要性質，進而思考與當時的社會環境、學術風氣的關連性；再次，將「提要」視為建構「文學史」與從事「文學批評」的實踐載體，瞭解其中所建構的「文學史」情形，以及所呈現的「文學批評視野」；最後，藉由上述針對提要所做的討論，勾勒「清代圖書目錄集部提要」所呈現的清代文學視野。希冀藉由上述不同面向的討論，能夠更為清楚地瞭解「清代圖書目錄集部提要」所揭示的內在學術意涵和文學視野。

(二) 思路進程

本書擬藉由上述「文獻分析」、「歷史分析」和「文本分析」等研究方法，探討「清代圖書目錄集部提要」的內在意涵；全文除〈緒論〉及〈結論〉外，大致的思路進程如下：

本書係以圖書目錄中的「提要」為主要研究對象，故第二章〈圖書目錄「提要」的體例、形制與內容〉擬分別針對「提要」的體例、形制與內容進行耙梳，期能具體掌握「提要」體制可能呈現出的文獻意涵與相關訊息，以作為開展後續論述的基礎。

其次，欲探討「清代圖書目錄集部提要」所揭示的內在學術意涵，則必須對於清代的圖書目錄有所認識；因此，本書的第三章〈清代圖書目錄集部提要的外在結構〉，即針對清代官修、私撰圖書目錄的「外在結構」進行說明，俾使後續對於「內在理路」的相關討論，能夠有堅固的論述基礎。

第四章〈清代圖書目錄集部提要的內在理路〉，係以「文獻學」的學科思維為研究角度，觀照「文獻」本身所呈現的內在意涵。本章擬以周彥文《中國文獻學理論》所建構文獻學的「內在學理」為基礎理論架構，從「官方權力」、「提要性質」、「書寫模式」和「指涉意義」等面向，觀察清代圖書目錄集部提要。

　　第五章〈清代圖書目錄集部提要的文學視野〉，以二、三、四章的討論為基礎，進一步探討清代圖書目錄集部提要所建構的「文學史」情形，以及論述作家、作品和文學流派時所採取的「文學批評視野」，藉以觀照清代圖書目錄集部提要的「文學視野」之一隅。本章思路進程大抵如下：擬依序梳理清代圖書目錄集部提要的「類例準則」，以及所體現的「文學史觀」與「文學史樣貌」，藉以觀照清代圖書目錄集部提要所建構的「文學史」情形；其次，分別闡釋清代圖書目錄集部提要主要所採取的「文學批評方法」和「文學批評的核心標準」，進而釐清從事文學批評時所抱持的「基本心態」，藉以勾勒清代圖書目錄集部提要的「文學批評視野」。

第二章
圖書目錄「提要」的體例、形制與內容

　　漢成帝河平三年（26 B.C.），帝詔光祿大夫劉向等人整理典籍文獻，並取法前人「書序」之體，著手「條其篇目，撮其旨意」、「論其旨歸，辨其訛謬」為各書撰寫「敘錄」，進而將各書「敘錄」別集為《別錄》，以開後世撰寫圖書目錄提要、解題之先河；其子劉歆承繼父業，受命校閱群書而編成《七略》，既「新創有系統的圖書分類法」[1]而為「分類編目之宗」[2]，亦承襲「提要」體制，以考作者行事，論各書要旨及其得失，為後世仿效之目錄典範。即此，可知劉向《別錄》、劉歆《七略》當為圖書目錄「提要」之濫觴與發揚者。

　　自劉向、歆父子編定《別錄》、《七略》以降，後世圖書目錄的發展，根據修撰單位的不同，可區分為「官修圖書目錄」與「私撰圖書目錄」二大系統，而其二者之間的差異與互動關係，大抵如下：

一、官修圖書目錄的體例、格式、分類和思想等，往往必須具備一致性，而私撰圖書目錄則不一定；因此，私撰圖書目錄較之官修圖書目錄，更能呈現自由、開放和多元的學術樣貌。

二、官修圖書目錄往往具有「權威性」，易成為私撰圖書目錄編纂時的師法對象；而於官修圖書目錄編纂時，亦會參考其他的私撰圖書目錄。換句話說，「官修圖書目錄」和「私撰圖書目錄」之間，乃存在著相互影

---

[1] 昌彼得、潘美月，《中國目錄學》，頁 99。

[2] 昌彼得、潘美月，《中國目錄學》，頁 103。

響的關連性。

三、雖官修、私撰圖書目錄之間，存在著相互影響的關連性，但均非單向或必然的仿效關係。官修圖書目錄多為綜合各家法門後，釐出適切的模式，進而訂定編纂方針，使整部目錄具有一致性；而私撰圖書目錄雖可以官修圖書目錄為師法對象，但不必然得全盤依循或仿效，甚至得以提出與官修圖書目錄相反的見解，意即可憑編纂者本身的思維和觀點，而自訂該目錄的編纂方針與學術走向。

而根據比較「官修圖書目錄」與「私撰圖書目錄」二者之間的差異與互動關係，即能作為後續觀照清代學術風氣與文學視野的重要線索。

另一方面，筆者認為在進一步分析「清代圖書目錄集部提要」的外在結構與內在理路之前，必須對於圖書目錄「提要」的體例、形制與內容有所認識，藉以掌握各類型「提要」的特質與意涵。因此，除前文對於目錄「提要」的起源與修撰單位的簡述之外，本章擬針對目錄「提要」的體例、形制與內容進行耙梳，並作為開展後續論述的基礎。

本章規劃凡分三節，第一節〈圖書目錄「提要」的體例〉分別說明「敘錄體」、「傳錄體」與「輯錄體」提要所側重記述的面向，以及於目錄學史上的個別意義。第二節〈圖書目錄「提要」的形制〉，分就「讀書記」、「序、跋集」與「藏書志」三種目錄形制，探討其個別的編纂模式與呈現樣態。第三節〈圖書目錄「提要」的內容〉，就提要內容所記述的八種主要面向，分別闡釋可能衍生的線索與議題，以開展後續論述的思考維度。最後是〈小結〉。

一、圖書目錄「提要」的體例

根據目錄「提要」的側重內容和編寫方式區分體例，係可分為敘錄體、傳錄體與輯錄體三者。自劉向撰成《別錄》，「提要」義例大抵確立，一曰「介紹著者的生平」，二為「說明著書的原委及書的大旨」，三是「評論書的得失」。

[3]然而，綜觀歷代目錄，真能紹述劉向《別錄》義例者實為少數，昌彼得、潘美月《中國目錄學》云：「宋代以降的敍錄之作，能紹述《別錄》的，祇有乾隆間所修的《四庫全書總目提要》。」[4]因此，後世錄有「提要」之圖書目錄，雖仍以劉向《別錄》所立義例為圭臬，然多為側重其一或二項義例，三項皆具者實屬少數，而此類型提要多屬「敍錄體」或「傳錄體」。「輯錄體」係脫胎於佛經目錄，輯錄各家說法併於一提要之內，相較於「敍錄體」則較少有直接表達編（撰）者個人見解或想法的論述。

　　無論是敍錄體、傳錄體或輯錄體提要，各有其所側重的記述重點。另一方面，任何一種提要體例的創建與發展，勢必有其個別的目的與訴求；換言之，於中國圖書目錄發展史上，各種提要體例亦具有其個別的特殊意義。因此，為裨益開展後續論述，以下即分別針對敍錄體、傳錄體與輯錄體提要進行闡釋：

(一) 敍錄體提要

　　「敍錄體提要」以劉向《別錄》為濫觴，而《別錄》之後又有劉歆《七略》、梁阮孝緒《七錄》、隋許善心《七林》與唐毋煚《古今書錄》等，皆依循此體義例撰寫提要，惟多已不傳。時至宋代，則有官修的《崇文總目》及私撰的晁公武《郡齋讀書志》、陳振孫《直齋書錄解題》承先啟後，乃為後世效法典範。然而，由於版刻印刷技術日益發達，傳世圖書數量龐雜，使得圖書目錄編纂不易；其次，按《別錄》所立義例編寫提要已非易事，而《郡齋讀書志》、《直齋書錄解題》又於《別錄》之外另開生面，使提要體制、內容更為完善，亦大大提高義例仿效和提要編撰的困難度。因此，自宋代《郡齋讀書志》、《直齋書錄解題》已降，後世無論官修、私撰圖書目錄，撰有全然符合義例之敍錄體提要者，可謂少之又少。

---

[3] 昌彼得、潘美月，《中國目錄學》，頁42—44。

[4] 昌彼得、潘美月，《中國目錄學》，頁46。

　　時至清代，高宗乾隆詔令紀昀（1724—1805）等人編纂《四庫全書》，並為各書撰寫提要，後又輯各書提要編成《四庫全書總目提要》，更精簡各書「提要」編成《四庫全書簡明目錄》。《四庫全書總目提要》可謂「敘錄體提要」目錄之集大成者，昌彼得、潘美月《中國目錄學》云：「宋代以降的敘錄之作，能紹述《別錄》的，祇有乾隆間所修的《四庫全書總目提要》。」[5]就其「提要」而言，乃師法《別錄》，兼取《郡齋讀書志》、《直齋書錄解題》等目錄優點，使所撰提要體制、內容近臻完備。

　　據清人嚴可均、姚振宗等人所輯劉向《別錄》佚文，如〈晏子敘錄〉、〈管子敘錄〉與〈戰國策敘錄〉等，昌彼得、潘美月《中國目錄學》將劉向所立提要（敘錄）義例釐為三項：（一）介紹著者的生平、（二）說明著書的原委及書的大旨、（三）評論書的得失。如此，即大抵勾勒該書內容、著者等相關訊息，目的為使讀者於讀書之前，即能掌握該書的相關訊息，裨益讀者於讀書時能有進一步的體認或理解。[6]

　　劉向所立三項義例，除著者生平之外，「說明著書原委、大旨」及「評論書的得失」二項，著眼論述對象係以該書的「內容」為主。然而，後世編纂圖書目錄及撰寫敘錄體提要者，未必同意提要內容僅止於此，且由於版刻印刷技術日益發達，不僅加速知識及文獻的傳播，亦促使學術發展更趨多元化，而圖書版本流傳情形也更加複雜。因此，後世部分敘錄體提要，除記述劉向所立三項義例之外，猶會視各書情形增加學術源流、校讎辨偽、版本考釋……等內容，以符合「辨章學術，考鏡源流」的需求與目的。范芝熏〈中國古典目錄體制「提要」之研究〉云：

　　　所謂敘錄體提要，實為學者得以瞭解書籍文獻之內容，而錄釋著者
　　　之因，以闡學術之源流，推求事實之得失為目的，故敘錄介紹作者

---

[5] 昌彼得、潘美月，《中國目錄學》，頁46。

[6] 昌彼得、潘美月，《中國目錄學》，頁42—44。

的生平年代、敘述校讎之原委、說明書名含義及著書原委、敘述該
書的學術源流、辨別書之真偽及判定書之價值等。[7]

　　根據范氏所言，顯然由於時代變遷與學術發展等原因，使得敘錄體提要
的義例，已不再限於劉向所立三項而已；為因應不同文化、學術或商業的需
求，諸如校讎、辨偽與賞鑑等，亦成為敘錄體提要內容的一環。

　　敘錄體提要的內容，除介紹性與考證性的敘述，如著者生平、版本考訂
等之外，其他諸如辨別真偽、鑑別傳世價值與評論一書得失等論述，則難免
具有「品評」意涵，意即可能出現贊同或反對、推崇或貶抑等概念；而既然
具有「品評」意涵，則難以避免提要撰者主觀意志和價值判斷標準的涉入；
又撰者的主觀意志與價值判斷標準，往往與撰者本身的生命經驗、思維邏輯、
寫作目的……等因素息息相關。因此，敘錄體提要除說明該書的相關訊息之
外，亦能體現撰者本身的學術觀點、道德意識、生命情懷……等內在涵養。
簡單來說，於「敘錄體提要」中，較能見得撰者鮮明的主觀意志與價值判斷
標準；相對撰者本身的存在感與個人特色，亦較其他體例的提要更為突出和
顯著。

　　就書寫方式來說，敘錄體提要多半採取「綜述」的方式，說明與該書相
關的訊息。不單只是羅列著者生平、客觀史實或前人之說等，乃為撰者鎔鑄
所見資料，並透過本身的主觀意志撰寫出提要，藉以作為指引讀者閱讀方向
的前導；換句話說，「敘錄體提要」固然是以該書及該書著者等資料為撰述基
礎，但不會囿限於此間，而能讀於讀者之先，兼顧分析、考證與評論等面向，
並採取綜合性論述的方式書寫，以達指引讀者閱讀方向的目的。

　　總的來說，敘錄體提要雖奉劉向《別錄》為濫觴，但後世為因應各種需
求，亦於劉向所立義例之外，別開生面添注新的義例。其次，相較於傳錄體、
輯錄體提要，敘錄體提要往往具有「品評」的概念，故撰者的個人特色與存

---

[7] 范芝熏，〈中國古典目錄體制「提要」之研究〉，頁73。

在感相對較為顯著,故更能體現撰者本身的學術面向與內在涵養。最後,敘
錄體提要多半採取「綜述」的書寫方式,不僅提供讀者介紹性、考證性的資
料,亦或有對該書版刻真偽、內容得失、傳世價值……等具有「品評」概念
的相關論述,藉以清楚指引讀者閱讀方向。

(二) 傳錄體提要

傳錄體提要,歷來前賢多以南朝王儉《七志》為代表,其提要內容是以
撰述各書著者的傳記為主。《隋書・經籍志》云:「不述作者之意,但於書名
之下,每立一傳。」[8]知《七志》對各書所撰的提要內容,僅為各書著者本身
作傳,而不涉及該書所述內容,亦不言該書著者的思維、觀點及其所要闡釋
的內涵意義。

《隋書・經籍志》又云:

> 漢時劉向《別錄》、劉歆《七略》,剖析條流,各有其部,推尋事迹,
> 疑則古之制也。自是之後,不能辨其流別,但記書名而已。博覽之
> 士,疾其渾漫,故王儉作《七志》,阮孝緒作《七錄》,並皆別行。
> 大體雖準向、歆,而遠不逮矣。其先代目錄,亦多散亡。[9]

係以為自劉向、歆父子之後,各代目錄僅記載書名而不撰寫提要闡述該
書之源流、得失,是故既無「條其篇目,撮其旨意」的功能,亦難辨析學術
流別,因此王儉乃作《七志》,阮孝緒則作《七錄》。然而,《七志》僅為各書
著者作傳,卻不述其意旨,亦難辨析學術流別,故相較於劉向《別錄》、劉歆

---

8 〔唐〕魏徵,《隋書・經籍志》,收錄於長孫無忌,《仁壽本二十六史・隋書》(臺北:成文出版
社,1971 年),頁 11981。

9 魏徵,《隋書・經籍志》,收錄於長孫無忌,《仁壽本二十六史・隋書》,頁 12010。

《七略》則差之甚遠。[10]范芝熏〈中國古典目錄體制「提要」之研究〉云：

> 傳錄體提要即是在著錄圖書之後，不述作者之意，但於每書名之下，
> 對撰者之人每立一傳……內容專記撰著人之事蹟，間及文章流傳存
> 異情形以及反映作品的時代背景，此種體例之提要，若與敘錄體相
> 比，由於它必非如劉向、劉歆全面揭示圖書之內容，只是於書名之
> 下，每立一傳，故與《別錄》、《七略》相比，自是遠不逮矣。[11]

　　相較於《別錄》、《七略》等敘錄體提要，傳錄體提要所能揭示的學術內
涵和意義自是相去甚遠。然而，縱使不全然符合「論其旨歸，辨其訛謬」或
「條其篇目，撮其旨意」的目錄提要撰述宗旨，亦未能充分發揮「辨章學術，
考鏡源流」的功能，但傳錄體提要對於史料文獻的保存，仍有其重要的學術
意義與價值，即如余嘉錫《目錄學發微》所云：

> 觀《別錄》、《七略》之所記載，於作者之功業、學術性情，並平生
> 軼事，苟有可考，皆所不遺。使百世之下，讀其書者想見其為人，
> 高者可以聞風興起，次亦神與古會。凡其人身世之所接觸，懷抱之
> 寄託，學者觀敘錄而已得其大概，而後還考之於其書，則其意志之
> 所在，出於語言文字之表者，有以窺見其深。斯附會之說，影響之
> 談，無自而生，然後可與知人論世矣。[12]

---

[10] 蓋阮孝緒《七錄》係仿劉歆《七略》而作，且《隋書‧經籍志》稱其「割析辭義，淺薄不經。」
　　由此大抵推知《七錄》提要應對所著錄各書的內容有作評析，姑且不論其評析是否適切，但已有
　　別於「傳錄體提要」之義例，而當偏屬「敘錄體提要」系統。故於此僅以王儉《七志》為對象，
　　至於阮孝緒《七錄》則暫且不論。

[11] 范芝熏，〈中國古典目錄體制「提要」之研究〉，頁74。

[12] 余嘉錫，《目錄學發微》（臺北：藝文印書館，1987年），頁47。

　　雖余氏所言，係以《別錄》、《七略》（敘錄體提要）為對象；然而，其中所呈現的觀念，亦可作為觀照「傳錄體提要」之用。傳錄體提要既為各書著者作傳，則提要內容多以記該著者之生平、交遊、功名、治學……等，而此皆與其人本身的性情、過往的經驗、學習的歷程、理想抱負……等因素環環相扣；因此，藉由瞭解其人之生平、交遊……等外在面向，猶能體察其人的內在涵養，故能「知人」。其次，凡個人之內在涵養及生平、交遊、功名、治學等外在面向，又與外在環境的客觀條件息息相關；換言之，藉由觀照著者個人的外在面向，或能窺知其內在意志，甚至可作為推想其所身處環境客觀條件的重要線索，故謂之為「論世」。

　　就目錄使用者或研究者的角度而言，能夠藉由掌握某書著者的生平、交遊、功名……等面向，體察其內在涵養，進而觀照當時的時空背景和其他外在環境的客觀條件。反過來說，即提要撰者猶能循此概念，透過撰寫方式與材料選擇，以導引讀者思維朝某一特定解讀面向前進。換句話說，傳錄體提要的內容，固然可以只是純粹的記載著者的生平、交遊、功名……等，但若提要撰者欲持「特定意識」選擇材料以撰寫提要，則亦能成為引導讀者閱讀方向和思維的提要體例。因此，藉由觀照傳錄體提要，猶能作為勾勒一代學術樣貌的要件。

　　總的來說，歷來前賢多以王儉《七志》為「傳錄體提要」的代表目錄，係以文獻著者為核心，討論其生平、籍貫、喜惡……等事項，而不述及該書內容或意旨。就「辨章學術，考鏡源流」的角度來說，傳錄體提要固然遠不及《別錄》、《七略》等敘錄體提要；然而，並不代表傳錄體提要毫無學術意義與價值。例如，於史料文獻的保存方面，傳錄體提要的貢獻未必亞於敘錄體或輯錄體提要，猶可作為後世研究時的重要史料文獻與參考資源。另一方面，傳錄體提要固然可以僅為記各書著者生平、交遊、功名……等外在面向，但亦能透過材料的選擇和撰寫的方式，引導讀者朝特定的閱讀方向和思維前進。因此，若能清楚觀照傳錄體提要，則或能較為全面地勾勒一代學術之樣貌。

(三) 輯錄體提要

「輯錄體提要」多指起源於佛經目錄，以梁釋僧祐《出三藏記集》「總經序」為發端，後有元馬端臨《文獻通考·經籍考》、清朱彝尊《經義考》、楊紹和《楹書隅錄》、陸心源《皕宋樓藏書志》……等，皆屬輯錄體提要目錄。[13]

剖析輯錄體提要內容，係輯錄各家對於該書的說法、見解，作為幫助讀者掌握該書內容和相關評論；其目的大抵與敘錄體提要「辨章學術、考鏡源流」的目的相同，惟敘錄體提要採取的是綜合性論述的方式，故其中可能包含撰者本身的見解，而輯錄體提要則是輯錄各家所述，少見提要撰者本身的說法。換句話說，「輯錄體提要」係著錄各家說法，僅偶作按語補充說明，相比於「敘錄體提要」，則撰者本身的存在感與個人特色較為淡化。

然而，這不表示「輯錄體提要」只是泛泛收錄前人的相關論述，而編撰者本身的意志毫無涉入。馬端臨《文獻通考·經籍考》「小序」云：

> 今所錄先以四代史志列其目，其存於近世而可考者，則採諸家書目所評，并旁搜史傳、文集、雜說、詩話。凡議論所及，可以紀其著作之本末，考其流傳之真偽，訂其文理之純駁者，則具載焉。俾覽之者如入羣玉之府，而閱木天之藏。不特有其書者，稍加研窮即可

---

[13] 以梁釋僧祐《出三藏記集》為「輯錄體發端」，此說仍有待商榷，如陳仕華〈《文獻通考·經籍考》輯錄體解題引文之研究〉即認為馬端臨《文獻通考·經籍考》方為運用「輯錄體提要」之濫觴。見李浩、賈三強主編，《古代文獻的考證與詮釋——海峽兩岸古典文學國際學術會議論文集》（上海：上海古籍出版社，2006 年），頁 139。而由於本書非專以探討「輯錄體提要」為主，是姑且不為「輯錄體提要」發端一案多作詮證，亦不以梁釋僧祐《出三藏記集》為主要引述對象。誠如喬衍琯《宋代書目考》所云：「馬氏是襲用或是自創，姑且不論，不過這種體裁一出，在編撰書目上大開方便之門。清人的《經義考》、《小學考》、《溫州經籍志》等，以及近人的《偽書通考》等都採用這一方式，應受馬氏的影響較多。」見喬衍琯，《宋代書目考》（臺北：文史哲出版社，1987 年），頁 68。無論起源究竟為何者，但馬端臨《文獻通考·經籍考》對於後世目錄提要發展確實影響深遠；故此處對「輯錄體提要」討論時的引述對象和觀念，仍以馬端臨《文獻通考·經籍考》及其以降的目錄為主。

以洞究旨趣；雖無其書者，味茲題品，亦可粗窺端倪，蓋殫見洽聞
之一也。[14]

　　按照馬端臨的說法，提要目的乃為使讀者能「如入羣玉之府，而閲木天
之藏」，更能「洞究旨趣」或「味茲題品，粗窺端倪」，此仍不脫「辨章學術，
考鏡源流」的精神宗旨。而輯錄體提要所採前賢諸家評論，並旁搜史傳、文
集、雜說、詩話等資料，取材與否的關鍵和標準，係為「可以紀其著作之本
末，考其流傳之真偽，訂其文理之純駁者」；換句話說，在「選擇」文獻材料
的過程之中，編撰者當為「有意識」的進行「選擇」一事，而非泛泛無本的
任意挑選、收錄所有文獻材料。

　　承上言，「輯錄體提要」係於各條書目之下，援用各家說法與相關文獻材
料，並併於一提要之內；然而，倘若只是堆砌搜集來的文獻材料，則未必符
合圖書目錄使用者的需求。因此，除了必須符合圖書目錄的編纂和使用條件
之外，亦必須將所搜集來的文獻資料作「有意識」的編排。劉學倫〈馬端臨
及其《文獻通考・經籍考》之文獻學研究〉云：

　　　舉凡只要是攸關彙集、徵輯各家文獻資料，加以羅列排比，都是以
　　稱之為「輯錄」。但是要作為「目錄體例」，它還必須包含兩點：一
　　是必須符合書目的條件，也就是輯錄各種文獻於一書之下。二是有
　　意識的編排。[15]

　　若進一步擴大詮釋劉氏所謂「有意識的編排」，筆者以為又可作二個層面
討論：

---

[14] 〔元〕馬端臨，《文獻通考》（北京：中華書局，1999 年），據萬有文庫縮印「十通本」景印，
　　頁 8。

[15] 劉學倫，〈馬端臨及其《文獻通考・經籍考》之文獻學研究〉（中央大學中國文學研究所博士論
　　文，2013 年），頁 695。

一、於搜集和選擇文獻材料，編撰者藉由其自身的學術涵養、主觀意識和其他內在條件，進行「有意識」的搜集與選材的動作，以呈現其本身所欲闡述的觀念和學理；固然編撰者所持的想法，可能只是為將原始文獻材料流傳後世，但從另一角度來看，此過程亦能作為篩選，甚至是剔除「異己」說法的關鍵。原則上，「輯錄體提要」係為引述原始文獻材料為主，提要編撰者偶作按語，本身見解和評論則多不撰述。然而，一方面既可能於搜集材料時，多朝某類議題、評論者或學術面向搜集材料，而忽略其他部分的材料；另一方面，則可能於選擇材料的過程中，篩選或剔除「異己」的說法。無論如何，此皆涉及提要編撰者的學術涵養、主觀意識或其他內在條件，且由於是「有意識的編排」，此間亦可能產生「導引性」的成分，即編撰者為「有意識」的指引著讀者閱讀方向。

二、「輯錄體提要」所徵引文獻的排序方式，往往事涉讀者使用的便利性。以朱彝尊《經義考》為例，喬衍琯於《經義考及補正・校記綜合引得敘例》一文中，嘗針對《經義考》提要徵引文獻的排列次序作評論，其云：

> 全依資料的時間先後排列，優點是時間的先後，展卷瞭然。缺點則是同一問題的資料，往往分散而不能集中，其中夾雜若干其他資料，查閱時頗不易弄清眉目。[16]

姑且不論筆者對於《經義考》徵引文獻編排方式的看法，僅就喬氏所言，若讀者欲檢索各時間點前人對該書的評論和相關文獻資料，或者進一步想綜觀該書於各代的評論流變情形，則以「時間」作為先後排序軸線的

---

[16] 喬衍琯，〈經義考及補正・校記綜合引得敘例〉，收錄於《屈萬里院士紀念論文集》（臺北：臺灣學生書局，1985 年 5 月），頁 34。

輯錄方式,於使用上較為便利;相反的,若是想針對該書相關的某類議
題評論,即不適宜以「時間」作為排序準則。換句話說,同樣徵引的文
獻資料,由於不同的排序方式,所呈現的學術面向,以及所能提供讀者
的檢索便利性均不相同。

總的來說,即誠如劉學倫於〈馬端臨及其《文獻通考‧經籍考》之文獻
學研究〉為「輯錄體提要」所做的定義,其云:「**輯錄體解題目錄是在著錄每
一種圖書後,編撰者有意識地引用成文,廣輯該書的相關資料,組成解題。**」
[17]雖輯錄體提要,於原則上係為廣輯和剪裁著錄與該書相關的文獻材料,但於
搜集和選材的過程,往往涉及編撰者的學術涵養、主觀意識和其他內在條件,
且所有的文獻材料亦非毫無規章地任意堆砌,乃是透過「有意識的編排」而
組成提要。既是「有意識」地搜集、選材和編排,即說明了固然少見編撰者
自身見解和議論的陳述,但此間仍存在著編撰者的編撰意志和思維,故猶能
藉此觀照該目錄編撰者的學術面向與內在涵養。

綜觀上述,按目錄提要體例,大抵可區分為「敘錄體」、「傳錄體」和
「輯錄體」三類提要。敘錄體提要以劉向《別錄》為濫觴,多採「綜述」形
式,內容可兼及分析、考證與評論等面向,目的係為能讀於讀者之先,以指
引讀者閱讀方向。傳錄體提要係以撰述各書著者之傳記為主,對於各書內容、
意旨,與著者思維、觀點及著者所欲闡釋內涵意義,則多不涉及。輯錄體提
要,係以輯錄與該書相關的文獻材料為主,如前人對於該書的考證、見解、
評論等;而提要編撰者本身,僅偶作按語以補充說明,多不見其個人見解、
觀點的陳述。另一方面,無論是敘錄體、傳錄體或輯錄體提要,皆能透過材
料的選擇、編撰的方式,進而作「有意識」的指引讀者閱讀方向和思維;換
句話說,此間亦會呈現提要編纂者,甚至是一代學者們的學術觀點和思維。

---

[17] 此說係劉學倫根據文平志〈目錄學苑一奇葩──佛經目錄學探勝〉(文平志,〈目錄學苑一奇葩─
佛經目錄探勝〉,《佛教文化》z1 期(2000 年),頁 63。)文中所言:「輯錄體解題目錄是著
錄一種圖書後,引用成文,廣輯該書的相關資料,組成解題。」略做調整,以之為「輯錄體提要」
的定義。(詳見劉學倫,〈馬端臨及其《文獻通考‧經籍考》之文獻學研究〉,頁 695。)

因此，若能清楚掌握清代圖書目錄提要的編纂體例，應可作為觀照當時學術風氣和文學視野的重要線索。

二、圖書目錄「提要」的形制

自劉向《別錄》以降，凡官修圖書目錄係以記載官方藏書為主，其用途單一，形制偏屬「藏書志」。然而，私撰圖書目錄不必如官修圖書目錄一般，必須恪遵某種編纂體例或撰述規範，全然可以憑編纂者的主觀意識和思維，決定所要採用的編纂體例和內容；換句話說，編纂者即能針對其目錄用途和所欲呈現的目錄性質，選擇適合的形制進行編纂，且內容方面亦毋須受限他人或為其他外在因素所困囿，可逕於提要內闡述其自身的學術觀點和思維。因此，本節所引述、探討的目錄，即以「私撰圖書目錄」為主。

綜觀歷代具有「提要」體制的私撰圖書目錄，根據其個別的用途和性質區分，大抵可分為三種不同的形制：一、讀書記（或稱「讀書札記」）；二、序、跋集；三、藏書志。[18]時至明、清，私家修纂目錄的風氣大為盛行，傳統的目錄形制、規範，已不完全符合當時學者們的治學需求；因此，明、清時期的目錄編纂者，逐漸於傳統的目錄形制、規範之上，添注其他符合治學需求的內容，並嘗試調整以尋求其認為最適合的編纂模式。然而，無論其編纂模式如何調整，仍須符合「目錄」一詞的廣義概念，是以純粹的「讀書筆記」或各書之「序、跋」等，即暫不列為本書的研究範疇。

本書所稱「目錄」一詞的廣義範疇，即至少必須具備「書目」、「提要（解

---

[18] 見范芝熏，〈中國古典目錄體制「提要」之研究〉，頁82－89。其中「序、跋集」一類，范氏文中所述為「題跋集」，係以「跋」為主要論述對象；然，筆者以為部分目錄提要中，或有作序、引序者，或有作跋、引跋者，故於此改以「序、跋集」討論之。又「私人藏書志」一類，於此簡化改以「藏書志」稱之。

題、敘錄)」的形式,且按照一定次序作「有意識」的分類和編排。[19]在此原則之下,即分別針對「讀書記」、「序、跋集」和「藏書志」進行說明:

(一) 讀書記

讀書記,多出於學者之手,係為學者針對各書所撰的研究心得、見解或考訂成果,以讀書札記形式撰寫;待博覽群書,讀書札記日漸愈豐之後,按一定次序作「有意識」的分類和編排。形制大抵為於各書目之下,著錄個人讀書札記,此即與一般所謂具有「提要」體制之目錄相同。故歷來多有名為「讀書記」、「讀書志」等著作,究其內容雖係屬個人讀書札記,但因為是經過「有意識」的分類、編排,以圖書目錄形式呈現,而後世學者亦多以目錄著作視之,如周中孚《鄭堂讀書記》、朱緒曾《開有益齋讀書志》、李慈銘《越縵堂讀書記》、徐時棟《煙嶼樓讀書志》、葉德輝《郋園讀書志》……等。

一般來說,「讀書記提要」無嚴格的內容要求和體例規範,可依提要撰者本身的主觀意識、學術思維、個人觀點……等,自由撰述內容和選擇適切的體例;諸如著者生平、著作內容、版本題識、序、跋、評論……等面向,均可納為「讀書記」提要的內容。至於要採用何種撰述方式、筆法、文體,「讀書記提要」亦無明確之規範。體例方面,既可採用敘錄體、傳錄體、輯錄體撰述,亦可不拘格套、跳脫傳統目錄的編纂框架,擷取上述三種體例的個別特質進行撰述。此外,選用的撰述方式、筆法、文體和體例,亦不必然得從頭到尾完全一致,猶能根據研究者的心得、考訂成果和該書情況,任意搭配、調整所要採用的編纂模式。換句話說,無論是內容、撰述方式、筆法、文體或體例,編纂者均得依個人的主觀見解和想法,隨時調整並自由選擇編纂的模式。

在此前提之下,編纂者即可選擇遵循傳統目錄提要的編纂思維和模式,

---

[19] 關於「目錄」一詞的定義,可參見如昌彼得、潘美月著《中國目錄學》、程千帆等著《校讎廣義——目錄編》、姚名達《中國目錄學史》……等目錄學相關論著。

亦可選擇跳脫框架，建構一套屬於自己的編纂思維和模式。茲以朱緒曾《開有益齋讀書志》、徐時棟《煙嶼樓讀書志》為例，如下：

1. 朱緒曾《開有益齋讀書志》

　　朱緒曾原為金陵藏書世家，後於太平天國之亂時，家中藏書多毀於兵燹；避禍期間，隨身僅存十篋書籍，又偶見友人之書，亦為之撰讀書記，後輯為《開有益齋集》[20]；但是，後來仍因太平天國興亂，使其著述原稿與隨身十篋書籍，俱為散佚。朱緒曾過世之後，其子朱桂模偶得《開有益齋集》殘稿，與劉壽曾商議按書目類例排定次序，編成《開有益齋讀書志》六卷，附《金石文字記》一卷。因此，《開有益齋讀書志》中所著錄的書目大多為其行篋收藏，有少部分乃借自他人；而其中不乏罕見之本，以及少見於一般私人藏書的特色書籍，如：李齊賢《益齋亂稿》、高由厚等編《正氣錄》……等「朝鮮人詩文集」。所收書籍文獻，據《開有益齋讀書志》正、續編記載，共計有一百七十五種，依序按經、史、子、集四部分類。

　　嚴佐之《近三百年古籍目錄舉要》稱《開有益齋讀書志》是一部「讀書札記體裁的藏書目錄」[21]，並認為其「提要」的主要內容有四個面向，如下：1、揭示書旨，評判得失；2、詳考作者事蹟；3、訓釋經義，鈎稽史實，類同學術筆記；4、鑑賞考訂版本。[22]其中「鑑賞考訂版本」一項，雖有記《洪武京城圖志》、《景定健康志》、《皇華集》等例子，但綜觀全目錄，此類記述仍屬少數，嚴氏認為原因應與目錄中所收錄的舊本不多，故少作鑑賞、比勘版本的論述。[23]相較之下，「訓釋經義，鈎稽史實」方是《開有益齋讀書志》提

---

[20] 〔清〕劉壽曾〈《開有益齋讀書志》識〉云：「咸豐癸丑，粵寇陷江甯，先君子方官浙中，慨收藏之灰燼，因取旅次所存數十篋，日夕閱覽，摭其大旨，若考證之詞，筆於別簡，其段自友朋者亦為題記。」收錄於朱緒曾，《開有益齋讀書志》（臺北：廣文書局，1969 年），據清光緒六年金陵翁氏茹古閣刊本景印，頁 429。

[21] 見嚴佐之，《近三百年古籍目錄舉要》（上海：華東師範大學出版社，2008 年），頁 141。

[22] 見嚴佐之，《近三百年古籍目錄舉要》，頁 145－146。

[23] 見嚴佐之，《近三百年古籍目錄舉要》，頁 146。

要的主要撰述內容。

　　劉壽曾〈《開有益齋讀書志》識〉贊云：「（朱緒曾）先生《四庫》在匈（應作「胸」），言成典則……次者亦多識前言往行，為徵文考獻之資，旁涉校讐，亦多精審。方駕晁、陳，殆有過之，誠有得於目錄家之原者。」[24]綜上所述，《開有益齋讀書志》的提要內容，大抵依循劉向《別錄》所立三項義例，與其他相近時期以記述「版本」為主的目錄有明顯差異，故劉壽曾以「有得於目錄家之原者」稱之。因此，就《開有益齋讀書志》提要的內容義例而言，係偏屬「遵循傳統目錄提要的編纂思維和模式」的讀書札記目錄。

2. 徐時棟《煙嶼樓讀書志》

　　徐時棟，道光二十六年（1846）舉人，官至內閣中書；後寓居寧波月湖西岸煙嶼州，故其藏書樓命名為「煙嶼樓」。

　　徐時棟《煙嶼樓讀書志》，收錄書籍計有九十部，按經、史、子、集四部分類。《煙嶼樓讀書志》原為徐時棟讀書筆記，後經其孫徐方來整理，釐定其中可為類例者，編成《煙嶼樓讀書志》十六卷。徐方來於《煙嶼樓讀書志》作題識，其云：

> 先大父筆記非先大父手定本也。大父歿後，先府君傾資刻其遺著（通
> 「著」），復裒輯賸墨，凡書隙、紙尾零篇斷句，手抄成帙，名曰《煙
> 嶼樓筆記》……藏之篋衍，今去府君歿二十又七年，先大父系下方
> 來為長，及今不編定成書，恐遂散佚，以茲辠戾。乃取原稿重抄一
> 過，屬吾友慈溪馮孟顯貞輩校閱……其可類分者，釐為《讀書志》
> 十六卷，審慎別擇，編為定本。[25]

---

[24] 劉壽曾，〈《開有益齋讀書志》識〉，收錄於朱緒曾，《開有益齋讀書志》，據清光緒六年金陵翁氏茹古閣刊本景印，頁430。

[25] 〔清〕徐方來，〈《煙嶼樓讀書志》識〉，《煙嶼樓讀書志》，收錄於《續修四庫全書》（上海：上海古籍出版社，2002年），第1162冊，據民國十七年鉛印本景印，頁477。

可知《煙嶼樓讀書志》對各書所撰提要，其內容雖為徐時棟所作，然全書係為其孫徐方來所編定。觀《煙嶼樓讀書志》提要，既非以說明該書旨意或評論該書得失為主，也未針對各書著者生平作考述，亦不全然為輯錄各家之說法，故似無遵循特定的編纂體例。

就提要內容來說，各條書目提要內容的撰述面向不盡相同，且多屬個人讀後見解、感想，又或者引他人之語，卻未詳說明引述的原因，而使讀者未必能明白其中所要表達的涵意。另一方面，相較於其他的目錄著作，《煙嶼樓讀書志》提要撰述筆法，較為閒散且不拘一格，如記《燕石集》一條，其云：「近買元人宋文清褧《燕石集》……」[26]此言頗似一般個人記事筆記的筆法，可見其撰述時未受到任何論述框架的限制，而是將心中所想、或所想說明的內容，直接呈現在提要當中。徐方來〈《煙嶼樓讀書志》識〉即云：

> 昔吾大父跋閻徵君《潛邱劄記》，嘗謂其所錄各條，皆漫無斷制，發揮者又往往為當日摘出備用之語，為日既久，雖百詩亦茫然不知摘此何為者。[27]

可見徐時棟自己也認為其所撰讀書筆記，係為個人讀書後的一時所感。或摘他人之語，或闡述己見；既無特定的撰述目的，也沒有特意遵循一般為文的寫作規範，故其自稱「漫無斷制」。

觀《煙嶼樓讀書志》編纂體制，大抵符合廣義「目錄」一詞的概念；但是，除類例按四部之分，提要內容則似無特定撰述體例和規範。因此，筆者以為《煙嶼樓讀書志》，應屬「跳脫框架，有一套屬於自己的編纂思維和模式」的讀書札記目錄。

總括上述，在符合「目錄」一詞的廣義概念之下，讀書記目錄提要的內

---

[26] 〔清〕徐時棟，《煙嶼樓讀書志》，收錄於《續修四庫全書》第 1162 冊，，頁 595。

[27] 徐方來，〈《煙嶼樓讀書志》識〉，《煙嶼樓讀書志》，收錄於《續修四庫全書》第 1162 冊，，頁 477。

容、撰述方式、筆法、文體或體例，編纂者可自由地調整和選擇編纂的模式。因此，無論是「遵循傳統目錄提要的編纂思維和模式」，或「跳脫框架，建構一套屬於自己的編纂思維和模式」，皆為「讀書記目錄」的體制所允許；簡單來說，「讀書記目錄」只要符合「目錄」一詞的廣義概念，無論是書目和提要部分，皆無一定的編纂限制和規範，也因此更能彰顯編纂者的個人特色、學術觀點和研究面向。

(二) 序、跋集

自劉向《別錄》立訂三項「提要」的撰述義例，後世編纂者多奉為圭臬，無論是以敘錄體或輯錄體為編纂體例，皆希冀能達到「辨章學術，考鏡源流」的目標。另一方面，目錄發展至宋代，由於雕版印刷技術日益發達及其他客觀因素影響，目錄編纂者亦逐漸重視各書的「版本」考究，如晁公武《郡齋讀書志》、陳振孫《直齋書錄解題》，均對收錄的書籍「版本」有所記載。時至明、清，學者對於書籍文獻的「版本」更為講究，無論是版刻真偽、形制裝潢、遞藏源流……等，皆較過去研究詳盡。

古人著書，往往於內容之前撰有「序（序引）」，內容之後撰有「跋（後序）」。序，主要為說明全書要旨、撰著緣由，或闡釋立論理路；跋，則多為考訂源流、辨明真偽或闡述撰著、讀後感想。以下就序、跋二類，略做簡釋：

1. 序[28]

明徐師曾《文體明辨》云：

> 按《爾雅》云：「序，緒也。」字亦作「敘」，言其善敘事理，次第

---

[28] 「序」者，其中又包含「贈序」一體。然而，本書係以書籍文獻為研究主軸，故在此所謂「序者，主要指稱「書序」；至於「贈序」一體，如韓愈〈送楊少尹序〉，在此姑且不論。惟他人贈作者之序，係以該書籍文獻為主要說明對象者，則不在此限。

有序，若絲之緒也。……其為體有二，一曰議論，二曰敘事。[29]

　　可知「序」大抵是以「議論」和「敘事」為主，並且可具有釐定次序的功能。褚斌杰《中國古代文體學》對「序」有進一步的闡釋，其云：

實際上序或敘，就是在著作寫成後，對其寫作緣由、內容、體例和目次，加以敘述、申說。[30]

　　根據褚氏的說法，「序」內容主要涉及的面向，包含一書大旨、撰著緣由、全書體例，又或者釐定目次，以彰顯全書的著述理念；若非為自序，則亦可能作評論該書得失之語。此皆與劉向《別錄》所謂「論其旨歸，辨其訛謬」之意，頗為相似。

　　簡單來說，撇除宋代以後，部分喜歡「借題發揮，橫空起議」的書序不談[31]，若是針對某書籍文獻的意旨、撰著緣由、體例、目次，甚至進而評論該書內容得失者，或論及學術本末源流者，其概念皆較接近劉向《別錄》所立義例。以此概念進一步觀察目錄提要，即與「敘錄體提要」概念相近；反過來說，既然概念相近，則猶可輯錄各書「序」文，以作為目錄提要的內容。因此，除「敘錄體提要」本身就與「序」的概念相近之外，於「輯錄體提要」中，尤能多見以該書籍文獻的「序」文，作為其提要的內容。

2. 跋

　　徐師曾《文體明辨》云：

---

[29]〔明〕徐師曾，《文體明辨》，收錄於《《四庫全書》存目叢書》第 312 冊（臺南：莊嚴文化事業有限公司），據明萬曆建陽游榕銅活字印本景印，頁 1。

[30] 褚斌杰，《中國古代文體學》（臺北：臺灣學生書局，1991 年），頁 394。

[31] 昌彼得、潘美月，《中國目錄學》，頁 64。

按題跋者，簡編之後語也。凡經傳子史詩文圖書之類，前有序引，後有後序，可謂盡矣；其後覽者，或因人之請求，或因感而有得，則復撰詞以綴於末簡，而總謂之「題跋」……其詞考古證今，釋遺訂謬，褒善貶惡，立法垂誡，各有所為，而專以簡勁為主，故與序引不同。[32]

徐氏所謂「序引」，當指上述之「序」；而「後序」，即為「跋」。又褚斌杰《中國古代文體學》云：

跋文大致可有兩類，一類是學術性的，其中包括讀後感和考訂書、文、畫、金石碑文的源流、真偽等的短文。一類是文學性的，實際是一些優秀的散文小品。[33]

可知「跋」雖亦能略述讀後感想，但仍偏重考證方面的論述；此外，撰述時力求簡勁，針對關鍵處作闡釋即可，而不必「上窮碧落下黃泉」式地說明該文獻的來龍去脈。

若描述對象為書籍文獻，則「跋」除了略述書籍內容梗概，以及闡釋個人讀後感想、見解之外，亦會揭示該書籍的外在特徵，包含版式行款、裝潢、刻工、避諱字、牌記、印記、紙張、字體……等。換句話說，相較於「序」文，則「跋」文內容較少涉及全書要旨或學術本末源流。

明、清兩代私家藏書風氣日盛，亦有不少學者兼藏書家為其藏書作「跋」，後將各單篇跋文輯錄成冊，並按「目錄」形式編纂，即成所謂「題跋集」。其內容涉及面向雖無特別限制，但仍多以闡釋個人讀後感想、見解，或考訂、賞鑑書籍版本為主，如錢曾《讀書敏求記》即為此類型目錄專著的代表。

---

[32] 徐師曾，《文體明辨》，收錄於《《四庫全書》存目叢書》第 312 冊，頁 51。

[33] 褚斌杰，《中國古代文體學》，頁 399。

按上述,「序」、「跋」二者係各有分屬,內容性質不盡相同;然於目錄提要中,此二者實可並存。按目錄提要體例區分,則序、跋二類文體並存的情形,最常見於「輯錄體提要」。以朱彝尊《經義考》為例,其提要體例係仿馬端臨《文獻通考‧經籍考》,屬「輯錄體提要」。《四庫書總目提要》評《經義考》云:

> 每一書前列撰人姓氏、書名、卷數、次列存、佚、闕、未見字,次列原書序跋、諸儒論說及其人之爵里。彝尊有所考正者,即附列案語於末。惟序、跋諸篇,與本書無所發明者,連篇備錄,未免少冗。[34]

姑且不論《四庫全書總目提要》對《經義考》的評價如何,但此言恰說明了在《經義考》提要內容中,一書的「序」與「跋」可兩者並存備載。換句話說,透過《經義考》載錄原書的序、跋,則後人猶能在閱讀各書之前,大抵掌握該書內容意旨、撰述緣由……等線索,以及與該書籍相關的外在資訊,如版刻源流、裝潢形制……等。余嘉錫《目錄學發微》云:

> 夫班固《漢書》採史公之〈自序〉,錄《法言》之篇目,誠以學問出於甘苦,得失在乎寸心,自我言之,不如其人自言之深切著明也。論賈誼、東方朔,則徵信於劉向,論董仲舒則折衷於劉歆,誠以則古稱先,述而不作,前賢既已論定,後人無取更張也。考訂之文,尤重證據。是故博引繁稱,旁通曲證。往往文累其氣,意晦於言。讀者乍觀淺嘗,不能得其端緒。與其錄入篇內,不如載之簡端,既易成誦,又便行文。此所以貴與創之前,竹垞踵之於後,體制之善,

---

[34] 〔清〕永瑢、紀昀等編,《武英殿本 四庫全書總目提要》,頁2:767。

無閒然矣。[35]

　　余氏之說，頗能揭示目錄提要收錄序、跋文的優點，即如對書籍文獻「版本」方面的考訂，實有助於後世考辨版刻源流。換句話說，在「序」、「跋」的本質內涵未改變的前提之下[36]，「輯錄體提要」兼收此二者，不僅能達到「辨章學術，考鏡源流」的目的，亦可揭示書籍文獻「版本」；相較於僅收錄跋文的「題跋集」，則更具有「指示讀者治學涉徑方法」的功能。

　　總括上述，在本質內涵未改變的前提之下，「序」多以說明一書大旨，或指引讀者治學涉徑的方法為主；「跋」則以考證、賞鑑版本和闡述讀後感想、見解為主，兩者各司其類。時至明、清，有學者、藏書家，輯錄藏書題跋作為提要，編成具備目錄性質的「題跋集」。觀其提要內容，除闡述讀後感想、見解之外，對於考證、賞鑑版本等學問亦多有創見；然而，由於針對各書要旨、學術源流、評價得失等面向的論述較少，則相對來說也就較缺乏「指示讀者治學涉徑的方法」的功能。

　　因此，若依目錄提要體例區分，「輯錄體提要」能兼收序、跋；而在「序」與「跋」的本質內涵未改變的前提之下，相較於僅收錄跋文的「題跋集」，不僅同樣能夠揭示書籍文獻的「版本」與闡述其他考證性的議題，事實上，更加能夠充分發揮「辨章學術，考鏡源流」和「指示讀者治學涉徑方法」的目錄提要功能。

（三）藏書志

　　「私家藏書」的發展，至明、清兩代可謂近臻高峰，諸多藏書家不僅廣

---

[35] 余嘉錫，《目錄學發微》，頁 82－83。

[36] 按昌彼得、潘美月《中國目錄學》云：「蓋宋以後人所作的書序，喜歡借題發揮，橫空起議。」（頁 64），又云：「宋以後人的序跋中，大多述及刊雕的事，也可以考見其書繕刻的源流，體制誠然甚佳。惟目錄學的意義，在於指示讀者治學涉徑的方法，故撰述宜鈎玄提要，簡明出之。」（頁 66）由此可知至宋代之後，「序」、「跋」的原始本質內涵已開始有所變異。

搜各類書籍文獻，更為其藏書編纂目錄，其中一形制的目錄即為「藏書志」。
范芝熏〈中國古典目錄體制「提要」之研究〉云：

> 「藏書志」實際上是一種題跋與書目二合為一的文體，也是自清初
> 以來書目著錄和題跋雙重發展的一種結合。[37]

　　范氏所謂「『藏書志』實際上是一種題跋與書目二合為一的文體」，蓋「藏
書志」體制兼具「書目」與「提要」，而其提要內容多以考訂、賞鑑書籍版本
為主，與上述「題跋」的編撰概念相似，故稱「藏書志」為「題跋」與「書
目」合而為一的文體。
　　承上言，「藏書志」與「題跋集」皆為具備書目體制的目錄，且提要內容
也多是以考訂、賞鑑版本為主，則兩者之間有何區別？事實上，「藏書志」與
「題跋集」最主要的差異，即在於撰述對象的不同。祈晨越〈「藏書志」界義
初探〉云：「藏書志是收藏目錄而非知見目錄。」[38]意即「藏書志」中所著錄
的書籍，必須為私家典藏書籍，且多半為特定藏書單位，如：張金吾「愛日
精廬」、孫星衍「平津館」、潘祖蔭「滂喜齋」……等；相反的，「題跋集」所
著錄的書籍，則不必然是特定典藏單位的書籍文獻，凡目錄編纂者所知、所
見者，均得納入「題跋集」的收錄範圍。簡單來說，「藏書志」所著錄的對象
書籍，必須是該藏書單位的「收藏書目」；而「題跋集」則可以是「收藏書目」，
也可以是「知見書目」，端看目錄編纂者的需求與目的。
　　另一方面，「藏書志」相對於「讀書記」或「序、跋集」，無論是提要內
容或體例，皆有較為嚴格的規範和格式。蓋「藏書志」的主要撰述對象，係
為各典藏單位的藏書，故其藏書量多半豐富，否則便無編纂「藏書志」的必
要性。既然藏書量較豐，而「藏書志」編纂又多是出於一人或少數人之手，

---

[37] 范芝熏，〈中國古典目錄體制「提要」之研究〉，頁86。

[38] 祈晨越，〈「藏書志」界義初探〉，《圖書館雜誌》2006年第8期，頁75。

若得遍覽所有藏書的內容,進而詳盡闡述各書要旨和評論得失,恐怕並非易事且勢必耗時費力。因此,儘管於「藏書志」提要內容中,撰者猶能闡述個人的主觀見解和研究心得,但仍以耙梳書籍文獻的「版本」或其他客觀資訊為主。

再者,自宋代雕版印刷技術日益精良,對於書籍「版本」日漸重視,清代的學者、藏書家尤是。不少藏書家,其藏書往往量豐、質精,可能同一本書卻收藏有各式版本;故倘若是以「闡明意旨」、「評論得失」作為撰寫各書提要的主軸,則其提要內容勢必多所重複,反倒無法清楚區別各藏書之間的差異性,以及凸顯該單位的藏書特色,如此也就失去了編纂「藏書志」的實質目的和意義。換句話說,「藏書志」提要的內容,多半是以說明該書的「版本」和其他相關的客觀資訊為主,該書的內容意旨、得失則為輔,以利辨別各書之間的差異與特色。

事實上,對於「版本」的重視,也是影響「藏書志」收錄書目與提要撰述的重要因素之一。以張金吾《愛日精廬藏書志》為例,其〈例言〉云:

> 是編所載,止取宋、元舊槧及鈔帙之有關實學而世鮮傳本者,其習見之書概不登載。若明以後諸書,時代既近搜羅較易,擇其尤秘者間錄數種,餘俱從略。[39]

可知《愛日精廬藏書志》的收錄標準,即是以宋、元本與罕見本為主;如此,尚有收書達七百餘部,其藏書量之豐富可見一斑。由此推想《愛日精廬藏書志》的編纂前提,除了必須具備豐富的藏書量之外,關鍵即在於編纂者對於書籍文獻「版本」的賞鑑態度與知識,以及對該目錄所呈現最終型態的期望。再進一步來說,這似乎也是導引提要撰述面向與模式的重要關鍵之一,因為既然抱持著明確的收書標準編纂「藏書志」,則其提要內容中勢必得

---

[39] 〔清〕張金吾,《愛日精廬藏書志》(臺北:文史哲出版社,1982年),頁7。

有「足夠份量」的相關資訊佐證，方能說明該書之所以被收錄的原因。因此，清代學者、藏書家對於書籍文獻「版本」的重視，往往也是影響整部「藏書志」編纂模式的重要關鍵之一。

「藏書志」發展至後期，除了考述書籍文獻的「版本」之外，亦會記述該書籍文獻的遞藏、校勘過程或輯佚情形等資訊。此外，前人對於該書所撰述的序、跋、題識等，亦多有所收錄；然而，其所持理念不必然是為「闡明意旨」或「評論得失」，應是將前人序、跋、題識視為與該書相關的資訊之一，予以著錄並作為辨別書籍差異和凸顯特色的線索。

綜合上述原因，大抵可推知「藏書志」的提要內容與撰述方式，相對於「讀書記」與「序、跋集」而言，必須在一定的規範和限制內編成，否則即不易辨別各書籍之間的差異，以及凸顯所藏書籍的特色。因此，在實際編纂「藏書志」之前，編纂者往往會先擬定編纂方針和格式，並以之為依據，進而為藏書撰寫提要。換句話說，針對各書的客觀資訊，如：版刻、裝潢、字體、藏書印記、序、跋、題識……等，皆屬「藏書志提要」所記述的主要內容；至於書籍內容所闡述的意旨，以及提要撰者的主觀評價或閱讀心得，即非「藏書志提要」的撰述核心。

在既定的編纂方針和格式之下，「藏書志」所呈現的目錄型態，即不如「讀書記」或「序、跋集」來的恣意、隨性，儘管偶有編排格式、提要內容跳脫既定編纂框架，但大體上仍是依照既定的方針和格式進行編纂；因此，相對於「讀書記」或「序、跋集」來說，「藏書志」編纂者的個人特色與治學風格也就較為淡化。

綜觀上述，按目錄「提要」的用途和性質區分，大抵有「讀書記」、「序、跋集」和「藏書志」三種形制。「讀書記」係為學者將對各書的研究心得、見解或考訂成果，以讀書札記形式撰寫；待博覽群書，讀書札記日漸豐厚，便按一定次序作「有意識」的分類和編排，進而編成的圖書目錄。「序、跋集」，有輯錄藏書題跋作為提要，編成具備目錄性質的「題跋集」，提要內容多以考證、賞鑑版本和闡述讀後感想、見解為主；又有以「輯錄體」編纂，兼收與

該書相關的序、跋文者，除揭示書籍文獻「版本」與其他相關考證性的論述
之外，猶能發揮「辨章學術，考鏡源流」或「指示讀者治學涉徑方法」的功
能。「藏書志」係將「題跋」與「書目」合而為一的目錄體制，主要對象為特
定典藏單位的藏書；而編纂者往往事先擬定編纂方針和格式，並以記述各書
的客觀資訊為主，至於書籍內容所闡述的意旨，以及提要撰者的主觀評價、
閱讀心得則為次要。

　　相較於「讀書記」與「題跋集」而言，「藏書志」編纂者的個人風格與治
學特色較為淡化，蓋因「藏書志」多依既定的方針和格式編纂，且以記書籍
文獻的客觀資訊為主，故觀其提要內容即不如「讀書記」或「題跋集」來得
自由、隨性。惟若以輯錄體編纂的「序、跋集」而論，則猶須先考其用途和
性質是否屬「藏書志」一類的形制，方能判斷其中編纂者的個人風格與治學
特色，所展現程度的強弱。總而言之，無論是「讀書記」、「序、跋集」或「藏
書志」，三者各有所側重和相對薄弱的面向，端看編纂者視其目錄的用途和性
質，選擇最適合的形制。

三、目錄「提要」的內容

　　藉由上述對於「提要」的體例、形制的認識，本節擬進一步針對「提要」
的內容作探討。綜觀歷代目錄「提要」內容，劉兆祐《中國目錄學》釐有七
項，分別是：考述作者生平、說解書名之涵意、敘述撰書之旨意及一書之內
容、備載一書之篇目、論說學術之源流、辨別一書之真偽、評論一書之得失
與價值。[40]另一方面，自宋以後之目錄，提要內容有記載書籍版本或抄錄序
跋者，而明、清時期，無論是讀書記、序跋集和藏書志，皆不乏以記書籍版
本和考證版刻源流為主要內容者；因此，「考述、賞鑑書籍版本」亦可列為目

---

[40] 劉兆祐，《中國目錄學》，頁 22－32。

錄提要內容的其中一項。

　　由於每部目錄的編纂者、用途和目的均不相同，所採取的編纂體例和撰述內容亦會有所差異。因此，提要內容要朝何種面向發展，皆是由目錄編纂者所決定，既可擇其一、二，亦能兼融所有面向，又或者進一步擴大記述和深入詮釋，但大抵均是以此八項範疇為根基開展論述。以下茲舉《四庫全書總目提要》為例，分別說明提要內容的八種面向：

(一) 考述作者生平

以《四庫全書總目》記明陳獻章《白沙集》一條為例，提要云：

> 明陳獻章撰，獻章字公甫，新會人，正統丁卯舉人，以薦授翰林院檢討，追諡文恭，事蹟具《明史・儒林傳》。……史稱獻章之學，以靜為主；其教學者，但令端坐澄心，於靜中養出端倪，頗近於禪，至今毀譽參半。[41]

　　以「作者」為撰述核心，針對其姓名、字號、諡號、爵里、生平事蹟……等進行耙梳；而此則提要，亦略述作者陳獻章的治學方式和教學特點，並稱「至今毀譽參半」。藉此，除能略知「作者」的相關資訊之外，猶能透過如「至今毀譽參半」等具有評價性的論述，作為觀照館臣或該時代學者們，對於此種治學或教學方式認同情形的可能線索之一。簡單來說，即是以「人」為觀察核心，藉由瞭解與其相關的資訊，以及提要對該人物的撰述方式和面向，進而作為觀照一時代學術風氣或文學視野的線索之一。

---

[41] 永瑢、紀昀等編，《武英殿本 四庫全書總目提要》（臺北：臺灣商務印書館，1983 年），頁 4：506－4：507。

(二) 說解書名涵意

以《四庫全書總目》記宋戴復古《石屏集》一條為例，提要云：

> 宋戴復古撰，復古字式之，天台人，嘗登陸游之門，以詩鳴江湖，
> 間所居有石屏山，因以為號，遂以名集。[42]

自古文人命名，往往有其涵意。此則提要所記戴復古《石屏集》，係因其
所居有「石屏山」，並以之為號，故其著作乃以「石屏集」名；由此，尚能作
為考著者之鄉里，甚至是瞭解其交遊情形的線索。另有一例，《四庫全書總目》
記清趙執信《談龍錄》一條，提要云：

> 國朝趙執信撰。執信為王士禎甥婿，初甚相得，後以求作《觀海集
> ・序》不得，雖至相失。因士禎與門人論詩，謂當作雲中之龍，時
> 露一鱗一爪，遂著此書以排之。[43]

雖然提要中未有如「遂以名集」一般的明確說法，但從對趙執信與王士
禎之間互動關係的描述，仍大抵能想見書名的涵意；進一步來說，此猶能作
為瞭解學者或學派之間，所持文學觀點差異之處的起點，甚至成為觀照一時
代學術風氣、文學視野的線索之一。因此，藉由提要中對書名的說解，或能
作為進一步詮釋的線索和證據，從而開展對一時代學術風氣、文學視野的論
述。

---

[42] 永瑢、紀昀等編，《武英殿本 四庫全書總目提要》，頁 4：270。

[43] 永瑢、紀昀等編，《武英殿本 四庫全書總目提要》，頁 5：251－5：252。

(三) 敘述撰書旨意及一書內容

以《四庫全書總目》記宋呂祖謙《古文關鍵》一條為例，提要云：

> 宋呂祖謙編。取韓愈、柳宗元、歐陽修、曾鞏、蘇洵、蘇軾、張耒
> 之文，凡六十餘篇，各標舉其命意布局之處，示學者以門徑，故謂
> 之《關鍵》。卷首冠以總論看文、作文之法。……然祖謙此書，實為
> 論文而作，無關講學。[44]

　　館臣大抵依循劉向《別錄》所立義例，闡述《古文關鍵》一書的內容與
旨意；此作為既可讀書於讀者之先，以協助讀者掌握該書要義，亦能降低讀
者誤讀的可能性。例如此則節錄提要，即稱「祖謙此書，實為論文而作，無
關講學」，闡明《古文關鍵》並非一般純文總集，而是有「標舉其命意布局之
處，示學者以門徑」的詩文評類書籍；如此，即能協助讀者略窺該書內容和
旨意，進而有效提升檢索、利用的正確性及便利性。

　　而藉由提要對於著錄書籍內容、旨意的敘述，即可作為觀察該典藏單位
所藏書籍，或者提要撰者所閱覽書籍的內容屬性，進而推測其可能的治學面
向，以作為觀照一時代學術風氣、文學視野的線索。

(四) 備載一書篇目

以《四庫全書總目》記明胡震亨《唐音癸籤》一條為例，提要云：

> 明胡震亨撰。……為目有七：一曰體裁，凡一卷，論詩體。二曰法
> 微，凡三卷，分二十四子目，自格律以及字句聲調，無不備論。三
> 曰評彙，凡七卷，集諸家之評論。四曰樂通，凡四卷，論樂府。五

---

[44] 永瑢、紀昀等編，《武英殿本 四庫全書總目提要》，頁 5：251-5：252。

日詁箋，凡九卷，訓釋名物典故。六曰談叢，凡五卷，採擷軼事。
七曰集錄，凡三卷，首錄唐集卷數，次唐選各總集，次金石墨蹟。[45]

　　藉由提要中所備載的書目，一方面可作為鑑別書籍文獻「版本」的關鍵，
確認其版刻源流；另一方面，若各「版本」間所錄篇目有所差異，透過對增
刪及排序情形的觀察，亦可能成為掌握時代學術風氣、文學視野的線索。歷
來不乏為因應市場需求，而任意增修、刪節原著的案例；若在這樣的前提之
下，或能進一步思索是否因為當時的文化氛圍，形成特定的學術風氣或文學
視野，進而實際反映在市場的需求。

　　因此，藉由提要中所載錄的篇目，一方面能夠作為鑑別「版本」的線索，
另一方面則可透過各「版本」的比對，探究隱藏於市場需求背後，可能呈現
的時代學術風氣和文學視野。

(五) 論說學術源流

　　以《四庫全書總目》記《御定四朝詩》一條為例，提要云：

唐詩至五代而衰，至宋初而未振。王禹偁初學白居易，如古文之有
柳、穆，明而未融。楊億等倡西昆體，流布一時。歐陽修、梅堯臣
始變舊格，蘇軾、黃庭堅益出新意，宋詩於時爲極盛。南渡以後，《擊
壤集》一派參錯並行，遞流至於四靈、江湖二派，遂弊極而不復焉。
金人奄有中原，故詩格多沿元祐，迨其末造，國運與宋同衰，詩道
乃較宋爲獨盛。……有元一代，作者興，虞、楊、范、揭以下，指
不勝屈。而末葉爭趨綺麗，乃類小詞。……明詩總雜，門戶多岐，
約而論之，高啟諸人爲極盛。洪熙、宣德以後，體參臺閣，風雅漸
微，李東陽稍稍振之，而北地、信陽已崛起與爭，詩體遂變。後再

---

[45] 永瑢、紀昀等編，《武英殿本　四庫全書總目提要》，頁 5：251－5：252。

變而公安，三變而竟陵，淫哇競作，明祚遂終。大抵四朝各有其盛
衰，其作者亦互有長短。而七百餘年之中，著作浩繁，雖博識通儒，
亦無從遍觀遺集。[46]

　　按提要者，係擇要言以述之；故於論說學術源流，亦多選擇重點作論述。
既然是「選擇重點」進行論述，則其中提要撰者的主觀思維與觀點，勢必也
會成為左右「選擇重點」要素之一。以此則節錄提要為例，針對宋、金、元、
明四朝的詩體發展情形略做闡述，而其中稱「洪熙、宣德以後，體參臺閣，
風雅漸微，李東陽稍稍振之」，大抵可推知館臣的論詩觀點，對「冗沓膚廓，
萬喙一音，形模徒具，興像不存」[47]的臺閣詩風頗為貶抑，認為乃是使當代
詩風有「風雅漸微」弊端的重要關鍵，故特別標舉並撰入提要內容之中。[48]另
一方面，藉此亦能窺知館臣對於詩作風格的喜惡，作為觀照清代學術風氣、
文學視野的線索之一。

　　因此，應可藉由提要對學術源流的論述，觀察其對各時代文學發展情形
的敘述方式，並掌握文中對「重點」的選擇模式和概念，進而作為觀照一時
代學術風氣和文學視野的線索。

(六) 辨別一書真偽

　　以《四庫全書總目》記宋熊禾《勿軒集》一條為例，提要云：

宋熊禾撰。……求予序之云云，末署至元十七年。考至元為世祖年

---

[46] 永瑢、紀昀等編，《武英殿本 四庫全書總目提要》，頁 5：251－5：252。

[47] 《四庫全書總目》記《明詩綜》一條，提要云：「永樂以迄宏（弘）治，沿三楊臺閣之體，務以
春容和雅，歌詠太平，其弊也冗沓膚廓，萬喙一音，形模徒具，興像不存。」見永瑢、紀昀等編，
《武英殿本 四庫全書總目提要》，頁 5：105－5：106。

[48] 筆者以為「李東陽稍稍振之」一句，館臣應是認為李東陽為當時詩壇的首要人物，故特別標舉其
名。換句話說，此間亦存在著「選擇重點」作論述的概念。

號，而禾卒於仁宗皇慶元年，自至元迄皇慶，相距三十餘年，何以
先稱其疾卒。年月錯謬，依託顯然。蓋其後人偽撰此文，借名炫俗，
不知禾亦通儒，故不必以衒重也。今刪除此序，庶不以偽亂真焉。[49]

　　歷來假託他人之名，以求鬻書或炫俗者絕非少數，是以「辨偽」一事多
為版本、目錄學家所重視。偽作之書，有全書假託他人之名編撰者，亦有穿
插單篇文章於其中，容易使讀者認為是原書作者所撰；而此則提要所稱《勿
軒集‧序》，即屬後類「穿插單篇文章」的著作，經館臣辨偽後遂將之刪去。
藉由觀照提要中與「辨偽」相關的敘述，可考其偽作原因，若屬商業行為者，
或能進一步探索潛藏於背後的文化氛圍，瞭解當時所呈現的學術風氣與文學
視野。

(七) 評論一書得失與價值

　　以《四庫全書總目》記清王士禎《漁洋詩話》一條為例，提要云：

國朝王士禎撰。……至如石谿橋墨書絕句，乃晚唐儲嗣宗詩，點易
數字，士禎不辨而盛稱，亦疎於考證；然其中清詞佳句，採掇頗精，
亦足資後學之觸發。故於近人詩話之中，終為翹楚焉。[50]

　　藉由提要中對於書籍文獻的評價，除可作為窺探該書撰成時代的學術風
氣、文學視野的線索之外，此間亦揭示提要撰者本身的學術觀點和價值判斷。
以此則節錄提要為例，即稱王士禎《漁洋詩話》有「疎於考證」的缺點，而
有「清詞佳句，採掇頗精」優點；故大抵可窺知館臣治學時，頗為重視「考
證」一事，而文采、方面，則喜為「清詞佳句」。而撰寫提要的館臣，必然也

49　永瑢、紀昀等編，《武英殿本　四庫全書總目提要》，頁4：339－4：340。

50　永瑢、紀昀等編，《武英殿本　四庫全書總目提要》，頁5：249。

是浸淫於當時的學術風氣和文學視野之中的一員，故雖不能以單一館臣的治學態度，作為認定一時代學術風氣、文學視野發展情形的絕對證據；然而，或者猶能藉此作為進一步探討的起點和線索。

(八) 考述、賞鑑書籍版本

以《四庫全書總目》記唐王勃《王子安集》一條為例，提要云：

> 唐王勃撰。……蓋猶舊本（文淵閣《四庫全書》作「蓋宋代所行，猶其舊本」）。明以來其集已佚，原目遂不可考……此本乃明崇禎中閩人張燮，搜集《文苑英華》諸書，編為一十六卷，雖非唐宋之舊，而以視別本，則較完善矣。[51]

清代學者向來對於書籍文獻「版本」多所重視，蓋版刻良窳往往影響內容的正確性。若為「乾金坤釜」[52]之誤，及時改正尚且無礙，而醫書「錫、鍚不辨」[53]則恐禍害性命，實不可不慎；以上所舉二例，皆點出鑑別書籍文獻「版本」的重要性，故張之洞稱「讀書宜求善本」[54]。館臣亦深知此理，

---

[51] 永瑢、紀昀等編，《武英殿本 四庫全書總目提要》，頁 4：26。

[52] 〔宋〕陸游，《老學庵筆記》記云：「三舍法行時，有教官出《易》義題云：『乾為金，坤又為金，何也？』諸生乃懷監本《易》至簾前請云：『題有疑，請問。』教官作色曰：『經義豈當上請？』諸生曰：『若公試，固不敢。今乃私試，恐無害。』教官乃為講解大概。諸生徐出監本，復請曰：『先生恐是看了麻沙本。若監本，則坤為釜也。』教授皇恐，乃謝曰：『某當罰。』即輸罰，改題而止。然其後亦至通顯。」見陸游，《老學庵筆記》（臺北：廣文書局，1972 年），據汲古閣刊本景印，頁 269—270。

[53] 〔宋〕陸深《儼山外集》卷八〈金臺紀聞下〉記云：「金華戴元禮，國初名醫，嘗被召至南京，見一醫家迎求盈戶，酬應不間。元禮意必深於術者，注目焉。按方發劑，皆無他異，退而怪之，日往觀焉。偶一人求藥者既去，追而告之曰：『臨煎時下錫一塊。』尾之去。元禮始大異之，念無以錫入煎劑法，特叩之。答曰：『是古方爾。』元禮求得其書，乃『餳』字耳。元禮為正之。嗚呼！不辨餳、錫而醫者，世胡可以弗謹哉！」見陸深，《儼山外集》，收錄於《文淵閣《四庫全書》》電子版（香港：迪志文化出版有限公司，2007 年），頁 2—3。

[54] 〔清〕張之洞，《輶軒語》，收錄於嚴靈峯編，《書目類編》第 93 冊，頁 41649—41650。

故於提要中考述、賞鑑其版刻源流，以明所錄當屬「善本」；換句話說，此間即揭示館臣選錄書籍文獻「版本」的方針和態度。

因此，藉由提要對一書「版本」的考述和賞鑑，可觀察提要撰者對於各「版本」的態度和評價，甚至進一步從中歸納出各時期、各地區所偏愛刊刻的內容面向和文類，進而作為觀照一時代學術風氣和文學視野的線索。

綜觀上述，歷來目錄「提要」所撰述的內容，大抵以此八種面向為主。「考述作者生平」，係以「人」為記述核心；「辨別一書之真偽」、「考述、賞鑑書籍版本」，為針對書籍的客觀、外在結構做說明；「敘述撰書之旨意及一書之內容」、「評論一書之得失與價值」……等五種面向，則是以闡釋書籍的內在意涵與理路為論述主軸。此外，依照不同的圖書目錄編纂取向和目的，以及提要撰者本身的思維、觀點，此八種面向於提要內容中的比重亦會有所差異。而無論提要內容所側重論述的面向為何，讀者均能藉由閱讀目錄提要，初步瞭解各書的外在狀態與內在意涵；而研究者則能作為掌握目錄「提要」的外在結構與內在理路，進而觀照一時代學術風氣與文學視野的線索。

小結

目錄「提要」體制的出現，係以劉向《別錄》為濫觴，其子劉歆《七略》則為發揚者；此後，歷代目錄編纂者，莫不奉劉氏父子所立義例為圭臬，惟與其志全然相符者，實為少數。綜觀歷代目錄「提要」的體例、形制與內容，儘管與劉氏父子所立義例未必全然相符，但各有所側重之面向，甚至為因應不同時代的學術風氣、社會文化、科技發展……等外在因素，而發展出新的著錄體例、形制與撰述內容的面向。

本章分別體例、形制與內容等面向，闡釋各類型提要的外在結構與內在意涵，藉以作為開展後續論述的基礎。以下按體例、形制與內容，依序簡要說明：

一、按目錄提要的體例區分，有「敘錄體」、「傳錄體」和「輯錄體」三種，各有不同的撰述模式和側重面向；然而，無論是採何種體例編纂提要，皆能透過「材料的選擇」與「編撰的方式」，「有意識」地指引讀者閱讀方向和思維。因此，即能作為探討提要編纂者學術觀點和思維的線索，進而觀照一時代學術風氣與文學視野的線索。

二、依目錄提要的用途與性質區分，大抵可分為有「讀書記」、「序、跋集」和「藏書志」等三種不同的形制；而這三種不同形制的目錄提要，各有其所側重和相對薄弱的面向，編纂者得視其編纂目錄的用途和性質，選擇最適合的形制。

三、歷來目錄「提要」所撰述的內容，大抵以「考述作者生平」、「敘述撰書之旨意及一書之內容」⋯⋯等八種面向為主，編纂者得視其編纂需求與目的，選擇側重的面向和調整於提要內容中的比重。就圖書的檢索與利用而言，讀者能藉由閱讀目錄提要，初步瞭解各書的外在狀態與內在意涵；而就學術研究的角度來說，研究者即能藉以掌握目錄「提要」的外在結構與內在理路，進而觀照一時代的學術風氣與文學視野。

　　總括上述，藉由對目錄「提要」體例、形制與內容的分析、討論，大抵已能勾勒目錄「提要」體制的雛形，後文將以此作為開展論述的基礎，探討清代圖書目錄「提要」的外在結構和內在理路，進而觀照清代所呈現的的學術風氣與文學視野。

第三章
清代圖書目錄集部提要的外在結構

　　本章擬分就「官修圖書目錄」與「私撰圖書目錄」二部分進行耙梳，除針對各別圖書目錄「外在結構」的梳理之外，亦透過「線性結構」[1]與「非線性結構」[2]的概念，釐清各部圖書目錄之間的相互對應關係，進而闡釋其中所揭示的學術意涵。

　　本章凡分二節，第一節〈官修圖書目錄的外在結構〉，以「《四庫全書》系統」與「『天祿琳琅』系統」為觀察對象，梳理清代官修圖書目錄所呈現的外在結構和學術意涵。第二節〈私撰圖書目錄的外在結構〉，針對清代前、中、後期所編纂的私撰圖書目錄，舉其要者進行耙梳，藉以觀照清代私撰圖書目錄所呈現的外在結構和學術意涵。

---

[1] 針對文獻中的「線性結構」，周氏云：「所謂線性結構，意指各層級的文獻資料在其原有的屬性下擴充發展。它同時可以是款目的的單獨發展，也可以是在層級間由下往上的發展。這種情況，由於是直線式的發展或擴充，所以可以稱之為線性結構。」（周彥文，《中國文獻學理論》，頁150。）

[2] 針對文獻中的「非線性結構」，周氏云：「所謂非線性的結構，則是需要作學術上的判讀才能建構的一種文獻結構。它的結構功能隱藏在不同屬性、不同層級的文獻間，彼此的關係不是發展或擴充，而是經由學術詮釋加以整合，並賦予意義。由於這些文獻彼此之間款目的性質，部、類、目的隸屬可能都不相同，是由多方向的來源所組成，所以稱之為非線性結構。」（周彥文，《中國文獻學理論》，頁151。）

一、官修圖書目錄的外在結構

綜觀清代官修圖書目錄，按個別的收（藏）書來源、單位隸屬、編修概念和目的區分，則大抵分有二大系統，一為「《四庫全書》系統」，次為「『天祿琳琅』系統」。

本書所稱「《四庫全書》系統」，係指以《四庫全書》為核心，所編纂具有提要體制的官修圖書目錄，擇其要者有《四庫全書總目提要》（以下簡稱《四庫全書總目》）、《四庫全書簡明目錄》（以下簡稱《四庫簡目》）。「『天祿琳琅』系統」係指根據清代「昭仁殿（「天祿琳琅」）」庋藏，所編纂具有提要體制的官修圖書目錄，包含乾隆四十年（1775）于敏中（1714—1779）等人所編《天祿琳琅書目》（以下簡稱《天祿琳琅》），以及嘉慶三年（1798）彭元瑞等人所編《天祿琳琅書目續編》（以下簡稱《天祿琳琅續編》）。

就著錄書籍文獻的來源而言，「《四庫全書》系統」係以全國各地所徵得的民間書籍為主，兼收錄部分內府藏書；「『天祿琳琅』系統」則為宮廷舊藏善本，而無另行於民間徵集文獻。就提要內容所呈現的編纂理念來說，「《四庫全書》系統」雖不以「辨章學術，考鏡源流」和「指示讀者治學涉徑方法」為主要編纂目的[3]，但相較於其他官修圖書目錄而言，仍具有相當程度的「辨章學術，考鏡源流」與「指示治學涉徑」的學術功能；「『天祿琳琅』系統」則是將書籍文獻視為文物，針對其外在特徵與遞藏情形進行描述。簡單來說，「《四庫全書》系統」以著錄各書內在理路為主，「『天祿琳琅』系統」則以著錄各書的外在形象為核心。

無論是「《四庫全書》系統」或「『天祿琳琅』系統」，在對各書的部定類

---

[3] 昌彼得、潘美月《中國目錄學》云：「嚴格說來，《四庫全書總目》既不是『辨章學術，考鏡源流』的目錄，也不是乾隆朝內府藏書的目錄。」（昌彼得、潘美月，《中國目錄學》，頁213。）

次方面，以及所採用的編纂體制，包含提要的體例與形制，都會因為編纂理念和對象不同而有所差異。另一方面，因為是「系統」的概念，故於各部目錄之間，也會呈現不同的線性或非線性結構；其次，《四庫全書總目》與《天祿琳琅》乃為清代官修圖書目錄之雙峰，對於後世私撰圖書目錄發展影響深遠，故與其他清代私撰圖書目錄之間，亦會有線性或非線性的結構產生。換句話說，若能針對上述面向，對清代官修圖書目錄的外在結構進行探討，釐清其中所呈現的學術思維架構和編纂模式，應能作為掌握清代官修圖書目錄的內在理路，以及與私撰圖書目錄之間相互對應關係的線索，進而觀照「清代圖書目錄集部提要」所揭示的學術意涵與文學視野。

因此，本節擬以清代官修圖書目錄為對象，以「集部」為核心，探討其所呈現的外在結構，包含分類情形、提要體例與形制，以及探討各目錄之間所呈現的線性或非線性結構。規劃凡四部分，第一部分為〈官修圖書目錄舉要〉，分別探討「《四庫全書》系統」與「『天祿琳琅』系統」目錄的編纂緣由、特色、後世評價和流傳版本。第二部分為〈官修圖書目錄的分類情形〉，梳理「《四庫全書》系統」與「『天祿琳琅』系統」目錄的分類情形，並探討其中所呈現的學術架構與文學觀念。第三部分為〈清代官修圖書目錄提要的體例與形制〉，探討「《四庫全書》系統」與「『天祿琳琅』系統」目錄提要的體例與形制。第四部分為〈清代官修圖書目錄的線性與非線性結構〉，藉由前述對於清代官修圖書目錄的探討與認識，進而闡釋各部目錄之間的關連性與結構性。

(一) 官修圖書目錄舉要

自劉向《別錄》開立「提要」體制之目錄，能紹述其義例的官修圖書目錄，除宋代《崇文總目》之外，及至清代所編「《四庫全書》系統」與「『天祿琳琅』系統」目錄，方能承其遺風。

「《四庫全書》系統」與「『天祿琳琅』系統」目錄，雖多為乾隆朝詔命群臣編纂（除《天祿琳琅續編》為嘉慶朝詔命編纂），且編纂人員有部分重複，

如于敏中、彭元瑞……等人，但因為各自的編纂緣由、過程和目的均不相同，使最終所呈現的目錄體制、特色及後世評價亦有所區別。因此，本節擬藉由對「《四庫全書》系統」與「『天祿琳琅』系統」目錄的耙梳，以作為窺探清代官修圖書目錄外在結構的論述基礎。

以下即就「《四庫全書》系統」與「『天祿琳琅』系統」目錄分別進行耙梳，探討各部目錄的編纂緣由、特色、後世評價和流傳版本。

1. 《四庫全書》系統

乾隆三十七年（1772），皇帝詔令採進各省遺書，於翰林院開立「四庫館」，總管編修《四庫全書》及相關著作一事，是以命皇六子永瑢、皇八子永璇、皇十一子永瑆……等人為正總裁，文淵閣直閣事兵部侍郎紀昀、文淵閣直閣事大理寺卿陸錫雄、太常寺少卿孫士毅為總纂官，文淵閣直閣事詹事府少詹事陸費墀為總校官，另設有纂修官、提調官、協勘官、分校官……等執事，所用人力可謂歷代之最。

由於《四庫全書》收錄書籍達萬餘部，為便於檢索，帝遂命館臣輯《四庫全書》撰於各書前的提要，於乾隆四十七年（1782）編成《四庫全書總目》二百卷。後又因《四庫全書總目》卷帙浩繁，檢索不易，而另編成《四庫簡目》二十卷。

以下分別就《四庫全書總目》、《四庫簡目》的編纂緣由、特色、後世評價和流傳版本進行耙梳：

（1）《四庫全書總目》

清乾隆三十七年（1772），乾隆詔令各省訪求、採進遺書，並命文淵閣直閣兵部侍郎紀昀為總纂官，編纂《四庫全書》。同年，安徽學政朱筠上書奏請高宗為《四庫全書》編纂目錄[4]，後經大學士劉統勳、于敏中……等人廷議並

---

[4] 清乾隆三十七年十一月廿五日，〈安徽學政朱筠奏陳購訪遺書及校核《永樂大典》意見摺〉奏云：「著錄校讎，當並重也。前代校書之官，如漢之白虎觀、天祿閣，集諸儒較論異同及繕青；唐、宋集賢校理，官選其人。以是劉向、劉知幾、曾鞏等，並著專門之業。列代若《七略》、《集賢書目》、《崇文總目》，其具有師法。臣請皇上詔下儒臣，分任校書之選，或依《七略》，或準

上奏[5]，即於乾隆三十八年（1773），由高宗詔命館臣編纂《四庫全書總目》。《四庫全書・聖諭・乾隆三十八年二月初六》云：

> 至朱筠所奏，每書必校其得失，撮舉大旨，敘於本書卷首之處，若欲悉仿劉向校書序錄成規，未免過於繁冗。但向閱內府所貯康熙年間藏書籍，多有摘敘簡明署節，附夾本書之內者，於檢查洵為有益，應俟移取各省購書全到時，即令承辦各員，將書中要旨櫽括，總序厓署，黏開卷副頁右方，用便觀覽。[6]

是以纂修官奉旨為各書撰寫提要並黏於副頁，後經總纂官紀昀等人刪改修潤，彙編成《四庫全書總目》。《四庫全書總目》初稿成於乾隆四十六年（1781），至乾隆五十四年（1789），始由武英殿刊行。

《四庫全書總目》凡 200 卷，合計著錄、存目藏書共有 10223 部，區分經、史、子、集四部，部之下各為類（共 44 類），類下又細分子目（共 66 目）。各部前皆撰有〈總敘〉，以「撮述其源流正變，以挈綱領」[7]；各類之首亦作〈小序〉，以「詳述分并改隸，以析條目」[8]；若遇〈總敘〉、〈小序〉「義有未盡，例有未該」[9]，則加註案語於各子目之後或本條之下，以「明通變之

四部，每一書上，必校其得失，撮舉大旨，敘於本書首卷，並以進呈，恭俟乙夜之批覽。」（張書才等編，《纂修四庫全書檔案》（上海：上海古籍出版社，1997 年），頁 21。）

[5] 清乾隆三十八年二月初六日，〈大學士劉統勳等奏議覆朱筠所陳採訪遺書意見摺〉，奏云：「查古人校定書籍，必綴以篇題，詮釋大意。……查宋王堯臣等《崇文總目》、晁公武《讀書志》，皆就所有之書，編次目錄，另為一部，體裁最為簡當，應即仿其例。俟各省所採書籍全行進呈時，請敕令廷臣詳細校定，依經、史、子、集四部名目，分類匯列，另編目錄一書，具載部分卷數，撰人姓名，垂示永久，用詔策府大成，自軼唐宋而更上矣。」（張書才等編，《纂修四庫全書檔案》，頁 54。）

[6] 永瑢、紀昀等編，《武英殿本 四庫全書總目提要》，頁 1：2－1：3。

[7] 永瑢、紀昀等編，《武英殿本 四庫全書總目提要》，頁 1：37。

[8] 永瑢、紀昀等編，《武英殿本 四庫全書總目提要》，頁 1：37。

[9] 永瑢、紀昀等編，《武英殿本 四庫全書總目提要》，頁 1：37。

由」[10]。

紀昀等人編纂《四庫全書總目》時，其所撰「提要」大抵依循劉向撰寫敘錄之義例。[11]一為介紹著者生平、爵里，如記齊謝朓《謝宣城集》一條，〈提要〉云：

> 齊謝朓撰，朓字元暉，陳郡陽夏人，事迹（蹟）具《齊書》本傳。案朓以中書郎出為宣城太守……其官時不止於宣城太守，然詩家皆稱謝宣城。[12]

其二，撮述著書原委及各書旨意，如記清萬樹《詞律》一條，〈提要〉云：

> 是編糾正《嘯餘譜》及《填詞圖譜》之譌，以及諸家詞集之舛。[13]

再有如記宋范晞文《對牀夜話》一條，〈提要〉云：

> 是編成於景定中，皆論詩之語，其間如論曹植〈七哀詩〉……。[14]

其三，評論書的得失，如記清康熙御定《御定歷代詩餘》一條，〈提要〉云：

> 網羅宏富，尤極精詳，自有詞選以來，可云集其大成矣。若夫諸調

---

[10] 永瑢、紀昀等編，《武英殿本 四庫全書總目提要》，頁 1：37。

[11] 劉向撰寫敘錄（即「提要」）三項義例：一為介紹著者的生平；二為說明著書的原委，及書的大旨；三是評論書的得失。（詳見昌彼得、潘美月，《中國目錄學》，頁 42−44。）

[12] 永瑢、紀昀等編，《武英殿本 四庫全書總目提要》，頁 4：18。

[13] 永瑢、紀昀等編，《武英殿本 四庫全書總目提要》，頁 5：327。

[14] 永瑢、紀昀等編，《武英殿本 四庫全書總目提要》，頁 5：241。

次第，並以字數多少為斷……更一洗舊本之陋也。[15]

　　劉向所立三項撰寫「提要」之義例，歷來少有目錄能全然與之相符，諸如《崇文總目》、《郡齋讀書志》、《直齋書錄解題》、《百川書志》等，多以各書意旨作為「提要」的撰寫主軸，至於作者生平、爵里與各書得失等面向，則較少有所論及；至於《天祿琳琅書目》則以版本賞鑑為撰寫「提要」的宗旨，實為劉向所立三項義例之外，別立一項。因此，昌彼得、潘美月《中國目錄學》云：

> 宋代以降的敘錄之作，能紹述《別錄》的，祇有乾隆間所修的《四
> 庫全書總目提要》。[16]

　　即謂《四庫全書總目》中，紀昀等人以劉向所立義例為撰寫「提要」的準繩，雖實際內容的義例略有變異，但大抵仍不脫《別錄》所立之範疇，是以被認為乃自宋以降，唯一能紹述《別錄》的官修圖書目錄。
　　《四庫全書總目》係為清代官修圖書目錄之代表巨著，不僅具有「辨章學術，考鏡源流」的功能，亦能為讀者指示「治學涉徑」的方法；然而，其中也存在著官方權力、意志滲入的痕跡。昌彼得〈「四庫學」展望〉即謂：

> 乾隆之修《四庫全書》，固然有他的政治意圖，但他大規模地整理中
> 國傳世歷代典籍的行動，的確具有文化上的深遠意義，對後世發生
> 了很大的影響。[17]

---

[15] 永瑢、紀昀等編，《武英殿本 四庫全書總目提要》，頁 5：322。

[16] 昌彼得、潘美月，《中國目錄學》，頁 46。

[17] 昌彼得，〈「四庫學」展望〉，《書目季刊》第 32 卷第 1 期（1998 年 6 月），頁 1—4。

　　《四庫全書總目》乃為節略《四庫全書》中的書前提要及存目書提要而
編成,既《四庫全書》中具有官方的「政治意圖」,而作為「節略本」的《四
庫全書總目》,勢必也就同樣具有特定的政治意圖;而當有明確且強勢的「政
治意圖」涉入,則隱含於其背後的即為「權力」。換句話說,以《四庫全書總
目》為例,政治意圖固然是其編纂時的目的展現,但細究其根本,「權力」方
是操控目錄編纂形式及提要內容走向的重要關鍵。因此,藉由觀照「權力」
之於《四庫全書總目》的意義,即能察見官方意志滲入圖書目錄編纂的痕跡,
進而作為觀察線索,掌握清代朝廷對於學術、知識、文化等面向的理解與態
度。

　　《四庫全書總目》作為一部能紹述劉向《別錄》義例的官修圖書目錄,
儘管因為「權力」而有著明顯的官方意志滲入的痕跡;但從另一角度思考,
也正是因為「權力」,才有辦法令《四庫全書總目》以文化巨著之姿問世。因
此,姑且不論乾隆下詔編修的政治目的,以及其禁燬部分書籍文獻所造成的
文化損失,僅就《四庫全書》與《四庫全書總目》內容而論,對於後世學術
和文化的發展,均有其不可磨滅的貢獻和影響。

　　考《四庫全書總目》版本,大抵有二大系統,一為「武英殿本(以下簡
稱「殿本」)」[18],一為「浙江翻刻本(以下簡稱「浙本」)」。另有「文淵閣」、
「文津閣」《四庫全書》與《四庫全書薈要》於各書目之前所著錄的提要(以
下簡稱「庫本提要」與「薈要提要」),雖非以目錄形制呈現,但與「殿本」、
「浙本」提要內容略有差異,故仍有其參酌之必要。

　　按司馬朝軍《《四庫全書總目》研究》比較「殿本」、「浙本」與「庫本提
要」之間的異同,釐出「殿本」較之「浙本」,大抵有「刪繁就簡」、「訂訛正
誤」、「順文足義」等優勢[19]。而「殿本」與「庫本提要」之間,則分從體例、
對象、著錄與內容等四個面向,比較二者提要的異同處;惟本書係以「目錄

---

[18] 按「武英殿本」《四庫全書總目》原有寫本,惟今不傳;故本處所稱「武英殿本(簡稱「殿本」)」,
　　係指乾隆六十年(1795)刊刻本。

[19] 司馬朝軍,《《四庫全書總目》研究》,頁125－132。

提要」為主要研究對象，而「庫本提要」的形制非屬「目錄」一類，故不在
本書的主要研究範疇之內。因此，本書所述《四庫全書總目》，均採 1983 年
臺灣商務印書館據國立故宮博物院庋藏「殿本」影印的《四庫全書總目》為
底本，而「浙本」、「庫本提要」與「薈要提要」則列為參校或引申論述之用。

(2)《四庫簡目》

乾隆三十九年（1774）七月廿五日，有感《四庫全書總目》卷帙繁多而
不易繙閱，故命館臣別刊《四庫簡目》。《四庫簡目・聖喻》云：

> 現辦《四庫全書總目提要》，多至萬餘種，卷帙甚繁，將來抄刻成書
> 繙閱已頗為不易，自應於《提要》之外，別刊《簡明書目》一編，
> 祇載其書若干卷，註其朝其人撰。則篇目不繁而檢查較易，裨學者
> 由書目而尋提要，由提要而得全書。[20]

又乾隆四十七(1782)年七月十九日，《四庫全書》正總裁永瑢奏云：

> 茲據總纂官臣紀昀、臣陸錫熊等將抄錄各書，依四庫門類次第標列
> 卷目，並撰人姓名，撮舉大要，纂成《簡明目錄》二十卷。[21]

《四庫簡目》係為節略《四庫全書總目》而編成，目的為裨使讀者藉由
《四庫簡目》而檢索《四庫全書總目》，再由《四庫全書總目》檢索《四庫全
書》，以提供較為便利的檢索和使用途徑。

《四庫簡目》編纂體制，大抵與《四庫全書總目》相仿，依四部各安其
類例，於各書目之下標列卷目並撰有提要，少則一至二行，多則五至六行，
內容僅列撰人姓名並略敘書中大旨，至於學術源流、版本遞藏、考辨真偽……

---

[20] 〔清〕永瑢等編，《文淵閣原鈔本 四庫全書簡明目錄》（臺北：臺灣商務印書館，1983 年），頁
6：2。

[21] 張書才等編，《纂修四庫全書檔案》，頁 1602。

等事宜,均一併省略;此外,對於《四庫全書總目》所載的各部存目書,亦刪去不錄。因此,《四庫簡目》的篇幅、卷帙,相較於《四庫全書總目》已大幅減少。

　　按《四庫全書總目》對於書籍文獻版本,多僅錄藏書或採進來源,例如「安徽巡撫採進本」、「編修汪如藻家藏本」、「浙江范懋柱家天一閣藏本」……等,相對少有詳細考證版本源流的論述。而《四庫簡目》編纂體制係簡化《四庫全書總目》,故不僅未多做書籍文獻版本考證之語,對於藏書與採進來源亦省略不著錄。換句話說,《四庫簡目》大抵承襲《四庫全書總目》編纂理念,以闡述各書內容要旨和學術意義為主,而未著力於對書籍文獻「版本」的考證和討論。

　　後世對於《四庫簡目》的評價,以魯迅〈開給許世瑛的書單〉為例,其云:

> 《四庫簡目》其實是現有的較好的書籍之批評,但須注意其批評是「欽定」的。[22]

　　張之洞指《四庫全書總目》為「讀書門徑」,而魯迅則推薦《四庫簡目》為入門必讀;畢竟《四庫全書總目》卷帙繁多,而《四庫簡目》則相對簡化,對初入學術門徑的讀者而言較易上手。另一方面,二者可謂系出一脈,皆以闡述書中要旨、學術意義為主要內容,故均具有「指示治學涉徑」的功能,可作為後世治學入門之參考。然而,由於《四庫簡目》各版本之間,內容差異頗多,所隱含的學術意義又各不相同;因此,魯迅才特別指出「須注意其批評是『欽定』的」。以下即針對《四庫簡目》流傳的版本略作耙梳,釐清各版本之間的差異,以及說明本研究所欲採用的底本。

---

[22] 魯迅,〈開給許世瑛的書單〉,收錄於《魯迅全集》第 8 冊(北京:人民文學出版社,1998 年),頁 441。

　　考《四庫簡目》版本，大抵有三系統：1、「文淵閣」、「文津閣」《四庫全書》所附鈔本（以下簡稱「淵鈔本」與「津鈔本」，並統稱「庫本簡目」）；2、乾隆四十九年杭州刻本（以下簡稱「杭刻本」），據趙懷玉所錄《四庫簡目》鈔本梓行；3、清同治七年廣東書局重刻本（以下簡稱「粵刻本」），據乾隆六十年武英殿活字本翻刻[23]。另屬批校本者，有邵懿辰《四庫簡明目錄標注》、朱修伯批本等。

　　按 1983 年臺灣商務印書館《文淵閣原鈔本 四庫全書簡明目錄·弁言》所稱：「就版本而言，此內廷『四庫全書』處原鈔本之《簡明目錄》，實非坊刻本所能及。」[24]筆者以為，自《四庫全書》編成後，又經多次刪修、增訂，而「庫本簡目」內容亦隨之調整，故其編纂概念應最接近官方思維；至於「杭刻本」、「粵刻本」及其他批校本，刊印所據底本均非官方定本，且迄付梓刊行以前，又歷經多人鈔、校與批注，內容已與定本的「庫本簡目」略有不符，如此則未必能完全體現官方的想法。

　　然而，如「杭刻本」乃先於「庫本簡目」定本梓行，故內容未隨《四庫全書》刪修、增訂而有所調整，意即較能呈現《四庫簡目》原始的著錄內容。而「粵刻本」，在《四庫全書》編成後又撤毀的十一種書目中，除潘檉章《國史考異》有著錄外，其餘如李清《諸史同異錄》、周亮工《讀畫錄》、吳其貞《書畫記》……等十部均無著錄；按「粵刻本」所據底本，為乾隆六十年武英殿活字本翻刻，由此即能比較「武英殿本」《四庫簡目》與「庫本簡目」的異同。換句話說，若以此二本與定本後出的「庫本簡目」比較，則猶能作為探討官方編纂思維的重要線索。

　　總括上述對於《四庫簡目》版本的說明，本書擬以編纂概念最能體現官方思維的「淵鈔本」為底本。因此，凡本書所論《四庫簡目》，均以 1983 年

[23] 「粵刻本」《四庫簡目》，係「據乾隆六十年武英殿活字本翻刻」的說法，詳見周錄詳、胡露著，〈論文淵閣鈔本《四庫簡目》的校勘價值——以集部為例〉，《圖書館雜誌》2005 年第 4 期，頁 68。

[24] 永瑢等編，《文淵閣原鈔本 四庫全書簡明目錄》，頁 2。

臺灣商務印書館，據國立故宮博物院庋藏「文淵閣原鈔本」《四庫簡目》景印本為底本，而「杭刻本」、「粵刻本」系統及其他批校本，則作為參校或引申論述之用。

2.「天祿琳琅」系統

清乾隆九年（1744），高宗命諸臣將內廷善本移貯昭仁殿並設架庋藏。《四庫全書總目》云：

> 乾隆九年，命內直諸臣，檢閱秘府藏書，擇其善本，進呈御覽，於昭仁殿列架庋置，賜名曰「天祿琳琅」。[25]

乾隆四十年（1775），大學士于敏中奉敕為「天祿琳琅」所藏善本，編纂藏書目錄《天祿琳琅書目》（以下簡稱《天祿琳琅》）一部，共十卷。嘉慶二年（1797），「天祿琳琅」逢祝融之禍，殿中所藏善本付之一炬，高宗詔命群臣重修「天祿琳琅」，同時重輯各殿庋藏善本，並由彭元瑞等人奉敕編纂《天祿琳琅書目續編》（以下簡稱《天祿琳琅續編》）一部，共二十卷。

考《天祿琳琅》版本，除《四庫全書》鈔本、《四庫全書薈要》寫本之外，尚有內府鈔本、袁氏貞節堂鈔本、陳仲魚鈔本……等；《天祿琳琅續編》則有內府寫本、孫芝房鈔本、傳以禮鈔本……等。另有《天祿琳琅》與《天祿琳琅續編》合刊者，如抄王宗炎校本，清道光六年（1826）劉氏味經書屋鈔本、玉雨堂鈔本……等。而屬刻本者，則以清光緒十年（1884）長沙王先謙刻本為最著名，亦是惟一傳世刻本。[26]

光緒七年（1881），長沙王先謙於京師購得《天祿琳琅》與《天祿琳琅續編》舊鈔本，經其校勘後付梓刊行。此本為《天祿琳琅》、《天祿琳琅續編》合刊，後世重刊景印多以此刻本為底本，例：1968 廣文書局《書目續編》、

---

[25] 永瑢、紀昀等編，《武英殿本 四庫全書總目提要》，頁 2：764。

[26] 詳見劉薔，《天祿琳琅研究》（北京：北京大學出版社，2012 年），頁 227－264。

1995 年中華書局出版《清人書目題跋叢刊》、2002 年上海古籍出版社《續修四庫全書》……等，皆據長沙王先謙刻本景印；另有 2007 年上海古籍出版社「中國歷代書目題跋叢書」，亦以長沙王先謙刻本為底本，重新整理、校勘、標點出版。由此可見，長沙王先謙刻本係屬較為通行的版本。

因此，凡本書所述《天祿琳琅》與《天祿琳琅續編》，均以 1968 年廣文書局編《書目續編》，據光緒十年（1884）長沙王先謙刻本（《天祿琳琅》與《天祿琳琅續編》合刊）景印為底本；另以「文淵閣」《四庫全書・天祿琳琅書目》，和 2007 年上海古籍出版社「中國歷代書目題跋叢書」出版標點本，作為參校或引申論述之用。

以下分別就《天祿琳琅》、《天祿琳琅續編》的編纂緣由、特色和後世評價進行耙梳。

（1）《天祿琳琅》

清乾隆四十年，于敏中等人奉敕將「天祿琳琅」所藏珍籍「掇其菁華，重加整比，併命編為目錄，以垂示方來。」[27]是以編成《天祿琳琅》十卷，著錄宋、元、明版及影鈔本共 429 部。

《天祿琳琅》著錄圖書，係按各書籍文獻版刻時代先後，依序分列為宋、金、元、明刊本與影寫宋本，次則於各版本之下，按經、史、子、集序列各書並撰寫提要。[28]《天祿琳琅》提要係以版本賞鑑為核心內容，於〈凡例〉中即列出賞鑑藏書版本和收錄準則，如：

宋、元、明版書各從其代，每代各以經、史、子、集為次。金槧僅

止一種，正如吉光片羽，增重書林。至明影宋鈔，雖非剞氏之舊，

---

[27] 永瑢、紀昀等編，《武英殿本　四庫全書總目提要》，頁 2：764－2：765。

[28] 《四庫全書總目》云：「其書（《天祿琳琅書目》）以經、史、子、集為類，而每類之中，宋、金、元、明刊版，及影寫宋本，各以時代為次。」（見永瑢、紀昀等編，《武英殿本　四庫全書總目提要》，頁 2：765。）《四庫全書總目》的說法，與《天祿琳琅》實際編排的情形和概念有所出入，此疑為《四庫全書總目》之誤。

然工整精確，亦猶昔人論法書以唐臨晉帖為貴，均從選入。[29]
同一書而兩槧均工，同一刻而兩印各妙者，俱從並收，以重在鑒藏，
不嫌博採也。[30]
諸書中有經御題識者，尤為藝林至寶，珍逾琬琰，敬登鑒藏之首。[31]
……其宋、金版及影宋鈔，皆函以錦，元版以藍色綈，明版褐色綈，
用示差等。[32]

由前三則可知「天祿琳琅」對於版本的揀擇標準，包含版刻、印刷精美、
世所罕見藏本、或有皇帝題識者，皆視為善本收錄。而根據「其宋、金版及
影宋鈔……」一則，亦可略見清初對於宋、金、元、明刻本與影鈔宋本的賞
鑒態度，係視宋、金刻本與影宋鈔本為善本，元本次之，明本又次之。

儘管按《四庫全書總目》所稱，「天祿琳琅」藏書皆經過內直諸臣篩選，
為各殿所藏善本，又於編纂《天祿琳琅》時再次「掇其菁華」；然而，對於「天
祿琳琅」藏書與《天祿琳琅》所著錄書籍文獻的版本，是否俱屬精善珍本一
事，歷來學者所持見解各不相同。持正面評價者，如傅璇琮、謝灼華編《中
國藏書通史》云：

「天祿琳琅」是宮廷藏書中的善本書庫，也可以說是薈萃我國版刻、
精抄之最豐富之特藏。[33]

再有如齊秀梅、楊玉良《清宮藏書》云：

---

[29] 〔清〕于敏中等編，《欽定天祿琳琅書目》，收錄於王道榮等編《書目續編》（臺北：廣文書局，
1992 年），頁 30－31。

[30] 于敏中等編，《欽定天祿琳琅書目》，收錄於王道榮等編《書目續編》，頁 31。

[31] 于敏中等編，《欽定天祿琳琅書目》，收錄於王道榮等編《書目續編》，頁 31。

[32] 于敏中等編，《欽定天祿琳琅書目》，收錄於王道榮等編《書目續編》，頁 32。

[33] 傅璇琮、謝灼華編，《中國藏書通史》，頁 788。

在清宮豐富的藏書中，以「天祿琳琅」善本最具價值。不但孤本秘
笈為世重寶，而且各書校勘精審、刻印精良、裝潢講究、流傳有
緒……。[34]

其他如賴福順《清代天祿琳琅藏書印記研究》、向思《中國皇宮文化——
歷朝皇宮珍寶和典籍》[35]……等，亦對於「天祿琳琅」藏書版本多加推崇。
　　但如葉德輝、孟森、長澤規矩也、楊果霖等人，對於「天祿琳琅」藏書
版本，則提出反面的評價。以葉德輝、楊果霖的說法為例，葉德輝《郋園讀
書志》記《十七史詳節》一條云：

《天祿琳琅》載有宋、元本十餘部，中秘所藏，固自宏富，然恐有
明本混雜其間。編纂諸臣，未必人人精於鑒賞也。[36]

　　葉氏之說，雖是出於對《天祿琳琅》所收《十七史詳節》一書「版本」
的見解，但由小觀大，仍大抵點出「天祿琳琅」藏書與《天祿琳琅》著錄書
目的缺失。其認為參與編纂《天祿琳琅》的儒臣，未必都擅長「版本賞鑑」
的學問，於揀選「善本」著錄時，多有錯判而使「明本」混入其中，故非俱
屬精善珍本。惟葉氏此說，係以「凡『明本』皆非『善本』」的概念為前提，
如此不免有論證武斷、偏頗之嫌。簡單來說，葉氏僅以刊刻時代作為區別「善
本」與「劣本」的唯一標準，此論證過程稍嫌武斷、偏頗；但根據葉氏的說
法，仍可知「天祿琳琅」藏書與《天祿琳琅》著錄的書籍文獻，可能於版本
賞鑒和考證方面，確實有其缺失或欠妥之處。
　　楊果霖〈清乾隆時期「天祿琳琅」藏書的特點及其現象〉，則透過條析《天

[34] 齊秀梅、楊玉良，《清宮藏書》，頁28。
[35] 向思，《中國皇宮文化——歷朝皇宮珍寶和典籍》（北京：團結出版社，1997年）。
[36] 〔清〕葉德輝，《郋園讀書志》，收錄於《古書題跋叢刊》第25冊（北京：學苑出版社，2009
年），據1928年上海澹園刊本影印，頁130。

祿琳琅書目》，釐出五項「天祿琳琅」收錄圖書版本的現象與缺失，如下：（1）取擇版本原則，未能一致；（2）收錄相同傳本，稍嫌煩累；（3）書籍殘缺極多，闕文亦夥；（4）版本優劣不一，偽本實多；（5）收錄貴古賤今，特重鑒藏。[37]

筆者以為，若僅以「天祿琳琅」為宮廷內府藏書單位，即認定所藏書籍文獻「理所當然」皆為善本的說法，不免有武斷、偏頗之嫌。因為，根據《天祿琳琅》的記載，其中確實不乏精善珍本，但仍有部分書籍文獻本身，未必完全符合被列為善本的條件，而是因為其他揀擇標準或特殊原因所以著錄；故實不宜單以「宮廷內府藏書」的理由，即論斷必屬「善本」。然而，綜上所述，深究其中的思維脈絡，則多為藉《天祿琳琅》以觀照「天祿琳琅」藏書版本；換句話說，即主要觀照對象為「天祿琳琅」藏書，而非《天祿琳琅》本身。

後世對於《天祿琳琅》本身的評價，以程千帆、徐有富《校讎廣義・版本編》為例，其稱《天祿琳琅》「為以後側重於研究版本的目錄提供了一個成功的模式。」[38]此說係就《天祿琳琅》的編纂體制所作出的評價。因此，以下即針對《天祿琳琅》的編纂體制略作耙梳。《天祿琳琅書目・凡例》云：

> 卷中於每書首舉篇目，次詳考證，次訂鑒藏，次臚闕補，至考證於
> 鋟刻加詳，與向來志書目者少異，則編體例宜然爾。[39]

〈凡例〉所謂「考證」者，係指考書籍著者及版刻源流，並藉由圖書的紙墨、字體、裝幀、避諱……等線索，作為鑑別版本的重要依據。「鑒藏」部分，係指若該書有皇帝御筆題識即優先著錄，次則斟酌著錄前人題識、跋記；

---

[37] 詳見楊果霖，〈清乾隆時期「天祿琳琅」藏書特點及其現象〉，《國家圖書館館刊》95 年第 2 期（2006 年 12 月），頁 123—144。

[38] 程千帆、徐有富，《校讎廣義・版本編》，頁 456。

[39] 于敏中等編，《欽定天祿琳琅書目》，收錄於王道榮等編《書目續編》，頁 31。

另一方面，亦詳記鈐於書中的藏書印記，包含印字、位置及印色等，並「真書摹入」[40]，可供作瞭解該書遞藏情形重要依據。最後「臚闕補」，係指詳記各書缺頁、鈔補情形，以供考察。又見《四庫全書總目》撰《欽定天祿琳琅書目》一條，提要云：

> 每書各有解題，詳其鋟梓年月，及收藏家題識印記，並一一考其時代爵里，著授受之源流。按張彥遠《歷代名畫記》有論十六篇，其十一記鑒識收藏閱玩，十二記自古跋尾押署，十三記自古公私印記，自後賞鑑諸家，遞相祖述，至《鐵網珊瑚》所載書畫，始於是事特詳。然藏書著錄，則未有辨訂及此者也。即錢曾於《也是園書目》之外，別出《讀書敏求記》述所藏舊刻、舊鈔，亦粗具梗概，不能如是之條析也。至於每書之首，多有御製詩文題識，並恭錄於舊跋之前。[41]

大抵知《天祿琳琅》體制，係仿《歷代名畫記》與《鐵網珊瑚》等書畫目錄的編纂概念所訂定，並將著錄的對象由「書、畫」改為「書籍文獻」。另一方面，四庫館臣認為錢曾《讀書敏求記》，雖然對於書籍文獻的版本也多有考證與陳述，但體制尚未完備，無法如《天祿琳琅》對各書籍文獻的版本逐條辨析。

換句話說，《天祿琳琅》編纂體制的概念，係源於書畫目錄對於書、畫作品的賞鑒；而將此概念挪用於記錄書籍文獻，即發展出有別於劉向《別錄》所立三項義例，針對書籍文獻「版本」進行撰述的提要。另一方面，於《天祿琳琅》之前，未見其他官修圖書目錄以「版本」作為提要內容的主軸，故

---

[40] 《天祿琳琅・凡例》云：「其印記，則倣《清河書畫舫》之例，皆用真書摹入，以資考據。」（見于敏中等編，《欽定天祿琳琅書目》，頁31-32。）

[41] 永瑢、紀昀等編，《武英殿本 四庫全書總目提要》，頁2：765。

葉德輝《書林清話》稱之為「官書言版本之始」[42]；相較於私撰圖書目錄，雖有以記述「版本」為主者，但其編纂體制與內容，尚不及《天祿琳琅》完備，且後世有諸多以記述「版本」為主的目錄，皆參照《天祿琳琅》體制、概念進行編纂，故程千帆等人謂《天祿琳琅》「為以後側重於研究版本的目錄提供了一個成功的模式。」

　　綜觀上述，《天祿琳琅》為記載清初昭仁殿（「天祿琳琅」）典藏圖書，其編排體例大抵按宋、金、元、明各代為先後，再依經、史、子、集為次序，較其他官修圖書目錄有所不同。於各書目之下撰有解題，除載明篇目之外，該書版本源流亦詳加考證，並著錄皇帝御筆題識與前人題識、跋記，更詳載藏書印記以明該書遞藏情形，同時逐一記述該書闕補情況以供考察。姑且不論《天祿琳琅》對於「善本」一詞的定義是否合宜，但就其「提要」所載述的內容與宗旨來說，實有別於《四庫全書總目》及其他官修圖書目錄；因此，若欲觀照清代圖書目錄「提要」發展情形，則《天祿琳琅》實為一不可疏漏的重要環節。

（2）《天祿琳琅續編》

　　嘉慶二年（1797）十月，乾清宮遭祝融之禍，殃及昭仁殿，殿中藏書俱燬。[43]同年，嘉慶帝令重建昭仁殿，並重新匯集善本庋藏，後由彭元瑞等人根據殿中庋藏善本，於嘉慶三年編成《天祿琳琅續編》。彭元瑞《天祿琳琅續編‧識語》云：

　　逮今嘉慶丁巳十月，迺有《天祿琳琅書目後編》之輯，越七月，編
　　成。……《前編》宋、元、明外，僅金刻一種；《後編》則宋、遼、
　　金、元、明五朝俱全。凡皆宛委琅函、嬋嬛寶簡。前人評跋，名家

---

[42] 〔清〕葉德輝，《書林清話》（臺北：文史哲出版社，1998年），頁34。

[43] 詳見張允亮，《故宮善本書目》，收錄於嚴靈峯編，《書目類編》第16冊（臺北：成文出版社，1978年），頁6479。

印記，確有可證，絕無翻雕贋刻，為坊肆書賈及好事家所偽託者。[44]

　　根據彭元瑞的說法，可知《天祿琳琅續編》所收錄者，包含宋、遼、金、元、明五朝「善本」，與《天祿琳琅》所著錄的朝代範圍略有不同。因此，藉由比較二者之間的差異，或能作為辨析乾隆、嘉慶兩朝學術取向異同的線索；然而，由於《天祿琳琅續編》的編成時限較短，其中是否有濫竽充數者，此猶為必須考量的重點之一。換句話說，縱然彭元瑞所稱「凡皆宛委琅函、嫏嬛寶籍……絕無翻雕贋刻，為坊肆書賈及好事家所偽託者」，但自乾隆九年設「天祿琳琅」庋藏善本，至乾隆四十年詔令編纂《天祿琳琅》，期間至少歷經三十寒暑，絕對有充裕的時間可細辨「版本」之優劣，然後世諸如葉德輝、孟森……等人，對於《天祿琳琅》所著錄的書籍文獻「版本」仍有微詞；而「昭仁殿」經祝融肆虐後僅短短七個月內，旋即編成《天祿琳琅續編》，則其中所著錄的書籍文獻版本，不免有以「非善本」充數的嫌疑，故此猶為觀照《天祿琳琅續編》時，所必須考量的要點之一。

　　《天祿琳琅續編》的編纂模式大抵依循《天祿琳琅》，錢亞新〈略論《天祿琳琅》〉即稱：「《後編》是《前編》的續貂，一切辦法都是蕭規曹隨。」[45]然而，就提要的實際內容來看，《天祿琳琅續編》並非完全承襲《天祿琳琅》的風格，特別是對於書籍文獻「版本」方面的描述相對淡化許多，但對於作者的生平和書中意旨則較有述及。

　　造成《天祿琳琅》與《天祿琳琅續編》，二者提要內容及撰述風格差異的關鍵原因，筆者按劉薔《天祿琳琅研究》所提出的三點可能原因，進一步闡釋與說明：

一、受到《四庫全書總目》的影響。《天祿琳琅續編》成書於《四庫全書總

──────────

[44] 〔清〕彭元瑞等編，《欽定天祿琳琅書目續編》，收錄於王道榮等編《書目續編》，頁31。（臺北：廣文書局，1992年），頁910。

[45] 錢亞新，〈略論《天祿琳琅》〉，《河南圖書館學刊》1989年第1期，頁25。

目》之後，且自《四庫全書總目》編成以來，諸多官、私撰圖書目錄
皆以之為仿效典範，故《天祿琳琅續編》提要內容及撰述風格的改變，
或多或少是受到《四庫全書總目》的影響。[46]

二、主編彭元瑞的學術思維。《天祿琳琅續編》的編纂，係由彭元瑞所主導；
而彭元瑞於《知聖道齋跋尾》載〈《讀書敏求記》跋〉一條，曾云：

> 書中無甚考證，兼有舛誤，每拳拳於板本、鈔法，乃骨董家習
> 氣。[47]

可見彭元瑞對於僅記述書籍文獻「外在形象」，卻輕於考證的提要內容
頗具微詞，認為乃「骨董家習氣」之作。換句話說，《天祿琳琅續編》
在其主導之下，應較為重視對於各書要旨及相關學術考證的闡述，而
對於「版本」和其他「外在形象」的記述，相對於《天祿琳琅》則淡
化許多。[48]

三、因為編纂時間有限。自嘉慶二年十月「昭仁殿」遭逢祝融，翌年五月
旋即編成《天祿琳琅續編》二十卷，收書達 664 部。按編纂起迄時間
僅七個月，實不易詳細考證諸書的版本源流。另一方面，自編纂《四
庫全書總目》以降，從事目錄編纂的儒臣們，應對於著錄作者生平、
著書原委、書中要旨和評論得失的提要內容，較能得心應手。因此，
在有限的編纂時限內，自是採取較為省時省力且駕輕就熟的編纂方
式。[49]

---

[46] 參見劉薔，《天祿琳琅研究》，頁 273−275。

[47] 彭元瑞，《知聖道齋跋尾》，收錄於《國家圖書館藏古籍題跋叢刊》第 4 冊（北京：北京圖書館
出版社，2002 年），頁 536。

[48] 參見劉薔，《天祿琳琅研究》，頁 273−275。

[49] 參見劉薔，《天祿琳琅研究》，頁 273−275。

承上述，可知《天祿琳琅續編》雖大抵沿襲《天祿琳琅》的編纂模式，但由於所處的時空背景和客觀條件不同，以及主編者所持學術思維的差異，使得《天祿琳琅續編》所呈現的學術樣貌，與《天祿琳琅》相較則略有所異。因此，張允亮《故宮善本書目》即稱《天祿琳琅續編》「名雖後編，實則別創」[50]。

綜觀上述，清代官修圖書目錄大抵可分為「《四庫全書》系統」和「『天祿琳琅』系統」。「《四庫全書》系統」目錄，擇其要者有《四庫全書總目》與《四庫簡目》；「『天祿琳琅』系統」目錄，擇其要者為《天祿琳琅》與《天祿琳琅續編》。

《四庫全書總目》為自《崇文總目》以降，能紹述劉向《別錄》的官修圖書目錄，對於當代或後世的學術發展，以及目錄的編纂模式和理念，均有深遠的影響。《四庫簡目》，大抵承襲《四庫全書總目》編纂模式和理念，並將著錄內容予以簡化，亦具備「辨章學術，考鏡源流」與「指示治學涉徑方法」的功能。

《天祿琳琅》為首部以著錄各書「版本」為主的官修圖書目錄，對於後世側重考述「版本」的目錄，提供一種得以仿效的編纂模式。《天祿琳琅續編》大抵沿襲《天祿琳琅》編纂模式，但由於時空背景與客觀條件不同，以及主編者所持學術思維的差異，部分提要內容不再以著錄各書「版本」為主，故實為於《天祿琳琅》的基礎之上，別創不同的編纂模式。

(二) 清代官修圖書目錄的分類情形

劉向《別錄》「條其篇目，撮其旨意」，係為梳理凌亂繁雜文獻，以明各書要旨。劉歆承其父志編纂《七略》，將繁雜文獻逐一類例，分為六藝、諸子、詩賦、兵書、數術、方技等六略，另作〈輯略〉總述各類學術源流。目錄分類之目的，即為使所收錄文獻井然有序，利於釐清典藏情形，同時也便於檢

---

[50] 張允亮，《故宮善本書目》，頁6479。

索與使用，以免除「凌亂失紀、雜而寡要的弊端」[51]。因此，鄭樵《通志》
即云：「類書猶持軍也，若有條理，雖多而治。若無條理，雖寡而紛。」[52]換
句話說，只要能釐清各文獻所屬的學術門類並依序條理，則儘管收錄文獻多
如繁星，讀者也能循其部次覓得所需文獻；相反的，分類若無條理或次序不
明，則就算所收錄的文獻再少，也易使讀者感到紛亂無章而檢索不易。

其次，目錄分類必須具備能夠「區別各書學派，考述各門類學術的淵源
流別」的功能。[53]鄭樵《通志》即云：

> 類例既分，學術自明，以其先後本末具在。觀圖譜者，可以知圖譜
> 之所始。觀名數者，可以知名數之相承。讖緯之學，盛於東都；音
> 韻之學，傳於江左。傳注起於漢魏，義疏盛於隋唐。觀其書，可以
> 知其學之源流。[54]

簡單來說，藉由目錄「類例既分，學術自明，以其先後本末具在」的性
質，大抵能知各學術門類的發展淵源與流變。然而，各部目錄的分類方式不
盡相同，所描繪出的學術發展樣貌未必全然一致，所呈現的學術思維和架構
亦會有所差異，誠如按昌彼得、潘美月《中國目錄學》所云：

> 著作一部目錄，必定先要通盤瞭解一代學術的大勢，及各學派與各
> 書的宗旨，而後乃可以將雜亂無序的圖書部次類居。[55]

在「通盤瞭解一代學術的大勢，及各學派與各書的宗旨」的過程間，往

---

[51] 昌彼得、潘美月，《中國目錄學》，頁 11。

[52] 〔宋〕鄭樵，《通志》（北京：中華書局，1995 年），頁 1805。

[53] 昌彼得、潘美月，《中國目錄學》，頁 11。

[54] 鄭樵，《通志》，頁 1806。

[55] 昌彼得、潘美月，《中國目錄學》，頁 11。

往會有各家不同的見解和詮釋系統相繼產生，此即影響目錄編纂者思維的關鍵因素之一；而在不同的編纂和分類思維的引導之下，最終目錄所呈現的學術思維與架構也會有所差異。換句話說，應能藉由對目錄分類情形的梳理，掌握其中所呈現的學術思維與架構，進而作為瞭解一代學術發展情形的線索。

　　而在進一步針對清代官修圖書目錄提要作探討之前，若能藉由對目錄分類情形的瞭解，釐清其中所呈現的學術思維與架構，應能更為深入地觀照清代官修圖書目錄提要的外在結構與內在理路。承上節所述，《四庫簡目》係為簡化《四庫全書總目》所編成，故就二部目錄的分類情形而言，彼此之間應不會有太大的差異。因此，以下所述「《四庫全書》系統」者，雖是以《四庫全書總目》為主要論述對象，但概念上亦包含《四庫簡目》。至於「『天祿琳琅』系統」目錄，由於本節所採取的論述策略，乃為比較二者部分書籍文獻的分類情形，故擬採取合併論述的方式進行討論。

　　即此，本節擬以「系統」的概念，分別針對「《四庫全書》系統」與「『天祿琳琅』系統」目錄的分類情形進行耙梳，掌握其中所呈現的學術思維與架構，進而以「集部」為核心，探討清代官方所持的文學觀念，以及所呈現的文學視野。簡單來說，即藉由釐清清代官修圖書目錄的分類情形，進而觀照清代學術發展之一隅，以作為開展後續相關論述的基礎。以下即分別闡釋「《四庫全書》系統」、「『天祿琳琅』系統」目錄的分類情形。

1.「《四庫全書》系統」──以《四庫全書總目》為核心

　　針對《四庫全書總目》的分類情形，梁啟超《圖書大辭典‧簿錄之部》云：

> 雖其分類繫屬之當否，可商榷者正多，然其述作義例之周備，實以為《崇文總目》以下所莫能逮。其關於類隸所提供之意見，亦多足為後人討論此問題之憑藉之資也。[56]

56　梁啟超，《圖書大辭典‧簿錄之部》，收錄於《梁啟超全集》（北京：北京出版社，1999 年）第17 卷，頁 5150。

　　按梁氏所言，即《四庫全書總目》的「分類」，實有可再斟酌之餘地；然《崇文總目》以降，未有其他官修圖書目錄所架構的學術義例和體系，能與之並駕齊驅。因此，儘管於「分類」方面，《四庫全書總目》仍有可再商榷的空間，但就其學術意義而言，儼然已成為後世從事「分類」或相關研究時的重要參考對象。另一方面，就清代目錄學的發展過程來看，《四庫全書總目》的「分類」概念，對於後續其他官、私撰圖書目錄皆有相當程度的影響。昌彼得、潘美月《中國目錄學》即云：

　　　清代目錄學發展的歷史，我們可以把它區分為三個時期來看。第一
　　　個時期從清初至乾隆卅八年開設「四庫全書」館的一百三十年間是
　　　因襲前代的衰弊而孕育新的時期。自乾隆卅八年迄同治末此一百年
　　　間，是目錄學的輝煌時期。自光緒元年《書目答問》出版迄清末，
　　　是遭受外來的沖激而分類趨於紊亂的時期。[57]

　　根據此一說法，則知《四庫全書總目》一方面係為集前人之大成，二則為開乾隆至同治間目錄學發展輝煌時期之舵手。簡單來說，在清代目錄學發展史上，《四庫全書總目》扮演著「承先啟後」的關鍵角色。因此，以下即針對《四庫全書總目》（含《四庫簡目》）的分類情形和特色作說明。

　　《四庫全書總目》凡分四部，部下有類（共 44 類），類下或分有子目（共66 目），依序為：

　　　經部——易、書、禮（分周禮、儀禮、禮記……等六目）、春秋、孝經、
　　　　　　　五經總義、四書、樂類、小學（分訓詁、字書、韻書三目）。
　　　史部——正史、編年、記事本末、別史、雜史、詔令奏議（分詔令、奏
　　　　　　　議二目）、傳記（分聖賢、名人、總錄……等五目）、史鈔、載
　　　　　　　記、時令、地理（分宮殿疏、總志、都會郡縣……等十目）、職

官（分官制、官箴二目）、政書（分通制、典禮、邦計……等六
目）、目錄（分經籍、金石二目）、史評。

子部——儒家、兵家、法家、醫家、天文算法（分推步、算書二目）、術
數（分數學、占候、相宅相墓……等七目）、藝術（分書畫、琴
譜、篆刻……等四目）、譜錄（分器物、食譜、草木鳥獸蟲魚三
目）、雜家（分雜學、雜考、雜說……等六目）、類書、小說家
（分雜事、異聞、瑣語三目）、釋家、道家。

集部——楚辭、別集、總集、詩文評、詞曲（分詞集詞選、詞話、詞譜
詞韻、南北曲五目）。

此外，《四庫全書總目》於各類之後又列有「存目」，僅著書目並略作簡
述，而不收錄其書於《四庫全書》之中；以收「言非立訓，義或違經」，或「尋
常著述，未越群流，雖咎譽之咸無，要流傳之已久」者為主，目的乃為存其
書目以備查考。

《四庫全書總目》「分類」，大抵沿襲《隋書・經籍志》，並據其他前人所
編目錄，斟酌得失並擇善從之，以釐定「分類」架構。[58]因此，就「集部」
而言，《隋書・經籍志》所著錄者依序有「楚辭」、「別集」、「總集」等三類，
而《四庫全書總目》則依循此順序，並增設「詩文評」與「詞曲」二類。又
《四庫全書總目提要・集部總敘》云：「集部之目，楚辭最古，別集次之，總
集次之，詩文評又晚出，詞曲則閏餘也。[59]」故知其釐定「集部」類目排序，
係以文類或著作內容於文學史上出現的先後順序為依據；簡單來說，《四庫全
書總目》「集部」類目的排序，為根據文學發展的脈絡所釐定。另一方面，藉
由〈集部總敘〉所稱「詞曲則閏餘也」一語，以及就所著錄書籍文獻的數量
來看，《四庫全書總目》對於「詞」、「曲」二文類的評價，實遜於「詩」、「文」

---

[58] 《四庫全書總目・凡例》云：「自《隋志》以下，門目大同小異，互有出入，亦各具得失，今擇
　　善而從。」（見永瑢、紀昀等編，《武英殿本　四庫全書總目提要》，頁 1：34－1：35。）

[59] 永瑢、紀昀等編，《武英殿本　四庫全書總目提要》，頁 4：1。

[60]，故以「閏餘」稱之。換句話說，此間即可窺見《四庫全書總目》對於特定文體評價的情形。

而除「詞」、「曲」之外，綜觀歷代文學發展史，尚有部分文體未被收錄於「集部」之中，如：話本、小說[61]、劇曲等。事實上，若依現今對於文學作品的認定概念來看，話本、小說、劇曲均被視為文學作品，理應可歸於「集部」之中，但《四庫全書總目》均摒棄不錄。而若進一步推敲上述諸事所揭示的內在意涵，筆者以為至少可從三個面向作說明：

一、按〈詞曲類・小序〉云：

> 詞、曲二體，在文章、技藝之間，厥品頗卑，作者弗貴，特才華之士，以綺語相高耳。然三百篇變而古詩，古詩變而近體，近體變而詞，詞變而曲，層累而降，莫知其然，究厥淵源，實亦樂府之餘音，風人之末派。其於文苑，同屬附庸，亦未可全斥為俳優也。[62]

《四庫全書總目》係將「詞」、「曲」視為界乎文學與技藝之間的文類，僅為傳統雅正文學的餘韻和附庸，無法躋身當時的文學殿堂之列。藉此，一方面可知「詞、曲」二文體於當時館臣（或「官方」）心目中的地位，二方面即揭示《四庫全書總目》對於各類文體，均持有不同的見解和批評標準，而此亦影響《四庫全書總目》「集部」各類目的排序方式。換句話說，釐定「集部」各類目的排序關鍵，除了依照文學發展脈絡而定之外，實際上亦存在著對於各文體的特定見解。

---

[60] 就「別集」、「總集」所著錄書目而言，文體蓋以「詩」、「文」為主。

[61] 在此係指「章回小說」、「短篇小說」等為主，與「子部・小說類」對於「小說」一詞的概念有所不同。

[62] 永瑢、紀昀等編，《武英殿本 四庫全書總目提要》，頁5：280。

二、若進一步以上述概念，推敲《四庫全書總目》何以未收話本、小說、
　　劇曲等文體的原因，則能想見恐怕是這些文體，在當時館臣心目中的
　　地位，尚且不如「詞」與「曲」，故均不予收錄。筆者以為，此應與話
　　本、小說、劇曲等文體，多流行於民間鄉里、三教九流之間，且部分
　　內容和用語不免流俗、粗鄙有關，實與館臣所持「雅正」的文學觀點
　　有所背離，故均不予收錄。

三、昌彼得、潘美月《中國目錄學》針對圖書分類的標準提出說明，云：

> 按圖書的分類，不外崇「質」與依「體」兩個標準。「質」亦稱曰
> 「義」，即是書的內容；「體」者，則是書的體裁。分類重「質」
> 者，以書的內容為主，重學術的源流，存專門世守之業；依「體」
> 者，惟按書的體裁為分類標準，而漠視其內容，故不免流於牽湊
> 籠統，所以甚為後世的目錄學家譏抨。[63]

根據此說，一般圖書分類的標準，無非是崇「質」或依「體」，二者擇
其一；然而，筆者以為《四庫全書總目》「集部」的分類標準，應是既
「崇質」亦「依體」。

　　承前所述，《四庫全書總目》釐定「集部」各類目的排序關鍵，除按文學
發展脈絡排序之外，對於各文體亦存有不同的見解；而對於各文體的見解，
又以「雅正」的概念作為評斷的主要依據。換句話說，就「崇質」或「依體」
而論，《四庫全書總目》「集部」的分類概念，應是先就各種文體作品的普遍
內容，區別是否符合「雅正文學」的標準，以釐定「予以著錄」或「不予著
錄」的文體，進而再針對「予以著錄」文體的圖書內容，判別各書為著錄、
存目或禁燬之列；筆者以為，此係為「崇質」的分類概念。另一方面，「別集」、
「總集」、「詩文評」等類，所著錄文體係以「詩」、「文」為主，又別有「詞

---

[63] 昌彼得、潘美月，《中國目錄學》，頁70－71。

曲」一類，此即以「文體」作為類定的標準；其次，舉凡被認定為不符合「雅正文學」概念的文體，則無論書籍文獻內容為何，均不予著錄；筆者以為，此皆屬「依體」的分類概念。因此，《四庫全書總目》「分類」，應非單一採取「崇質」或「依體」的概念，而是兼參二者以釐定類目。

總承上言，《四庫全書總目》的分類情形，係分為經、史、子、集四部，各部之下分有「類」，而各類之下或分有子目（即「屬」）。以「集部」的分類為例，大抵具備四項分類特色：1、根據文學發展的脈絡，以釐定類目順序；2、館臣對於各類文體，皆持有不同的見解與等第之分；3、區別「予以著錄」或「不予著錄」的關鍵，係觀該文體或該書內容，是否合乎「雅正文學」的概念以決定著錄與否；4、「分類」的標準，乃兼採「崇質」和「依體」的概念，進而釐定類目。

2.「『天祿琳琅』系統」

針對《天祿琳琅》的分類方式，《四庫全書總目》云：

> 其書亦以經、史、子、集為類，而每類之中，宋、金、元、明刊版，
> 及影寫宋本，各以時代為次。[64]

按《四庫全書總目》的說法，《天祿琳琅》與《天祿琳琅續編》的分類關鍵，大抵為「版本朝代」和「部次」。就版本朝代而言，《天祿琳琅》分為宋、金、元、明四朝，《天祿琳琅續編》則為宋、遼、金、元、明五朝；而「部次」則均按經、史、子、集四部為序。

然而，就分類的層級順序來說，《四庫全書總目》的說法與《天祿琳琅》（含《天祿琳琅續編》）的實際分類情形有所差異。按《天祿琳琅》的分類情形來看，乃先依「版本時代」做第一層級的區分，後以經、史、子、集為序作第二層級的分類；如記載宋版書者，依序為：宋版經部、宋版史部、宋版

---

[64] 永瑢、紀昀等編，《武英殿本 四庫全書總目提要》，頁 2：765。

子部、宋版集部。簡單來說，根據《天祿琳琅》實際分類情形，可知其分類層級係以「版本時代」為先，「四部」分類為後；但若按《四庫全書總目》的說法，則為相反的概念。

　　另一方面，雖是同樣的書籍文獻，但於各部目錄中實際隸屬的類目，卻未必全然相同。以下即針對《天祿琳琅》、《天祿琳琅續編》與《四庫全書總目》中，對於同一書籍文獻所隸屬的類目進行比較，並進一步探討此間所呈現的內在意涵。

　　(1)《天祿琳琅》與《四庫全書總目》的分類比較

　　以《天祿琳琅》「集部」所收《蘭亭考》、《重鋟文公先生奏議》、《哲匠金桴》為例。

書名	《天祿琳琅》分類情形	《四庫全書總目》分類情形
《蘭亭考》	宋版‧集部	史部‧目錄類‧金石之屬
《重鋟文公先生奏議》	明版‧集部	史部‧詔令奏議類
《哲匠金桴》	明版‧集部	子部‧類書類（存目）

　　根據上表所列，《蘭亭考》等三部著作，於《天祿琳琅》中乃歸於「集部」，而《四庫全書總目》則將之列於史部、子部。案《天祿琳琅》成書於《四庫全書總目》之前，分類方式多沿襲過去的目錄；而《四庫全書總目》為傳統目錄集大成者，分類方式較之過去更為細緻，故上述書籍文獻，雖《天祿琳琅》列為「集部」，但《四庫全書總目》仍按各書內容性質，重新釐定所屬部次類目。

　　(2)《天祿琳琅》、《天祿琳琅續編》的分類比較

　　以《天祿琳琅》所收《詳注東萊先生左氏博議》、《事文類聚翰墨全書》、《唐詩紀事》、《歷代名臣奏議》為例。

書名	《天祿琳琅》分類情形	《天祿琳琅續編》分類情形
《詳注東萊先生左氏博議》	元版‧子部	宋版‧集部

《事文類聚漢墨全書》	元版・集部	元版・子部
《唐詩紀事》	明版・史部	明版・集部
《歷代名臣奏議》	明版・集部	明版・史部

　　根據上表所列，雖《天祿琳琅續編》大抵沿襲《天祿琳琅》編纂模式，但對於部分書籍文獻的分類情形，仍有其個別之見解。以《歷代名臣奏議》為例，綜觀歷代目錄，不乏將「奏議」列於「集部」者，如：《遂初堂書目》、《直齋書錄解題》、《文獻通考・經籍考》「集部」之下設有「章奏」一類，《通志・藝文略》「文類」與《百川書志》「集志」之下設有「奏議」一類，《國史經籍志》「集類」之下有「表奏」一類。

　　由此可見，《天祿琳琅》「分類」，主要乃沿襲過去目錄的分類方式；然而，《天祿琳琅續編》將《歷代名臣奏議》歸於「史部」，此應是受《四庫全書總目》「分類」所影響。《四庫全書總目》有「史部・詔令奏議類」，而《天祿琳琅續編》成書於《四庫全書總目》之後，且主編者彭元瑞亦曾參與《四庫全書總目》的編纂工作；因此，《天祿琳琅續編》將《歷代名臣奏議》歸於「史部」，應是受到《四庫全書總目》「分類」的影響。

　　簡單來說，即《天祿琳琅續編》編纂模式雖大抵承襲《天祿琳琅》，但就書籍文獻的分類方式而言，仍多受《四庫全書總目》所影響。

（3）《天祿琳琅續編》與《四庫全書總目》的分類比較

　　以《天祿琳琅續編》所收《詳注東萊先生左氏博議》、《唐詩紀事》為例。

書名	《天祿琳琅續編》 分類情形	《四庫全書總目》 分類情形
《詳注東萊先生左氏博議》[65]	宋版・集部	經部・春秋類
《唐詩紀事》	明版・集部	集部・詩文評類

---

[65] 《四庫全書總目》作《詳注東萊左氏博議》（見永瑢、紀昀等編，《武英殿本 四庫全書總目提要》，頁 1：511）。

　　根據上表所列，以《詳注東萊先生左氏博議》為例，《四庫全書總目》將之歸於「經部·春秋類」，此為就書的內容作為釐定類目的依據，即採取「崇質」的分類概念；而究其原因，應是認為《詳注東萊先生左氏博議》乃《左傳》的延伸著作，故將之列於「經部·春秋類」。

　　承上所言，《天祿琳琅續編》「分類」，既大抵承襲《天祿琳琅》的編纂模式，又多受《四庫全書總目》所影響；然而，《詳注東萊先生左氏博議》所隸屬的類目，於三部目錄卻有著明顯的差異，甚至連第一層級的「部類」即有所不同。此者固然可能是因為彭元瑞等人，不認同《天祿琳琅》與《四庫全書總目》對該書的「分類」方式，故將改列於「集部」；然而，若進一步推測其可能的原因，筆者以為或可就《天祿琳琅續編》中，記《詳注東萊先生左氏博議》之前的書目見其端倪。

　　案《天祿琳琅續編》所設的分類層級，雖於「部」之下未再明分「類」、「目（屬）」，但根據其書目排序，仍知係依循「楚辭」、「別集」、「總集」……的概念做排序。其記《詳注東萊先生左氏博議》一條前後書目，各為《東萊呂太史集》與《橫浦先生文集》，而《東萊呂太史集》之前為《淮海集》，《橫浦先生文集》之後則為《南軒先生文集》，藉此可知《詳注東萊先生左氏博議》應是以「別集」的概念被歸類。又《詳注東萊先生左氏博議》與《東萊呂太史集》的著者，皆為宋代呂祖謙。因此，筆者以為彭元瑞等人，應是認為儘管就《詳注東萊先生左氏博議》的內容來看，與《左傳》確有相關，但實為呂祖謙個人學術思想的體現，應視作呂祖謙的個人別集，故而列於「集部」。由此可知，雖《天祿琳琅續編》「分類」概念，多受《天祿琳琅》與《四庫全書總目》影響，但實際上並非全然因襲，而是有其個別的判斷和分類標準。

　　總承上言，「『天祿琳琅』系統」目錄所採「分類」模式，乃以「版本朝代」為先，次就各書內容性質歸其「部次」；《天祿琳琅》所收書籍文獻「版本」，為宋、金、元、明等四朝，而《天祿琳琅續編》則為宋、遼、金、元、明等五朝。比較《天祿琳琅》、《天祿琳琅續編》與《四庫全書總目》收錄與「集部」相關之書目，則見其中不乏「分類」相異者。《天祿琳琅》成書於《四

庫全書總目》之前，故多沿襲或參考過去其他目錄的「分類」；《天祿琳琅續編》成書於《天祿琳琅》與《四庫全書總目》之後，故「分類」多受二部目錄所影響，但並非全然因襲所有的分類概念，而是有其個別的判斷和分類標準。簡單來說，「『天祿琳琅』系統」的二部目錄，大抵遵循「四部」的分類概念，惟仍有個別的判斷和分類標準，故所呈現的類例情形即非全然一致，並與「《四庫全書》系統」目錄有所差異。

綜觀上述，藉由對「《四庫全書》系統」與「『天祿琳琅』系統」目錄分類情形的耙梳，大抵能見清代官方所持的文學觀念，以及其中所呈現文學視野的雛形。就「《四庫全書》系統」目錄「集部」的分類情形來看，館臣乃持以「雅正文學」的觀點作為取材的標準，並以詩、文作為主要取材對象，詞、曲則為附庸，至於話本、小說、劇曲……等，則被認定無著錄之必要；換句話說，即說明當時官方對於不同的「文體」乃持有等第之別，而其鑑別的關鍵，乃為視其是否合於館臣所謂的「雅正」之道。

而就「『天祿琳琅』系統」來看，《天祿琳琅》乃沿襲過去目錄的分類概念，將「奏議」亦納入「集部」的範疇；然而，《天祿琳琅續編》則同《四庫全書總目》，改將「奏議」置於「史部」。換句話說，此即點出清代官方「文學」觀念和思維的轉變情形，乃以《四庫全書總目》為最核心的轉捩點，逐步趨向「辭章之學」的概念發展。

(三) 清代官修圖書目錄提要的體例與形制

藉由上節對於清代官修圖書目錄分類情形的探討，大抵能見官方編纂目錄時，對於「集部」文獻的學術思維取向，以及所形塑出的學術架構。本節將進一步以清代官修圖書目錄提要的體例與形制為研究對象，瞭解「《四庫全書》系統」與「『天祿琳琅』系統」目錄提要所採取的編纂體例、用途性質和撰述內容面向，釐清其中所呈現的內在意涵與學術意義，作為開展後續探討各部目錄之間關連性論述的基礎。

以下即分別就「《四庫全書》系統」與「『天祿琳琅』系統」圖書目錄，

針對其中的「提要」體例與形制進行說明：

1.「《四庫全書》系統」

本書所稱「《四庫全書》系統」圖書目錄，係指《四庫全書總目》與《四庫簡目》，以下即針對此二部目錄「提要」的外在結構進行探討。

(1)　《四庫全書總目》

綜觀歷代具有「提要」體制的目錄，《四庫全書總目》可謂為集大成者，故其「提要」所採取的編纂體例與形制，實為擷取各家精華並去其糟粕，釐定一套官方所認為適切的編纂模式，進而依循此套模式為所收書籍文獻撰寫「提要」。

《四庫全書總目》作為少數能紹述劉向《別錄》的官修圖書目錄，其所撰「提要」儘管與劉向所立義例稍有變異，但仍大抵符合「介紹著者生平」、「說明著書的原委及書的大旨」與「評論書的得失」的撰述概念。[66]另一方面，時至清代，書籍文獻「版本」繁多且真偽交雜，故諸如校讎辨偽、版本考釋⋯⋯等，亦可能視各書的情形，而納為「提要」內容的一部份。因此，就「提要」內容所涉及的面向來看，《四庫全書總目》所採取的「提要」撰寫體例，應偏屬「敘錄體提要」的概念。

進一步分析《四庫全書總目》「集部」提要的撰述結構，除多以介紹該書作者生平、爵里為先之外，尚有著書原委、集刊情形、版本考釋、書中要旨、各卷內容⋯⋯等，以及引他人對該書內容、作者或版本的相關論述，惟於文中各項的前後順序不一；此外，館臣對該書之評論多置於文末，然亦有間雜於文中者。以記唐李紳「《追昔遊集》三卷」一條為例：

> 唐李紳撰，紳字公垂，亳州人。元和元年進士，武宗時為中書侍郎，
> 同中書門下平章事，事蹟具《唐書》本傳。此集皆其未為相時所作。
> 晁公武《讀書志》載前有開成戊午八月紳自序，此本無之。詩凡一

---

[66] 詳見昌彼得、潘美月，《中國目錄學》，頁 42–46。

百一首……祈（指宋祈）乃以為紳自度嶺時事，是閱其集而未審。
後儒以名之輕重，為文之是非，必謂《新書》（指《新唐書》）勝《舊
書》（指《舊唐書》），似非篤論也。……今觀此集，音節嘽緩，似不
能與同時諸人角爭強弱，然春容恬雅，無雕琢細碎之習，其格究在
晚唐諸人刻畫纖巧之上也。[67]

　　即是以記該書作者李紳的生平、爵里為先，次為說明著書時期，再次為
考辨該書版本，再次則略述該書內容，並以「後儒以名之輕重……似非篤論
也」等句，提出對前人治學理路的見解，最後乃針對李紳作詩風格、特色作
批評。

　　藉由上述以《四庫全書總目》記《追昔遊集》一條為例，針對其「提要」
撰述結構所作的梳理，進一步就「讀者（目錄使用者）」的角度，探討其中所
呈現的內在意涵與學術意義。

　　對於作者生平、爵里的記述，並說明相關文獻的來源出處，有利於讀者
進一步追溯該書作者的其他資料。即若有意以「李紳」為研究對象，便能藉
由「提要」中所指《舊唐書》作為線索，又或者輔以其他相關史料，進而追
溯「李紳」生平的其他事蹟，以對「李紳」其人或者其文學風格，能夠有更
為全面的認識。

　　說明著書的時期，便於讀者釐清該作者不同時期文學作品風格的差異，
以避免以單一面向的詮釋或論述角度，批評該作者的所有作品。其次，藉由
對於著書時期的掌握，亦能作為「橫向研究」其他同時期文學作品，進而瞭
解該時期文學視野與學術樣貌的線索。其三，由於每個作者在不同的生命歷
程階段，可能會受到過去的經歷或正遭逢的事件所影響，使得每一次的創作
當下的情志、感受，或多或少都會有所差異，故當以作品形式表現時，其中
所呈現的撰述風格和內在意涵，難免也會有所影響。以《追昔遊集》為例，

---

[67] 永瑢、紀昀等編，《武英殿本 四庫全書總目提要》，頁 4：64。

此集為李紳為入朝拜相之前所著，期間曾捲入牛李黨爭，遭貶為端州司馬；然於開成五年（840）後乃入朝為相，官至尚書右僕射門下侍郎，一生起落則其不同時期的心境理應各有所異，而此點恐怕也會對其文學作品風格有所影響。因此，藉由「提要」對於作者著書時期的掌握，或能用以釐清該作者於不同生命歷程時期，所著文學作品風格轉變或差異的情形。

　　自宋以降，雕版印刷技術日益發達，又經後世各家編定刊行，使書籍文獻「版本」的發展情形更為複雜，是以考辨「版本」即為一門重要的學問。詳究《四庫全書總目》著錄體制，除於各書目之下記有藏本來源，「提要」內容中亦能見得部分考辨「版本」的論述；然而，多以記述該書的「版本」和其他外在形象，以及何以選用該「版本」的原因，至於究竟所選用「版本」的具體源流，則未加以詳述。換句話說，「提要」就書籍文獻「版本」方面的記述，僅止於對藏本來源和選用原因作闡述，而多不直接說明所用「版本」為何者。因此，後世有詳考《四庫全書》收錄書籍文獻「版本」的專著，以補《四庫全書總目》於記述「版本」方面之不足，如楊立誠編《四庫目略》[68]、葉啟勳《四庫全書目錄版本考》[69]。就記《追昔遊集》一條的「提要」而言，其對於「版本」的記述，是採取與他本目錄所記載的「版本」樣式做比較，以有無李紳〈自序〉為鑒別的關鍵；但對於所收錄的「版本」源流，則未有進一步的詳細說明。

　　藉由「提要」簡述書中的內容，一方面可供讀者作為辨別「版本」的線索，亦能裨使讀者於讀書之前，即略知該書要旨，否則書海浩瀚，未得指引門徑，不免事倍功半。以《追昔遊集》「提要」來說，據其所稱「此集皆其未為相時所作」與「詩凡一百一首」，乃知該集以收李紳未入朝拜相時的詩作為主。另一方面，「提要」亦藉闡釋《追昔遊集》部分詩作的內容，反駁後儒「必謂《新書》勝《舊書》」的概念，不僅直指宋祁《新唐書》引述之誤，亦點出

---

[68] 楊立誠編，《四庫目略》（臺北：臺灣中華書局，1970 年）。

[69] 葉啟勳，《四庫全書目錄版本考》，收錄於《四庫全書研究》第 2 冊（北京：國家圖書館出版社，2010 年）。

後世學者治學易流於偏見的弊病；藉此，即見館臣講究考據的治學態度，以及後世所稱「乾嘉學風」之一隅。換句話說，透過「提要」對於書籍內容的簡述，讀者即能循其中脈絡，進一步探討與該書相關的其他議題。

至於對該書內容的得失評價，館臣亦於「提要」中多有闡釋。藉由館臣的評價之語，讀者一方面可作為閱讀門徑，二來亦能藉以探討館臣所持的的文學觀點。就《追昔遊集》「提要」而言，此間即能察見館臣對於晚唐華美、纖巧詩風的貶抑，而相對讚揚如李紳「春容恬雅，無雕琢細碎之習」的詩作風格。因此，藉由館臣評價文學作品得失的說法，即能略知當時官方所主張的文學風格，甚至進而推想當時的文壇學風的樣貌。

承上所述，《四庫全書總目》「提要」的外在結構，係採取「敘錄體」的概念進行撰寫；而作為少數能紹述劉向《別錄》義例的官修圖書目錄，其「提要」內容大抵包含作者的生平、爵里、著書原委、書中要旨、評價得失等，此即符合上述所指劉向所立撰寫「提要」的三項義例。而藉由對「提要」外在結構的掌握，即能作為進一步觀照當時官方所主張的文學風格，以及當時文壇學風樣貌的線索。以上述所舉《四庫全書總目》記唐李紳《追昔遊集》三卷」一條為例，即能略見當時官方相對認同的詩作風格，應是偏屬恬雅而少雕琢之工的詩風；另一方面，從該條「提要」中，亦能窺知館臣治學態度，大抵崇尚詳實考據，且不會僅以他人之說而片面論斷。簡單來說，《四庫全書總目》為清代官修圖書目錄的重要代表著作，故藉由對其「提要」外在結構的探討，進而分析其中所呈現的內在意涵與學術意義，即能作為具體線索，觀照清代官方治理文學的態度，以及當時文學風氣的部分面向。

（2）《四庫簡目》

《四庫簡目》為根據《四庫全書總目》簡化而編成，故「分類」乃沿襲《四庫全書總目》；然而，「提要」所採取的編纂體例與形制，與《四庫全書總目》相較，二者最主要的差異，即在於篇幅的簡化，以及「提要」的內容核心與撰述方式。

以《四庫簡目》記「《追昔遊集》三卷」一條為例，提要云：

唐李紳撰，是集述其早年閱歷，凡一百一首，《新唐書》本傳頗採用之。其詩音節嘽緩，不能與同時諸人角爭，然舂容恬雅，其格究在晚唐上。[70]

　　此「提要」內容的外在結構，乃為先載該書作者名，次略述該書內容和相關的引申文獻，最後為館臣對於該書的簡評內容。與《四庫全書總目》比較，除敘述篇幅相對較短之外，「提要」內容亦更為精簡，僅載與該書相關的基本資訊，而與該書籍文獻相關的考據之語，以及版本的考辨和選用原因等，則未見著錄。另一方面，對於「提要」內容的各類結構要素，如記述該書作者、內容和得失評論等，其構成順序大抵與《四庫全書總目》相同。簡單來說，《四庫簡目》「提要」的撰述方式，即是簡化的《四庫全書總目》「提要」內容，而其整體架構大抵不變，亦屬「敘錄體提要」的撰述概念。

　　儘管「提要」整體架構大抵不變，但既然是經過簡化的內容，其內容核心及撰述方式，自然與《四庫全書總目》略有不同。而藉由比較《四庫簡目》與《四庫全書總目》二部目錄，對於李紳《追昔遊集》一書所撰的「提要」，即能略窺館臣撰寫提要時，對於文獻資料的運用情形，以及區別「核心內容」與「非核心內容」的標準。

　　就《四庫簡目》「提要」對於該書作者的敘述來說，僅載錄該書作者的姓名，而省去對於該作者生平、爵里的考究，以及相關文獻的檢索指引。其次，就書中內容的說明，《四庫簡目》「提要」僅著錄所收文體，以及卷數或文章、詩作數量，其他相關的「考據」則略而不談。最後，就館臣評論得失的說法來看，乃擇《四庫全書總目》「提要」之要言予以著錄，故相對較《四庫全書總目》「提要」的敘述方式更為精鍊。換句話說，《四庫簡目》「提要」所著錄的內容，乃是《四庫全書總目》「提要」經再次粹煉後的成果，故其「提要」所載錄的內容，即為「《四庫全書》系統」目錄提要的基本構成元素；而其撰

---

[70] 永瑢等編，《文淵閣原鈔本　四庫全書簡明目錄》，頁6：263。

述體例亦為「敘錄體提要」，但內容和用字遣詞，皆較《四庫全書總目》更為簡約、精鍊。

承上所述，即就「提要」的外在結構來看，《四庫簡目》乃沿襲《四庫全書總目》的撰述體例，均採取「敘錄體」的概念編撰提要；而二者的不同之處，即在於「提要」的內容核心與敘述方式，相對於《四庫全書總目》，《四庫簡目》的「提要」更為簡約和精鍊。

總承上言，《四庫全書總目》與《四庫簡目》，均採「敘錄體」作為「提要」的撰述體例。另一方面，二部目錄「提要」內容的基本構成元素，大抵均以該書作者、內容要旨和館臣評論等為主。《四庫全書總目》「提要」內容的構成要素，相較於《四庫簡目》，則多有對於該書版本的考辨，以及其他相關議題的考述；探究其原因，乃為避免《四庫全書總目》卷帙浩繁而不易查閱，故乾隆詔令指示擇《四庫全書總目》之要言，另編成《四庫簡目》。換句話說，《四庫簡目》「提要」即是在《四庫全書總目》所建構的基礎上，將之簡化、精鍊，使其篇幅縮小以便於讀者檢索和使用。

2.「『天祿琳琅』系統」

本書所稱「『天祿琳琅』系統」圖書目錄，係指《天祿琳琅》與《天祿琳琅續編》，以下即針對此二部目錄「提要」的外在結構進行探討。

（1）《天祿琳琅》

葉德輝《書林清話》稱《天祿琳琅》為「官書言版本之始」[71]，乃知《天祿琳琅》「提要」以記書籍文獻的「版本」為主，此與「《四庫全書》系統」目錄所採取的編纂體例與概念迥異。因此，《天祿琳琅》「提要」所呈現的外在結構，即與「《四庫全書》系統」目錄有所差別。

綜觀《天祿琳琅》「提要」內容，大抵先記述編纂者姓名、卷數，以及作序或注者之姓名；其次為針對各書的外在形象做描述，並藉以鑒別版本、考辨源流；再次或記有皇帝御覽題識或鈐印、歷代文人題跋；最後乃記藏書來

---

[71] 葉德輝，《書林清話》，頁34。

源，或記各代藏書印記，並考其用印人之生平、爵里，以明該書遞藏始末。另於文末，摹有存於書中的各家藏書印記圖示。

以《天祿琳琅》記「《東坡集》二函　十二冊」一條為例，「提要」內容凡分三段。第一段為記述《東坡集》著者姓名與各集之卷數，「提要」云：

> 宋蘇軾著。《前集》四十卷，《後集》二十卷、《奏議》十五卷……共
> 一百二卷，無校刊姓氏。[72]

其次，即針對《東坡集》一書的外在形象進行描述，並鑒別該書之版本。「提要」云：

> 此書前、後俱無序跋。密行細書，槧印工緻，係仿宋巾箱本式，欲
> 以之亂真者，當屬元初人所為，始課有此形似。惜紙質鬆脆，不能
> 相強耳。[73]

藉此，讀者儘管未能親見其書，然亦彷彿能略窺該書之貌；其中關鍵，即在於《天祿琳琅》「提要」對於書籍本身外在形象的詳實描述。另一方面，就《天祿琳琅》整體而言，於「提要」中較少見針對作者生平的詳盡考述，往往僅略述其字號、爵里，甚至僅著錄作者姓名而已。換句話說，《天祿琳琅》「提要」所著重的關鍵，即是以書籍文獻「本身」為主，至於「作者」則非其關注之焦點。

再者，比較《四庫全書總目》與《天祿琳琅》，二者對於書籍文獻「版本」的相關論述，則《四庫全書總目》多以考述版刻源流為主，進而說明收錄某「版本」的原因，惟多未明確指出收錄書籍文獻究竟為何種「版本」；而《天

---

[72] 于敏中等編，《欽定天祿琳琅書目》，收錄於王道榮等編《書目續編》，頁484。

[73] 于敏中等編，《欽定天祿琳琅書目》，收錄於王道榮等編《書目續編》，頁484。

祿琳琅》則著重於對各書外在形象的描述，以及鑒別該書為何種「版本」。簡
單來說，《天祿琳琅》乃集中論述該書籍文獻「本身」，而較少涉及源流本末
或其他的相關議題。

最後，「提要」乃針對「元版集部」《東坡集》書中的藏書印記，考述其
印記主人的生平與爵里。「提要」云：

> 元邵桂子藏本。明邵亨貞、文徵明亦經收藏。「翠竹齋」、「玉蘭堂」
> 諸印見前。按鮑楹《雪舟詩序》：青溪邵桂子，字德芳，太學上舍，
> 登咸淳盡是。任處州府教授……又《松江志》載邵桂子之孫亨貞，
> 字復儒，博通經史，贍於文辭，凡陰陽、醫卜、佛老之學，莫不究
> 其奧。洪武間，為府學訓導。尋戍潁州。後歸。卒年九十三。著有
> 《蛾術集》。[74]

此外，於文末另摹有存於書中的各家藏書印記圖示，並詳記各印記顏色
與所在位置，共計 20 組。藉由「提要」中所描摹的藏書印記，以及考述印記
主人的生平、爵里，可供讀者作為瞭解該書遞藏源流始末的線索。另一方面，
對於無法辨識印記主人的藏書印記，則多以「無可考」記之；而此不僅體現
編纂者「實事求是」和「講究證據」的治學態度，亦足徵《天祿琳琅》對於
各書籍文獻外在形象的記述頗為詳實，不會因為印記主人無從查考便略而不
記。換句話說，藏書印記為書籍文獻的外在表徵，故此部分亦是針對收錄書
籍文獻「本身」的描述。

總觀《天祿琳琅》「集部提要」的外在結構，大抵以描述收錄書籍文獻的
外在形象、版本鑒別與其他客觀資訊為主，即是對於書籍文獻「本身」的描
述，而較少論及作者生平、爵里、書中意旨和評論得失等面向。因此，《天祿
琳琅》「提要」的體例與形制，實不同於《四庫全書總目》所採取的「敘錄體」，

---

[74] 于敏中等編，《欽定天祿琳琅書目》，收錄於王道榮等編《書目續編》，頁485。

而是近乎「藏書志」的編纂概念；即「昭仁殿——天祿琳琅」為藏書單位，以其中各藏書的外在形象、版本和其他客觀資訊做為主要論述面向，而書籍文獻的內容意旨，編纂者的主觀評價與閱讀心得，則多不錄。簡單來說，《天祿琳琅》「提要」的體例與形制，即偏屬於「藏書志提要」的編纂概念。

（2）《天祿琳琅續編》

按《天祿琳琅續編・識語》所言，其「提要」體例大抵沿襲《天祿琳琅》[75]；然而，細究其「提要」內容，則與《天祿琳琅》「提要」撰述形制與風格略有不同。《天祿琳琅續編》「提要」內容，大抵包含該書作者、卷數、內容、版本、藏書印記等面向，但整體撰述形制不甚統一，多視各書情況而有所調整。以下揀擇幾例以說明：

以《天祿琳琅續編》記「《盧戶部詩集》一函　三冊」一條為例，提要云：

> 唐盧綸撰。綸，字允言，河中蒲人。大曆初屢舉進士不第，元載取其文以進，補缺鄉尉，累遷監察御史。建中初為昭應令，渾瑊辟河中判官，遷檢校戶部郎中。書十卷。得詩三百三首。[76]

本條「提要」內容所涉及面向，包括對於作者生平、爵里的考述，以及書中卷數、收錄文體和數量。若以此條「提要」與《天祿琳琅》相較，則論述面向明顯偏重於對「作者」的考述。其次，對於該書的外在形象和版本鑒別方面的論述，則未見於「提要」之中。再者，本條「提要」亦未見摹畫藏書印記和相關的考述，但此點也可能是該書之中，本無任何藏書印記，故「提要」自不會有所記錄。

---

[75] 彭元瑞《天祿琳琅續編・識語》云：「逮今嘉慶丁巳十月，適有《天祿琳琅書目後編》之輯……臣等謹合前、後二編較之，其書中體例記載一依前帙，互見別出，各有源流而其規橅有拓而愈大、析而彌精者，如《前編書目》十卷，而《後編書目》二十卷。」（彭元瑞等編，《欽定天祿琳琅書目續編》，收錄於王道榮等編《書目續編》，頁910。）

[76] 彭元瑞等編，《欽定天祿琳琅書目續編》，收錄於王道榮等編《書目續編》，頁1225。

　　再以《天祿琳琅續編》記「《哲匠金桴》一函　二冊」一條為例，提要云：

> 明楊慎撰。書五卷。依四聲字，凡古書詩句之新豔可入韻語者，皆
> 摘具注篇。前有隆慶戊辰朱茹序。[77]

　　本條「提要」內容所涉及面向，包含作者姓名、書中內容和作序者姓名和作序年代，而所側重的論述面向，即在於對書中內容的闡釋。換句話說，《天祿琳琅續編》「提要」的內容，並非全然以書籍文獻「本身」的外在形象與版本鑒別為描述重點，亦可能闡釋書中要旨和特色。

　　進一步來說，此即間接說明《天祿琳琅續編》「集部提要」的撰述形制，並非全然因襲《天祿琳琅》以描述書籍文獻外在形象和鑒別版本為主的概念；相對來說，則較為接近《四庫全書總目》闡釋書中要旨的概念。承本章第一節〈官修圖書目錄舉要〉所述，《天祿琳琅續編》乃成書於《四庫全書總目》之後，而《四庫全書總目》又常為後世目錄編纂典範，故不免影響《天祿琳琅續編》「集部提要」的撰述形制與風格。因此，筆者以為《天祿琳琅續編》「集部提要」的撰述形制，除仍有沿襲《天祿琳琅》的編纂概念之外，亦或多或少受《四庫全書總目》所影響。

　　另一方面，「《哲匠金桴》一函　二冊」一條的提要，亦與上述記「《盧戶部詩集》一函　三冊」的提要形制有所不同，而此即說明《天祿琳琅續編》「提要」的撰述形制，並非全然一致。換句話說，固然《天祿琳琅續編·識語》稱全書目乃承襲《天祿琳琅》的編纂概念而編成，但細究其「提要」的實際情況，則並非全然如此，甚至部分內容已偏離《天祿琳琅》原先所訂立的編纂概念。

　　總觀《天祿琳琅續編》「集部提要」的外在結構，雖稱沿襲《天祿琳琅》的編纂概念，但就其「提要」的實際內容來看，或許因為各種主、客觀條件

---

[77] 彭元瑞等編，《欽定天祿琳琅書目續編》，收錄於王道榮等編《書目續編》，頁1797。

的差異，使得最終《天祿琳琅續編》「集部提要」所呈現出的外在結構和撰述風格，往往與《天祿琳琅》「集部提要」有所不同；另一方面，各條書目「提要」所呈現的撰述形制並非全然一致，且所著重的論述面向多有不同，此亦與《天祿琳琅》所立的編纂概念有所差異。

其次，根據《四庫全書總目》與《天祿琳琅續編》成書的先後順序，則部分《天祿琳琅續編》「集部提要」內容的撰述形制與風格，應有受到《四庫全書總目》的影響。換句話說，《天祿琳琅續編》「集部提要」的體例與形制，大抵乃沿襲《天祿琳琅》，故有「藏書志」的編纂概念存在於其中；然而，細究其「提要」內容，則又有部分近似《四庫全書總目》以「敘錄體」為主的編纂概念。因此，故且不論《天祿琳琅續編》內容的得失優劣，僅就「提要」的體例與形制來探討，則筆者以為其「提要」的體例與形制，乃兼雜「藏書志」與「敘錄體」二者。

綜觀上述，就「《四庫全書》系統」目錄而言，《四庫全書總目》與《四庫簡目》「提要」，均以「敘錄體」作為撰述體例；惟為便利於讀者檢索和使用，故《四庫簡目》乃於《四庫全書總目》所建構的基礎上，簡化、精鍊其內容，進而發揮「以《書目》而尋《提要》，以《提要》而得《全書》」[78]的功能。

就「『天祿琳琅』系統」目錄而言，《天祿琳琅》是以官方藏書為對象，且「提要」內容多以描述各書外在形象與版本鑑別為主，故其「提要」的體例與形制，偏屬「藏書志」概念。《天祿琳琅續編》雖稱沿襲《天祿琳琅》的編纂概念，然細究其「提要」內容所涉及的面向，以及其所呈現的撰述風格，則有部分近似《四庫全書總目》的概念；換句話說，其「提要」的體例與形制，實乃兼雜「藏書志」與「敘錄體」二者的概念。

簡單來說，即清代官修圖書目錄「提要」的體例與形制，是以「敘錄體」

---

[78] 此言所稱《書目》係指《四庫簡目》，所稱《提要》乃指《四庫全書總目》，所稱《全書》即指《四庫全書》。（見永瑢等編，《文淵閣原鈔本 四庫全書簡明目錄》，頁6：2。）

和「藏書志」為主要的撰述概念。

(四) 清代官修圖書目錄中的線性與非線性結構

藉由上述對於清代官修圖書目錄的分類情形，以及對各目錄「提要」體例與形制的探討，大抵掌握各部目錄本身的外在結構。除此之外，目錄與目錄之間，往往也存在著不同的關聯性；而若將這些關聯性進行有機的連結和組合，則應能作為觀照清代官修圖書目錄「外在結構」的另一種面向。換句話說，除了單一目錄本身的外在結構之外，目錄與目錄之間的關聯性，亦構成另一種面向的「外在結構」；並且，此種「外在結構」，亦可作為掌握一代學術發展情形的線索。

而此種目錄與目錄之間所構成的「外在結構」，筆者以為應能以周彥文《中國文獻學理論》中，所稱「線性結構」或「非線性結構」的概念作為切入角度，釐清各部目錄之間的關聯性，進而掌握清代官修圖書目錄整體所呈現的「外在結構」。因此，本節擬藉由周彥文《中國文獻學理論》所稱「線性結構」或「非線性結構」的概念，探討各部官修圖書目錄之間的相互對應關係，進而勾勒清代官修圖書目錄整體「外在結構」的雛形。

以下分別以「線性結構」與「非線性結構」的概念作為理論依據，探討各部清代官修圖書目錄之間所呈現的「外在結構」。

1. 清代官修圖書目錄的線性結構

綜觀前述所列清代官修圖書目錄，大抵可分為「《四庫全書》系統」與「『天祿琳琅』系統」，而根據此二大系統目錄的編纂目的和情形，大抵能察見其中具有鮮明的「直線式的發展或擴充」概念；換句話說，即此二大系統的各部目錄之間，具有某種程度的「線型結構」連結關係。因此，以下擬從「線性結構」的角度切入，分別探討此二大系統目錄之間的相互對應關係。

(1)「《四庫全書》系統」圖書目錄

就「《四庫全書》系統」圖書目錄的發展脈絡來看，編纂《四庫簡目》的核心目的，在於《四庫全書總目》卷帙繁多而不易翻閱，故另編《四庫簡目》

以利讀者易於檢索、查閱。其次，就二部目錄的分類情形來看，《四庫簡目》大抵皆沿襲《四庫全書總目》的分類概念，惟為減少整體的篇幅，故「存目」均刪去不錄。再者，就二部目錄「提要」的體例與形制來看，皆大抵採取「敘錄體」作為撰述提要的體例，惟《四庫簡目》多半省略考據的部分，且對於各書的評論亦較《四庫全書總目》更為精簡。

根據上述對於「《四庫全書》系統」目錄外在結構闡釋，大抵能勾勒《四庫全書總目》與《四庫簡目》之間的承繼關係，即《四庫簡目》是以《四庫全書總目》為依據，並簡化其內容而編成。換句話說，僅就《四庫全書》相關的官修圖書目錄來看，《四庫全書總目》即為此「線性結構」中的第一層級文獻，而《四庫簡目》則為繼其之後所「發展」的第二層級文獻。除《四庫簡目》之外，在《四庫全書總目》所發展出的「線性結構」中，尚有其他可被視為第二層級文獻的著作，舉其要者如胡玉縉《四庫提要補正》和余嘉錫《四庫提要辨證》，皆屬於針對《四庫全書總目》進行考辨或補正的學術著作。

另一方面，若從《四庫全書總目》的編纂過程來看，則《四庫全書總目》亦可被視為第二層級文獻。因為，在《四庫全書總目》編成之前，即有諸多尚在草擬或進呈階段的初稿文件，既有屬純「書目」者，亦有具提要體制的「目錄」，諸如邵晉涵《四庫全書提要分纂稿》與《南江書錄》、翁方綱《翁方綱纂四庫提要稿》、姚鼐《惜抱軒書錄》[79]……等各層級編纂官所著「提要初稿」，其他尚有各省所編的《採進書目》和《進呈書目》……等；而此皆可被視為「線性結構」中，優先於《四庫全書總目》的第一層級文獻。

承上言，即知各部文獻在不同的「線性結構」中，均可能是第一、第二或其他不同層級的文獻，而主要判別的關鍵，即在於各部文獻之間的相互對應關係。以《四庫全書總目》為例，邵晉涵《四庫全書提要分纂稿》即為第一層級文獻，而《四庫全書總目》則為第二層級文獻；但若與《四庫簡目》

---

[79] 司馬朝軍《《四庫全書總目》編纂考》》云：「姚鼐《惜抱軒書錄》，即為其在四庫館中所纂提要稿，其中未被採用的提要有不少……主要原因是與《總目》反宋學的主旋律不合拍。」（司馬朝軍，《《四庫全書總目》編纂考》，頁614。）

相較，《四庫全書總目》即為第一層級文獻，而《四庫簡目》則為第二層級文獻。簡單來說，按各部文獻的相互對應關係，即能釐定其在不同的「線性結構」中所屬的層級。

進一步來說，各個不同的單一「線性結構」，亦可能結合成另一個更大範圍的「線性結構」。承上述針對《四庫全書總目》相關文獻對應關係的闡釋，即能大抵勾勒出以《四庫全書總目》為核心所構成的整體「線性結構」，即第一層級文獻為「尚在草擬或進呈階段的初稿文件（如邵晉涵《四庫全書提要分纂稿》）」，第二層級文獻為《四庫全書總目》本身，而第三層級文獻則為《四庫簡目》和其他以考辨、補正類型為主的著作（如余嘉錫《四庫提要辨證》）。

藉由上述針對以《四庫全書總目》為核心的「線性結構」耙梳，即能大抵掌握與《四庫全書總目》相關的學術發展脈絡，同時亦能作為進一步探討其中內在學理與學術意涵的線索。例如姚鼐的《惜抱軒書錄》，為其於四庫館中所纂提要稿，但實際被納為《四庫全書總目》中的內容則為少數，深究其中原因，司馬朝軍《《四庫全書總目》編纂考》認為是因「與《總目》反宋學的主旋律不合拍」；此即為司馬朝軍藉由《惜抱軒書錄》對於各書籍文獻所撰述的「提要」，詳查其收錄於《四庫全書總目》的比例，以作為觀照當時官方主流思維走向的方式。而此種推論方式，實際上必須奠基於研究者對《四庫全書總目》整體「線性結構」的認識，方能從中釐清相關的學術脈絡，進而辨析其中的主流與非主流思維。簡單來說，藉由對文獻整體「線性結構」的認識，或能作為進一步探討其中內在學理和學術意涵的線索。

（2）「『天祿琳琅』系統」圖書目錄

就「『天祿琳琅』系統」的二部圖書目錄本身來說，實已自成一「線性結構」。一方面是其編纂體例和模式，《天祿琳琅續編》大抵依循《天祿琳琅》，儘管所撰述的「提要」內容和概念，相較於《天祿琳琅》稍有變異；但就整體的編纂概念來說，仍為沿襲《天祿琳琅》而編成的目錄著作。另一方面，就此二部目錄主要涉及的藏書對象，就概念上來說，均是經過內府百官揀擇後的「內府藏書」，且各書版本均屬當時「內府」的一時之選。換句話說，固

然就二部目錄的實際內容來說，並非如《四庫全書總目》與《四庫簡目》一般，屬於「化繁為簡」的「線型結構」，而是立基於前著並另行編纂其個別內容的目錄，然此亦符合對第一層級文獻作「擴充」的概念，即補充第一層級文獻未記述的部分。因此，筆者以為可將《天祿琳琅》與《天祿琳琅續編》二部目錄的對應關係，以「線性結構」的概念視之；換句話說，在此「線性結構」中，《天祿琳琅》為第一層級文獻，而《天祿琳琅續編》則為第二層級文獻。

其次，以《天祿琳琅》為核心，梳理與「《四庫全書》系統」二部目錄的相互對應關係，則其中亦存在「線性結構」的學術脈絡。蓋《四庫全書》「史部」收錄有《欽定天祿琳琅書目》，故《四庫全書總目》自也會為之撰作提要，而《四庫簡目》則根據《四庫全書總目》內容作簡化。因此，若以《天祿琳琅》為核心，探討與「《四庫全書》系統」二部目錄的相互對應關係，則其所構成的整體「線性結構」，即《天祿琳琅》為第一層級文獻，第二層級文獻為《四庫全書總目》中針對《天祿琳琅》所撰作的「提要」，而經簡化後的《四庫簡目》「提要」，則為第三層級文獻。

此外，於《天祿琳琅續編》之後，傳於光緒年間，清廷政府又陸續編有《天祿琳琅書目三編》（以下簡稱《天祿琳琅三編》）與《天祿琳琅書目四編》（以下簡稱《天祿琳琅四編》）；然而，此二編至今尚無實際的書目問世，故暫無法針對其中的編纂體例與「提要」內容深入探討。不過，若依照《天祿琳琅》與《天祿琳琅續編》的相互對應關係，則《天祿琳琅三編》與《天祿琳琅四編》倘若存世，或許亦可視為此「線性結構」中的一環。

經由上述針對以「『天祿琳琅』系統」目錄為核心的整體「外在結構」耙梳，大抵能勾勒與《天祿琳琅》與《天祿琳琅續編》相關的學術發展脈絡。藉此，一方面可瞭解清代官方書籍文獻的遞藏和散佚概況，即根據《天祿琳琅》與《天祿琳琅續編》的記載，推測清代官方藏書的增、損情形。其次，亦能藉以掌握清代官方鑑別書籍文獻「版本」的情形與收錄概況。其三，透過「《四庫全書》系統」目錄提要的說法，可觀照四庫館臣對於《天祿琳琅》

所持的見解和態度，並藉以確認此二大目錄系統的編纂團隊，其各自學術立場是否有所異同。簡單來說，藉由掌握「『天祿琳琅』系統」目錄的「線性結構」，即大抵能勾勒清代官方藏書的概況，以及與之相關的學術發展脈絡。

2. 清代官修圖書目錄的非線性結構

周彥文《中國文獻學理論》針對「書目」文獻的「非線性結構」，提出一種觀察面向，其云：

> 每一個時代皆有其官修或是私修的書目，這些書目記錄了一個時代的典籍文獻，同時也把一個時代的學術觀念隱藏在其中。用文獻非線性結構的觀點，書目就是解析一個時代學術觀念的切入點。[80]

而根據周氏的說法，筆者擬以「非線性結構」的角度，探討清代官修圖書目錄之間的相互對應關係，進而勾勒清代官方學術思維與文學觀點的雛形。

承上言，《天祿琳琅續編》的體例與模式，雖大抵沿襲《天祿琳琅》的編纂概念；然而，就其「提要」內容來看，亦有部分與「《四庫全書》系統目錄」的撰述概念相似。按理來說，《天祿琳琅續編》編纂理念和目的，乃為承續《天祿琳琅》的目錄著作，故其整體編纂概念與模式，當與《天祿琳琅》全然相仿；然而，其部分「提要」內容，卻近似《四庫全書》系統目錄」的撰述概念。換句話說，《天祿琳琅續編》雖與《天祿琳琅》以「線性結構」的概念相互對應；然與「《四庫全書》系統目錄」之間，亦具有「非線性結構」的連結關係。因此，若從「非線性結構」的角度切入，看待「《四庫全書》系統目錄」與《天祿琳琅書目續編》的相互對應關係，此間即能想見「《四庫全書》系統目錄」對於當代與後世學術發展的高度影響力。

另一方面，藉由「非線性結構」的概念，亦可針對上述所舉四部清代官修圖書目錄的分類情況，進一步關照清代官方所持的學術態度與文學觀點。

---

[80] 周彥文，《中國文獻學理論》，頁154。

　　總觀「《四庫全書》系統」目錄，分類作經、史、子、集四部，而其中「集部」又依序分為「楚辭」、「別集」、「總集」、「詩文評」與「詞曲」等五類。而「『天祿琳琅』系統目錄」雖未明確指稱各書的分類細目，但根據「集部」的書籍文獻列序，大抵仍知與「《四庫全書》系統」相仿。不過，細究《天祿琳琅》「集部」所收書籍文獻，仍收有「奏議」一類的著作，如《重鋟文公先生奏議》與《歷代名臣奏議》；而此即說明在《天祿琳琅》編纂之時，「奏議」一類的著作，尚被官方視作「集部」的一環，但於編纂《四庫全書》及其相關目錄時，則已將此類著作移至「史部」著錄。換句話說，此時清代官方的學術思維與文學觀點，正處於變革與調整的階段。

　　即此，尚可知清代官方對於「楚辭」、「別集」、「總集」……等五類以外的文學作品，諸如話本、小說和劇曲等文體，恐怕多是認為不符合「雅正文學」的概念，故而未予著錄；而對於如「奏議」一類的著作，至編纂《四庫全書》及其相關目錄時，則不再將之以「文學」作品的看待，而以「史料文獻」的概念改移至「史部」著錄。簡單來說，藉由對清代官修圖書目錄「集部」的類例情形，亦能略見清代官方對於各文體的偏好與賞鑑態度。

　　其次，部分書籍於「《四庫全書》系統目錄」和「『天祿琳琅』系統目錄」中，如《蘭亭考》、《重鋟文公先生奏議》、《哲匠金桴》、《唐詩紀事》……等，所隸屬的部次各有所不同。雖就「集部」來說，隸屬部次相異的書籍文獻，數量並不為多；然而，以小見大，此間猶可見清代官方的學術思維與文學觀點，在不同階段與時期所做的調整痕跡。此外，這也說明清代官方對於過去歷代目錄所建構的學術體系，開始出現不同的見解和考量，故重新檢視各書籍文獻部定類次的適切性，並且做出一定程度的變革和調整；而這些變革與調整，則是以《四庫全書》及其相關目錄的編定，作為清代官方學術體系確立的轉捩點。簡單來說，清代官方所持的學術思維與文學觀點，於乾、嘉時期曾出現較為明顯的變革和調整，故而重新釐定書籍文獻部定類次的標準；而《四庫全書》及其相關目錄的編定，即是代表著清代官方學術體系確立的關鍵。

　　藉由上述對於清代官修圖書目錄「非線性結構」的耙梳，大抵整理出清代官方所持學術思維與文學觀點的部分特色：1、就「提要」的撰述概念和模式來看，《天祿琳琅續編》有部分「提要」內容，不與《天祿琳琅》的撰述概念和模式相仿，反倒更為近似「《四庫全書》系統目錄」，而此即能體現「《四庫全書》系統目錄」對於當代與後世學術發展的高度影響力。2、藉由清代官修圖書目錄「集部」的收錄取向來看，則可略見清代官方對於各文體的偏好與賞鑑態度。3、就對各書籍文獻的部定類次來看，清代官修圖書目錄所揭示的是在乾、嘉之際，官方所持的學術思維與文學觀點正處於變革與調整的階段，而《四庫全書》及其相關目錄的編定，即是代表著清代官方所建構的學術體系正式確立。

　　總括前言，筆者以為可藉由文獻「線性結構」與「非線性結構」的概念，梳理清代各部官修圖書目錄之間的相互對應關係，闡釋其中所揭示的學術意涵與發展脈絡，進而探討清代官方所持的學術思維與文學觀點，以窺清代學術樣貌與文學風氣之一隅。

　　從「線性結構」的概念來看，清代各部官修圖書目錄皆具有一定的傳承關係，進而構成清代官修圖書目錄的二大系統，即「《四庫全書》系統」與「『天祿琳琅』系統」。藉由以「《四庫全書》系統目錄」為核心所建構的「線性結構」進行耙梳，即可略知當時館臣的學術思維取向，如姚鼐《惜抱軒書錄》中所收錄的提要稿，多不被《四庫全書總目》所採納，此即相對說明當時館臣的主流學術思維，是傾向「反宋學」。而藉由梳理以「『天祿琳琅』系統」為核心所建構的「線性結構」，則能大抵勾勒清代官方藏書的概況，以及與之相關的學術發展脈絡。

　　從「非線性結構」的概念來看，清代官修圖書目錄所揭示的學術意涵，包含：1、「《四庫全書》系統」對於當代與後世學術發展的高度影響力；2、藉由釐清「集部文獻」的收錄取向，能略見清代官方對於各類文體的偏好與賞鑑態度；3、乾、嘉之際，官方所持的學術思維與文學觀點，正處於變革與調整的階段，而正式確立的關鍵，即在於《四庫全書》及其相關目錄的編定。

綜觀清代官修圖書目錄，大抵可區分為「《四庫全書》系統」與「『天祿琳琅』系統」；擇其要者，包含《四庫全書總目》、《四庫簡目》、《天祿琳琅》與《天祿琳琅續編》。

《四庫全書總目》為少見能紹述劉向《別錄》所立義例的官修圖書目錄，無論是對當代或後世的學術發展，皆有深遠的影響。《四庫簡目》大抵沿襲《四庫全書總目》的編纂模式和理念，並將著錄內容予以簡化，裨益檢索或使用上更加便利。《天祿琳琅》與《天祿琳琅續編》二部官修圖書目錄，均以記述、著錄各書籍文獻「版本」為主；惟《天祿琳琅續編》有部分「提要」內容，或許因為時空背景、客觀條件與編者思維的差異，故未針對書籍文獻的「版本」做詳盡的描述和賞鑑。

從上述四部官修圖書目錄的「集部」分類情形來看，《四庫全書總目》與《四庫簡目》體現出清代官方對於各類「文體」，均持有一定的等第之別，而其鑑別等第的關鍵，乃為視該「文體」是否合於館臣所謂的「雅正」之道。此外，綜觀清代四部官修圖書目錄，《天祿琳琅》尚承襲歷代書目，將「奏議」類的書籍文獻納入「集部」之列，然自《四庫全書總目》與《四庫簡目》之後，則「奏議」一類的書籍文獻，均改列於「史部」；換句話說，此即體現當時官方的「文學」觀念和思維，正逐步趨向「辭章之學」的概念發展。

就「提要」的體例與形制來說，《四庫全書總目》與《四庫簡目》均屬「敘錄體」，《天祿琳琅》與《天祿琳琅續編》則偏屬「藏書志」；然而，《天祿琳琅續編》由於有部分「提要」內容所涉及的面向，以及所呈現的撰述風格，與《四庫全書總目》相似，故除「藏書志」之外，亦略具有「敘錄體」的概念。簡單來說，清代官修圖書目錄「提要」的體例與形制，是以「敘錄體」與「藏書志」為主要的撰述體例。

藉由「線性結構」的概念，觀照清代各部官修圖書目錄之間的承繼關係，則大抵能勾勒出清代官方藏書的概況，以及與各部目錄相關的學術發展脈絡。而藉由「非線性結構」的概念來看，一方面能知「《四庫全書》系統」目錄，對於當代與後世的學術發展，確實具有高度的影響力；其次，從中能略

窺清代官方對於各類文體的偏好與賞鑑態度;其三,可知於乾、嘉之際,官方所抱持的學術思維與文學觀點,正立處於變革與調整的階段,而《四庫全書》及其相關目錄的編定,則為確立當時官方學術發展走向的關鍵轉捩點。

二、私撰圖書目錄的外在結構

嚴佐之《近三百年古籍目錄舉要・清代私家藏書目錄瑣論(代前言)》將清代目錄學發展情形,按時代先後順序劃分三個時期:一、前期(順治、康熙、雍正);二、中期(乾隆、嘉慶、道光、咸豐);三、後期(同治、光緒、宣統)。另一方面,嚴氏亦針對各時期重要的私撰圖書目錄略作闡釋,如清代「前期」所編目錄,嚴氏舉其要者有《也是園書目》、《讀書敏求記》、《傳是樓書目》……等;「中期」有《拜經樓藏書題跋記》、《士禮居藏書題跋記》、《愛日精廬藏書志》、《鄭堂讀書記》等;「後期」則有《鐵琴銅劍樓藏書目錄》、《皕宋樓藏書志》、《善本書室藏書志》……等。[81]然而,本書既以「清代圖書目錄集部提要」為主要研究對象,故未具「提要」體制的目錄,如《也是園書目》、《傳是樓書目》……等,或於文中有所述及,但均不為主要的論述對象。

筆者以為,清代私撰圖書目錄百家叢出,總量龐雜,實難逐一列舉討論,而根據來新夏《清代目錄提要》[82]與嚴佐之《近三百年古籍目錄舉要》書中所列清代私撰圖書目錄,大抵均為各時期具有代表性的目錄,可作為觀照本書研究論題的線索。因此,本書所涉及的清代私撰圖書目錄,雖不限於《清代目錄提要》、《近三百年古籍目錄舉要》二書所列舉之範疇,但為舉其要者並管窺清代私撰圖書目錄「提要」的發展概況,故在此仍以《清代目錄提要》、《近三百年古籍目錄舉要》二書中,所列具有「提要」體制的私撰圖書目錄

---

[81] 詳見嚴佐之,《近三百年古籍目錄舉要》,頁 1–3。

[82] 來新夏,《清代目錄提要》(濟南:齊魯書社,1997 年)。

為主要論述對象。此外，馬國翰（1794－1857）《玉函山房藏書簿錄》雖未列入《清代目錄提要》、《近三百年古籍目錄舉要》的討論述範疇之內，但按杜澤遜〈影印《玉函山房藏書簿錄》序〉與邱麗玫〈《玉函山房藏書簿錄》內容探析〉所稱，《玉函山房藏書簿錄》實能補《四庫》之遺闕[83]，其文獻價值由此可見一斑，故筆者仍將之列為本節的主要論述對象之一。

簡單來說，本節擬根據來新夏《清代目錄提要》、嚴佐之《近三百年古籍目錄舉要》二書，所列舉具有「提要」體制的私撰圖書目錄，以及馬國翰《玉函山房藏書簿錄》為主要論述對象。另一方面，擬以嚴佐之《近三百年古籍目錄舉要》所採取的分期方式為依據，分就清代前期、中期、後期所編纂的私撰圖書目錄，舉其要者進行耙梳，說明各部目錄的分類方式，以及「提要」的體例與形制，進而探討各部目錄（包含「官修圖書目錄」）之間的線性與非線性結構。

本節凡分四部分，第一部分為〈清代前期私撰圖書目錄舉要〉，以順治朝至雍正朝所編私撰圖書目錄為範圍，舉其要者進行耙梳。第二部分為〈清代中期私撰圖書目錄舉要〉，以乾隆朝至咸豐朝所編私撰圖書目錄為範圍，舉其要者進行耙梳。第三部分為〈清代後期私撰圖書目錄舉要〉，以同治朝至宣統朝所編私撰圖書目錄為範圍，舉其要者進行耙梳。第四部分為〈清代私撰圖書目錄中的線性與非線性結構〉，針對上述清代三時期所編私撰圖書目錄，探討各部目錄之間的「線性結構」與「非線性結構」。

以下即就清代前、中、後期所編私撰圖書目錄，舉其要者逐一說明，並探討其中所存在的「線性結構」與「非線性結構」。

---

[83] 杜澤遜〈影印《玉函山房藏書簿錄》序〉謂：「《簿錄》四千三百八十一篇，《四庫提要》未收及《四庫》以後新出著述為數甚多，就其數量而言，清代私家撰述蓋無出其右者。」參見〔清〕馬國翰，《玉函山房藏書簿錄》（北京：北京圖書館出版社，2001），頁4。此外，邱麗玫〈《玉函山房藏書簿錄》內容探析〉亦云：「《玉函山房藏書簿錄》中所著錄的4366種圖書中，可補《四庫》遺闕者約2400種，超過藏書量的一半，較之周中孚《鄭堂讀書記》的1909種為夥。」參見邱麗玫，〈《玉函山房藏書簿錄》內容探析〉，《書目季刊》第38卷4期（2005年3月），頁11。

(一) 清代前期私撰圖書目錄舉要

清代前期圖書目錄具有「提要」體制者，筆者選擇錢曾《讀書敏求記》與鄭元慶《湖錄經籍考》，作為闡釋目錄「外在結構」的例子。其中《讀書敏求記》為《四庫全書總目》「史部·目錄類存目」所收錄，可見館臣仍認為有其特定的學術意義，否則便不必列於存目以備查。《湖錄經籍考》為清代前期所撰郡邑藝文志，後世於編纂類似的圖書目錄時，亦有以期為仿效對象者，如丁申《武林藏書錄》即是一例；此外，因是屬於郡邑藝文志，則其不僅能作為掌握一地的書籍文獻遞藏之用，亦能藉以考察一地學風發展之情形，換言之，此間即存在有別於其他私家藏書目錄的學術意義。

總括上述原因，本節擬以錢曾《讀書敏求記》、與鄭元慶《湖錄經籍考》為例，管窺清代前期私撰圖書目錄的「外在結構」。以下即針對二部目錄所呈現的「外在結構」進行耙梳：

1. 錢曾《讀書敏求記》

錢曾（1629－1701），字遵王，號也是翁，又號貫花道人、述古主人，虞山（今江蘇常熟）人，著有《懷園集》、《判春集》、《奚囊集》、《今吾集》，以及《述古堂書目》、《也是園書目》和《讀書敏求記》等三部目錄。三部目錄中，僅《讀書敏求記》為具備「提要」體制的目錄，屬本書欲研究的範疇，故以下乃針對《讀書敏求記》進行耙梳。

考《讀書敏求記》的版本，除鈔本系統外，尚有刻本系統。現知最早刻本為雍正四年（1726）吳興趙孟升「松雪齋刻本」，其次為雍正六年（1728）濮川濮梁「延古堂重修印本」，再有乾隆十年（1745）嘉興沈尚杰「雙桂草堂遞修印本」，和乾隆六十年（1795）沈炎「耆英堂遞修印本」，皆根據「松雪齋刻本」重新校印刊行。然而，「松雪齋刻本」本有「校對不精，訛誤頗多」的缺點，故儘管歷經延古堂、雙桂草堂與耆英堂重修校正，其中仍存有不少

訛誤。[84]

　　另一刻本系統，為道光五年（1825）阮福「小嫏嬛仙館刻本」，所據為嚴福「書福樓藏鈔本」，所收書籍文獻條目與「松雪齋刻本」略有不同，後與阮亨《讀書敏求記・補遺》並刻，收入《文選樓叢書》。又道光二十七年（1827）番禺潘仕成刊印此本，並參酌「耘英堂刻本」與「小嫏嬛仙館刻本」作校補，後輯入《海山仙館叢書》；此版嚴佐之稱：「唯其未校阮亨《補遺》，美猶有憾。」[85]

　　清光緒三十四年（1908），章鈺（1865－1937）始據管庭芬手校本為底本，兼與趙孟升、吳焯、吳騫、黃丕烈……等，共計二十八種的刻本、鈔本、校本、評本相互校勘，並詳加考訂訛誤、糾補疏漏，撰成《讀書敏求記校證》，並於民國十五年（1926）將付梓刊行；傅增湘曾評此本云：

> 視原書增大三倍，洋洋大觀，考證極為精詳，為必傳之作。此書既
> 出，清初以來諸本均可束置不觀矣。[86]

　　此外，章鈺亦於〈後記〉自評云：「此本一出，舊本可廢。」[87]而嚴佐之更稱此言「洵非誇言」[88]。由此可見，於眾版本中，當以章鈺所校證的《讀書敏求記校證》為最佳。因此，本書所述《讀書敏求記》，均以廣文書局《書目叢編》影印章鈺於民國十五年（1926）所刊《讀書敏求記校證》為底本，輔以中華書局 2012 年出版「《藏園批注讀書敏求記校證》排印本」相互參校，

---

[84] 詳見嚴佐之，《近三百年古籍目錄舉要》，頁 30。

[85] 嚴佐之，《近三百年古籍目錄舉要》，頁 30。

[86] 〔清〕莫友芝撰、傅增湘訂補、傅熹年整理，《藏園訂補邵亭知見傳本書目》（北京：中華書局，2009 年），頁 447。

[87] 〔清〕章鈺，《讀書敏求記校證・後記》，收錄於〔清〕錢曾著、章鈺等校證，《讀書敏求記校證》（臺北：廣文書局，1987 年），頁〈後記〉2。

[88] 嚴佐之，《近三百年古籍目錄舉要》，頁 30。

而其餘諸本如「松雪齋刻本」、「延古堂重修印本」與《海山仙館叢書》本」，
則僅作為參考或引伸論述之用。

　　《四庫全書總目》將《讀書敏求記》列於「史部‧目錄類存目」，《四庫
全書總目》提要稱其雖有「分別門目，多不甚可解」[89]、「其中解題，大略多
論繕寫刊刻之工拙，於考證不甚留意」[90]等缺點，但仍具有「述授受之源流，
究繕刻之同異，見聞既博，辨別尤精；但以版本而論，亦可謂之賞鑒家矣」[91]
的優點，故收錄於「存目」備查。然而，《四庫全書總目》中，實有不少「提
要」是引述《讀書敏求記》的說法，以作為考證之用者；藉此，猶可見《讀
書敏求記》的重要學術意義。

　　按《四庫全書總目》「提要」的說法，《讀書敏求記》將書籍文獻，依序
分為經、史、子、集四部；其中「集部」又分有四類，依序為詩集、總集、
詩文評、詞集。[92]然而，就《讀書敏求記》「集部」的實際收錄情形來說，居
於「集部」之首的書籍文獻乃為《唐大詔令》，其次為《離騷草木疏》、《離騷
集傳》，而後才是《陸士衡文集》、《支頓集》、《陶淵明文集》……等。簡單來
說，細究《讀書敏求記》「集部」的分類方式，則與《四庫全書總目》所言有
所差異。

　　以《唐大詔令》為例，《四庫全書總目》列於「史部‧詔令奏議類」，而
《離騷草木疏》則歸於「集部‧楚辭類」。換言之，即《讀書敏求記》「集部」
的實際分類，並非僅有《四庫全書總目》所謂詩集、總集……等四類，惟可
能是所收的相關書籍文獻數量不多，故《四庫全書總目》於「提要」中，遂
未獨立稱「類」；又或者《四庫全書總目》不認同《讀書敏求記》對於《唐大
詔令》的分類概念，遂予以忽略不記。

　　另一方面，就實際的分類情形來說，《讀書敏求記》與官修圖書目錄《天

---

[89] 永瑢、紀昀等編，《武英殿本 四庫全書總目提要》，頁2：794−2：796。

[90] 永瑢、紀昀等編，《武英殿本 四庫全書總目提要》，頁2：794−2：796。

[91] 永瑢、紀昀等編，《武英殿本 四庫全書總目提要》，頁2：794−2：796。

[92] 詳見永瑢、紀昀等編，《武英殿本 四庫全書總目提要》，頁2：794−2：796。

祿琳琅》一樣，均將詔令、奏議一類的書籍文獻歸於「集部」範疇；而此二部目錄的另一項共通點，即均撰成於《四庫全書》編定之前。換句話說，此即揭示於編纂《四庫全書》之前，無論官、私撰圖書目錄，均有將詔令、奏議類的書籍文獻，列於「集部」收納範疇的分類習慣；而此亦間接說明，至少在《四庫全書》編定之前，清代普遍對於「集部」一詞的分類概念，仍包含詔令、奏議類的書籍文獻，而非單以「辭章之作」為主的分類概念。

　　《讀書敏求記》「集部提要」的載述內容，大抵包含作者姓名、字號，其次為簡述書中要旨和收錄內容，其三為賞鑑版刻優劣或考其源流；此外，「提要」中偶有錢曾讀後心得、學術見解，或抒發個人感慨之語。整體來說，各條「提要」內容有繁有簡，無一定的撰述規則，而是依照書籍文獻的個別情況，以決定「提要」的撰述內容。以王翰《友石山人稿》一條為例，「提要」云：

> 潮州路總管王翰，字用文，別號友石山人。元亡，浮海之閩，居永
> 福山中，黃冠服十年。有薦之於朝者，君聞辟命下，即引決。今讀
> 其〈自決詩〉，忠義之氣凜然。吁，可敬也。遺稿為其子偁編，字孟
> 揚，行事詳〈附錄〉中。[93]

　　文中簡述作者王翰的生平事蹟，並言〈自決詩〉中頗能彰顯王翰的忠義之氣，故以「吁，可敬也」表達對於王翰行事作風格肯定與敬意。此則「提要」的內容，包含對作者的生平、作品的讀後心得，以及對作者行事風格的評論；然而，內容中卻無述及與「版本」相關的議題。再以《高常侍集》一條為例，「提要」云：

> 達夫集，予借林宗宋槧本影摹。族祖求赤又從予轉假去，錄而藏於

---

[93] 錢曾著、章鈺等校證，《讀書敏求記校證》，頁〈記校四之上〉37–38。

懷古堂。今宋槧本流落無聞，予本久已歸諸滄葦。此乃懷古堂錄本
也。聚散不常，閱人成世，三君墓木已拱，獨予抱斷編殘簡，棲遲
於魚蠹之中。閒房良夜，靜言思之，吾家典籍，異日傳於不知何人。
惜世無王仲宣，聊作鄭餘慶舐掌之藏可耳。[94]

　　全則「提要」乃以闡述該書籍文獻的版本源流為主，並抒發個人藏書的
情志和感慨；但對於作者生平、書中要旨等面向，則均無進一步的論述。藉
此，大抵能知《讀書敏求記》「集部」各條提要內容所涉及的面向並非全然一
致，且多有錢曾個人情志、心得的抒發之語；換句話說，即《讀書敏求記》
「提要」無嚴格的撰述規範和限制，撰者可依憑個人的讀後心得、學術見解
和主觀情志，以決定各條提要所欲採取的敘述面向。根據上述對於《讀書敏
求記》「提要」內容的舉例說明，則大抵能勾勒其「提要」所具備的三項撰述
特色：1、主要指涉和所描述的對象，係為錢曾的私人藏書；2、「提要」內容
不乏以賞鑑「版本」優劣和考辨源流的論述；3、「提要」內容並無一定的撰
述規範和格式，且多有撰者個人情志、心得的抒發之語。

　　承本書第二章所述，根據「提要」用途的不同，有「讀書記」、「序、跋
集」與「私人藏書志」之分。其中「讀書記」與「序、跋集」的提要，均無
特定的撰述限制，既可考訂、賞鑑書籍文獻版本，亦能闡釋個人讀後感想與
見解，故較能凸顯編纂者的個人特色與治學風格；「私人藏書志」為私家藏書
清冊，其「提要」內容以賞鑑版本為主，且多有一定的撰述規範與格式。而
《讀書敏求記》以私家藏書為對象，雖符合「私人藏書志」的基本構成要件，
但就「提要」內容來看，並無一定的撰述規範和限制，故較為偏屬「讀書記」
或「序、跋集」的性質。其次，《讀書敏求記》「提要」的內容，多以考證、
賞鑑版本和闡述讀後感想、見解為主，而其隨寫性質相對於「讀書記」來說
亦較為薄弱，故應偏屬「序、跋集」中「題跋集」的概念。因此，筆者以為

---

[94] 錢曾著、章鈺等校證，《讀書敏求記校證》，頁〈記校四之中〉4。

《讀書敏求記》「提要」的體例與形制，應當偏屬「序、跋集（題跋集）」。

　　總括上述，錢曾《讀書敏求記》所呈現的外在結構，就其「集部」分類而言，仍大抵承襲過去其他目錄的分類概念，將詔令、奏議類的書籍文獻納入「集部」的範疇；換句話說，即其「集部」的分類概念，仍包含以「辭章之作」以外的著作，而尚未完全趨向「辭章之學」的概念發展。其次，針對《讀書敏求記》「提要」的體例與形制進行探討，則筆者以為其「提要」當偏屬「序、跋集（題跋集）」。

2. 鄭元慶《湖錄經籍考》

　　鄭元慶（1660－約 1735），字芷畦，一字子余，自號小谷口，湖州歸安人；著有《禮記集說》、《石柱記箋釋》、《湖錄經籍考》……等，其藏書處名曰「魚計亭」。

　　今所見《湖錄經籍考》的版本，大抵以民國九年（1920）劉承幹「嘉業堂刊本」為主，民國五十八年（1969）廣文書局所編《書目三編》收有此版。因此，本書所述《湖錄經籍考》，均以廣文書局所編《書目三編》據民國九年吳興劉承幹「嘉業堂刊本」影印者為底本。

　　劉承幹《湖錄經籍考·跋》云：

> 《湖錄》原書本百卷，今僅存「經籍考」，則《湖錄》中之一部分也。且此為集部，而以奏議冠首，則史部之支流也，應歸史部。姜夔《白石叢稿》十卷、《白石道人詩集》三卷，當相次為目，不當離而為二。有非湖人而采其所著入考者。有只錄書名而不詳其爵里。待為長編，而非定稿。[95]

　　可知《湖錄》原書本有百卷，而現存《湖錄經籍考》乃為殘本，為記載

[95] 劉承幹，《湖錄經籍考·跋》，收錄於鄭元慶，《湖錄經籍考》（臺北：廣文書局，1969 年），頁 463－464。

郡邑藏書的部分；此外，所記按理本有經、史、子、集四部，然今僅餘「集部」，共計收有 735 部文獻，並依序分類為：奏議、三國六朝人文集、唐人集、唐人詩集、宋人集、宋人詩集、元人詩集、明人詩集、歷代人詞曲、方外、閨閣、總集、詩學、目錄等十四項類目。

其中「奏議」一類，《湖錄經籍考》歸於「集部」之列，然劉承幹則稱「應歸史部」。考鄭元慶生卒年，當為康熙、雍正年間之人，又《湖錄經籍考》乃撰成於《四庫全書》之前；若承上所述，將「詔令奏議」類歸於「史部」的關鍵，是乾隆年間所編《四庫全書》，則《湖錄經籍考》將「奏議」類的書籍文獻歸於「集部」，便不足為奇。相對來說，劉承幹生於光緒年間，已為《四庫全書》編成之後，故其依照《四庫全書》所訂定的「四部」分類，認為「奏議」一類應歸「史部」的分類概念，亦屬合理。簡單來說，此間不僅再次證明《四庫全書》對於後世學術的高度影響力，亦揭示清代前期普遍對於「集部」的類定觀念，仍未趨向「辭章之學」的概念發展。

此外，歷來遵循「四部分類法」的目錄，多將「目錄」一類歸於「史部」，然《湖錄經籍考》則將之歸於「集部」範疇；所收錄者包含《石林書目》、《向氏書畫目》、《書錄解題》（《直齋書錄解題》）……等，共計有十五部書目、書畫目或目錄。筆者以為，將「目錄」歸於「集部」的概念，應有其特定的理由或分類概念，值得進一步推敲和探究。然而，現存《湖錄經籍考》僅為殘本，並缺漏「史部」部分，無法藉以釐清其中的分類概念，並與「集部」相互參照、比較；因此，僅能就現有的客觀資訊，提出一個暫時性的說法，即《湖錄經籍考》「集部」所收書籍文獻，並非皆屬「辭章之學」概念的著作。

而就整體的分類情形來看，除「奏議」和「目錄」類之外，《湖錄經籍考》對於別集的排序方式，大抵先按作者的時代先後區分，次依文體（先「文」後「詩」）釐定類例。「詞曲」一類，以「歷代人」總括所收詞、曲集。此外，另設有「方外」、「閨閣」二類，即僧、道等方外之人所著詩文集，均歸為「方

外」一類,而女性文人所著詩文集,則歸為「閨閣」一類。[96]而「總集」、「詩學」二類,大抵與《四庫全書》所稱「總集」與「詩文評」的概念相同。

藉此,筆者以為《湖錄經籍考》對於別集的分類和排序方式,似乎於作者時代與文體之外,係以「作者的性別或身份」做為第一級的分類概念。即優先區分作者為男性、女性或方外人士,若為男性作者,再按時代先後與文體依序分類;若作者為女性或方外人士者,便總歸並各為一類,而未再予以細分。就學術意義來說,此間疑體現某種程度的性別隔閡與尊卑觀念的文化議題;因為,若於當時對於性別無明確或嚴格的規範和藩籬,則女性作者與方外人士的著作,自可與其他男性作者的著作,同列於一般別集中做分類,而不必單獨設成一類登載著錄。簡單來說,《湖錄經籍考》「集部」的分類概念,應是以「作者的性別或身份」作為第一層級的分類要素,而「作者時代先後」為第二層級,「文體」則為第三層級。

就「提要」的體例與形制來說,《湖錄經籍考》普遍採取的是「輯錄體」,多為引「他人之說」而輯成提要;不過,亦有部分提要並非採取「輯錄體」撰述,而是鄭元慶本人的考述或見解,除考證作者生平、爵里之外,亦可能就作品風格或內容,略述己見。屬「輯錄體」者,以記周密《絕妙好詞選》一條為例,「提要」云:

> 《讀書敏求記》記云:「卞陽老人選此詞,總目後又有目錄。卷中詞
> 人,大半予所未曉者。其選錄精允,輕言秀句,層漸疊出……展玩
> 之,心目了然。」
> 竹垞先生跋云:「詞人之作,自《草堂詩餘》,盛行屏去激楚、陽阿,
> 而巴人之唱齊進矣。公僅此選本,雖未全醨,然中多俊語……第七

---

[96] 鄭元慶《湖錄經籍考》「方外」一類,收有《支曇諦集》、《書上人集》、《靈澈詩集》、《贊寧集》、《圓禪師漁父詞》……等 25 部;「閨閣」一類,收有《晉松陽令鈕滔母孫瓊集》、《梁征西記室范靖妻沈滿願集》、《陳後主沈皇后集》、《李季蘭詩》、《吳淑姬陽春白雪詞》……等 11 部。

卷仇人近（應作『仇仁近』）詞殘缺目，亦無存可惜也。」[97]

　　此則「提要」，乃為輯錄錢曾《讀書敏求記》和朱彝尊〈跋〉的相關評述；全文中雖未見鄭元慶個人見解的抒發和闡釋，但藉由錢曾、朱彝尊的說法，猶能彰顯周密《絕妙好詞選》全書的特色。而非以「輯錄體」撰述者，以記閔南仲《詩稿》一條為例，「提要」云：

　　南仲，字湘人，號耐菴，烏程人。生貴盛，遭喪亂後，田廬盡廢。
　　好音律，工詞曲，詩在郊島、長吉之間。性落拓，儆南潯，至不聊
　　生；既卒後，著作亦不盡傳。[98]

　　就此則「提要」的內容來看，皆為鄭元慶本人的論述，而非輯錄他人的說法；文中除考作者生平、爵里之外，亦針對其詩風略作評述，並說明其著作存佚之情形。由於此則「提要」內容，大抵以作者本身為論述核心（即以「人」為主），而非以《詩稿》一書為主；因此，筆者以為此則「提要」，應較為貼近「傳錄體」的撰述概念。簡單來說，《湖錄經籍考》「提要」的體例與形制，應是「輯錄體」與「傳錄體」並行，惟視各書籍文籍的實際情況與其他相關資訊的質量，以決定採用撰述的體例。

　　總括前言，雖今所存《湖錄經籍考》僅為殘本，但根據其分類方式與「提要」的撰述情形，猶能藉以窺探清代前期文學發展與觀念之一隅。就分類方式而言，現存《湖錄經籍考》雖僅餘「集部」部分，然藉此大抵可推知其應是遵循「四部分類」的法則。其次，《湖錄經籍考》「集部」收有「奏議」和「目錄」二類，而此即揭示鄭元慶所持的「集部」分類概念，尚未轉趨向「辭章之學」的概念發展。其三，《湖錄經籍考》「集部」的分類概念，應是以「作

---

[97] 〔清〕鄭元慶，《湖錄經籍考》，頁 413–414。

[98] 鄭元慶，《湖錄經籍考》，頁 321。

者的性別或身份」作為第一層級的分類要素，而後才是「作者時代先後」和「文體」。其四，就「提要」的體例與形制來說，《湖錄經籍考》並無固定的撰述體例，大抵採用的是「輯錄體」與「傳錄體」並行，惟按各書籍文獻的實際情況與其他相關資訊的質量，以決定所採用的撰述體例。

綜觀上述，清代前期具有「提要」體制的私撰圖書目錄，本節以錢曾《讀書敏求記》與鄭元慶《湖錄經籍考》為例，分別就「分類情形」和「『提要』的體例與形制」二種面向，探討清代前期具有「提要」體制的私撰圖書目錄，其所呈現的外在結構。

就分類情形來看，《讀書敏求記》、《湖錄經籍考》二部目錄的「集部」，均將「奏議」一類的書籍文獻納入收錄範疇，而《湖錄經籍考》另收錄有「目錄」一類；此外，承前章所述，清代前期所編官修圖書目錄《天祿琳琅》「集部」中，亦收有「詔令、奏議」一類的書籍文獻。換句話說，此間即體現於清代前期時，官、私撰圖書目錄對於「集部」的分類概念，尚未轉趨於「辭章之學」的方向發展，故仍包含「詔令、奏議類」，甚至是「目錄類」的書籍文獻；又或者從另一角度來看，倘若前題為「凡『文學』相關的著作，均為『集部』所收錄之範疇」的話，則此間便體現當時普遍的學術風氣和文學觀念，乃將「詔令、奏議」視為「文學」著作的一種，即此時對於「文學」一詞的義界，相對較為寬鬆，而非僅限於「辭章之作」的概念。

就「提要」的體例與形制來看，《讀書敏求記》兼具考述私家藏書的版本，以及多有撰述者個人情志、心得的抒發之語，而全目錄無一定的撰述規範和限制，故筆者以為其「提要」的體例與形制，應偏屬「序、跋集（題跋集）」。而現存《湖錄經籍考》雖為殘本，僅餘「集部」部分，然猶足以作為觀照其「提要」體例與形制的線索。《湖錄經籍考》「提要」並無固定的撰述體例，有輯錄他人對於該書的說法以作為提要者，亦有鄭元慶個人對於「湖錄」一帶所知所見書籍文獻的論述。因此，筆者以為《湖錄經籍考》「提要」的體例與形制，乃是「輯錄體」與「傳錄體」二者並行；惟其區別之關鍵，應是依作者所知所見書籍文獻的實際情況，或者其他相關資訊的質量，以決定所採

取的撰述體例。

(二) 清代中期私撰圖書目錄舉要

　　相較於清代前期，乾隆朝為康、雍、乾盛世的最末，國勢自此漸有衰亡之象，後繼者嘉慶、道光、咸豐，雖曾力圖扭轉，但整體客觀環境與政經局勢已大不如前；然而，有賴於順、康、雍、乾等朝奠立的基業，故於民生方面尚未發生遽變，大抵來說仍屬穩定。而在相對穩定的民生環境中，文化事業泰半能夠相應而起，使清代中期的私家藏書風氣愈臻高峰，不僅有代代相傳藏書世家，亦多有嗜好古籍的藏書名家於此時相繼爭鳴。

　　隨著私家藏書事業的高度發展，不少藏書家開始為典藏的書籍文獻造冊編目，更甚者則為藏書撰寫「提要」，以利於後續的清查、使用和流傳。同政經局勢發展一樣，清代中期所編纂的目錄，大抵來說亦是在清代前期目錄所擬構的框架和基礎上，進一步調整和優化，裨益使用時更為便利和完整。嚴佐之《近三百年古籍目錄舉要》云：「這一階段私藏書目發展的主要標誌是讀書題跋記目錄體裁的優化和藏書志目錄新體制的產生。」[99]根據嚴氏的說法，則清代中期目錄「提要」的體例與形制，大抵以「題跋集」和「藏書志」為主，文中亦以《拜經樓藏書題跋記》、《士禮居藏書題跋記》、《愛日精廬藏書志》與《鄭堂讀書記》等四部目錄為例，說明此時期目錄「提要」的特質。其中，《士禮居藏書題跋記》實非黃丕烈本人所編，乃是由清代後期的潘祖蔭所輯錄；因此，筆者以為不宜列於本節的論述範疇之內，故在此擬改以黃氏親編的《百宋一廛書錄》作為主要探討對象。此外，按杜澤遜〈影印《玉函山房藏書簿錄》序〉、邱麗玟〈《玉函山房藏書簿錄》內容探析〉所稱，《玉函山房藏書簿錄》能補《四庫》之遺闕，有其特殊的文獻價值與意義，故筆者亦將其列為主要討論對象之一。

　　《拜經樓藏書題跋記》、《百宋一廛書錄》、《愛日精廬藏書志》、《鄭堂讀

---

[99] 嚴佐之，《近三百年古籍目錄舉要》，頁3。

書記》與《玉函山房藏書簿錄》等五部目錄，雖不足以完全代表清代中期所有的私撰圖書目錄，但歷來學者於研究清代目錄學時，對於吳壽暘、黃丕烈、張金吾、周中孚、馬國翰等人的目錄學成就，一向多所重視且不乏有相關的論著，可見此四人及其所編目錄，應於目錄學史上均有舉足輕重的學術意義和價值。因此，筆者認為若欲「舉其要者」以觀照清代中期私撰圖書目錄「提要」發展情形，則此五部目錄應可作為進一步探討的重要線索。

　　綜觀上述，本節擬藉由吳壽暘《拜經樓藏書題跋記》、黃丕烈《百宋一廛書錄》、張金吾《愛日精廬藏書志》、周中孚《鄭堂讀書記》與馬國翰《玉函山房藏書簿錄》等五部目錄，管窺清代中期私撰圖書目錄的「外在結構」。以下即針對此五部目錄所呈現的「外在結構」進行耙梳：

1. 吳壽暘《拜經樓藏書題跋記》（以下簡稱《拜經樓題跋》）

　　吳壽暘（－1795－約 1830），字虞臣，又字周官，號蘇閣，先世為安徽休寧人，後徙居於浙江海寧。其父吳騫與黃丕烈、鮑廷博、陳鱣等人，為乾嘉時期的藏書名家和文獻學家，有藏書處曰「拜經樓」，後由長子吳壽照、次子吳壽暘共同維護藏書。

　　一般認為《拜經樓題跋》內容主要為吳騫所撰，而由其次子吳壽暘所匯編；然而，就實際內容來看，除吳騫所撰題跋外，尚有諸家所撰題跋和吳壽暘所撰提要、案語。而吳騫所撰題跋，雖為《拜經樓題跋》全書之根本，但就整體來說，藉由有機的編排和加註案語，穿針引線將資料作有意義的串連，筆者以為吳壽暘尤為關鍵。換句話說，吳騫和諸家所撰題跋，均可視為編纂目錄與撰寫提要時的素材，而全目之關鍵則是吳壽暘的治學理路和編纂思維。

　　考《拜經樓題跋》版本，今所見傳本雖繁，有道光二十七年（1847）海寧蔣光煦的「宜年堂刻本」、「《別下齋叢書》本」，光緒五年（1879）會稽章氏「《式訓堂叢書》本」、光緒間朱氏「《校經山房叢書》本」、民國十一年（1922）「上海博古齋影印本」、民國十三年（1924）蘇州「《文學山房聚珍版叢書》本」……等。但溯其源流，則多出於道光二十七年海寧蔣光煦的「宜年堂刻本」或「《別下齋叢書》本」。因此，凡本書所述《拜經樓題跋》，均以 2002

年北京圖書館出版社編《國家圖書館藏古籍題跋叢刊》據道光二十七年「宜年堂刻本」影印者為底本，兼以 1965 年藝文印書館編《百部叢書集成》據道光二十七年「《別下齋叢書》本」相校；至於其他諸本，則作為參校或引伸論述之用。

《拜經樓題跋》凡分五卷，各卷所收書籍文獻的屬性類別，依序為「群經、小學」、「正史、載記」、「地志、目錄」、「諸雜家」與「別集、總集」。由此可見，《拜經樓題跋》雖非全然依循傳統的「四部」分類法，但大抵來說仍不脫「四部」的框架；即「群經、小學」屬經部，「正史、載記」、「地志目錄」為史部，「諸雜家」為子部，「別集、總集」則屬集部。其中與本書欲探討之論題相關者為「別集、總集」一卷，共計收書有 102 部。

根據《拜經樓題跋》「別集、總集」一類的「提要」撰述內容來看，《拜經樓題跋》「提要」大抵可區分為兩種撰述形式：（1）以徵引吳騫或其他諸家對於該書之論述為主，而吳壽暘則穿針引線將引文、資料作有意義的串連，或者加註案語以補充說明的工作；（2）全則「提要」均由吳壽暘本人所撰述，而未徵引吳騫或其他諸家的相關論述。以《宋人小集》一條為例，「提要」云：

> 《宋人小集》十六種，姊婿許梅隱所贈，為《何潛齋集》、《傅忠肅文集》、《晁具茨集》……《秋江集》等。先君子題云：「許甥懋董舊藏此南、北宋人集十餘家，似從《江湖》、《羣賢》等集鈔合，中間敘跋間有明人手筆，惜乎家數寥寥，不及十之二三，然後屬舊鈔，可存披閱也。嘉慶戊午，兔床識。」[100]

此則「提要」內容結構，乃先為吳壽暘記述該書籍文獻的外在客觀資訊，依序包含書名、收書來源、收錄內容。其次，引用吳騫所撰之題跋作為「提

---

100 〔清〕吳壽暘，《拜經樓藏書題跋記》，收錄於《國家圖書館藏古籍題跋叢刊》第 9 冊（北京：北京圖書館出版社，2002 年），頁 182。

要」的結尾，藉此不僅能略窺吳騫的讀書或考證心得，亦能知該書籍文獻的版本。簡單來說，吳壽暘以吳騫所撰題跋為基礎，進一步描述所收《宋人小集》的內容及其他相關資訊。再以《姑蘇雜咏》一條為例，「提要」云：

> 右一卷，明高啟著，周傳編。有洪武四年啟自序，三十一年傳後序。
> 卷首有「檇李項藥師藏」、「嵓峰山人」諸圖記。[101]

此則「提要」內容，依序著錄有卷數、編著者、書中所收序文、圖書印記等項目，皆為《姑蘇雜咏》一書的外在形象；而吳騫或其他諸家所撰的題跋論述，均不見有所著錄。換句話說，即此則「提要」為吳壽暘本人所撰述，而未有他人的論述或思維涉入。

綜觀《拜經樓題跋》「提要」，主要以吳騫為各書所撰「題跋」為編纂基礎，並多有引用他人所撰之跋語或相關論述，故其概念當屬「序、跋集」中的「題跋集」一類。就「提要」的撰述體例來看，除部分為單由吳壽暘個人所撰述的「提要」之外，其他多為輯錄吳騫或諸家之跋語，以及其他的相關論述，而吳壽暘則扮演穿針引線的角色，將所有相關的文獻資料作有意義的串連；換句話說，即其「提要」體例當以「輯錄體」為主。因此，筆者以為《拜經樓題跋》「提要」兼具「輯錄體」和「序、跋集（題跋集）」的特質，係為一部以「輯錄體提要」概念為主，所編成的「序、跋集（題跋集）」。

總括前言，今所見《拜經樓題跋》傳本，多源於蔣光煦「宜年堂刻本」或「《別下齋叢書》本」。就《拜經樓題跋》的分類方式而言，大抵分有五類，依序為「群經、小學」、「正史、載記」、「地志、目錄」、「諸雜家」與「別集、總集」；雖未按傳統「四部分類」的概念，但於其中仍能察見「四部分類」的框架。以「別集、總集」一類為例，則其「提要」的體例與形制，乃兼具「輯錄體」和「序、跋集（題跋集）」的特質；簡單來說，即《拜經樓題跋》是一

---

[101] 吳壽暘，《拜經樓藏書題跋記》，收錄於《國家圖書館藏古籍題跋叢刊》第 9 冊，頁 176。

部以「輯錄體」為主要概念，所編成的「序、跋集（題跋集）」。

2. 黃丕烈《百宋一廛書錄》

黃丕烈（1763—1825），字紹武，號蕘圃，又號復翁、抱首老人、廿止醒人、知非子、秋清逸叟等，江蘇吳縣人；其藏書處有「士禮居」、「百宋一廛」、「求古居」、「讀未見書齋」、「陶陶室」、「學山海居」……等名。所著有《百宋一廛書錄》[102]、《百宋一廛賦注》和《求古居宋本書目》，另有由後人所輯錄以編成的相關論著，如潘祖蔭《士禮居藏書題跋記》、繆荃孫《士禮居藏書題跋記續》和《蕘圃藏書題識》、李文裿《士禮居藏書題跋補錄》……等。換句話說，全由黃丕烈親手撰述、編輯者，為《百宋一廛書錄》、《百宋一廛賦注》和《求古居宋本書目》。黃丕烈《百宋一廛書錄・自序》有云：

> 十餘年來，究心載籍，欲仿宋人晁、陳兩家例，輯錄題識，名曰：《所見古書錄》。究苦澤焉而不精，語焉而不詳，故遷延未成。適因遷居東城縣橋，重理舊籍，特裒集宋刻本，彙藏一室，先成簿記，為之《百宋一厘（「廛」本字）書錄》。此百種中，完者半、缺者半，皆世所罕秘者。[103]

此篇〈自序〉不僅說明黃氏個人對於藏書事業致力甚深，並揭示其自身對於「宋版」的偏好與推崇；此外，亦點出其「百宋一廛」所藏宋本的情形。藉此，即知《百宋一廛書錄》係以黃氏所藏「宋版」書籍為主要對象，所編纂的具有「提要」體制的目錄。《百宋一廛賦注》與《求古居宋本書目》雖亦為藏書目錄，但《百宋一廛賦注》實以顧千里按黃氏藏書所撰賦文為主，後

---

[102] 《百宋一廛書錄》有別稱《百宋一廛書目》，或以「簿錄」稱之。詳見趙飛鵬，《黃丕烈及其《百宋一廛賦注》研究》（臺北：花木蘭文化出版社，2005 年），頁 25。

[103] 〔清〕黃丕烈，《百宋一廛書錄》，收錄於《國家圖書館藏古籍題跋叢刊》第 5 冊（北京：北京圖書館出版社，2002 年），頁 615—616。

由黃丕烈為賦作注，即其原始的編纂理路並非全部源於黃丕烈一人；而《求
古居宋本書目》為藏書書目，僅著錄書名、存佚與冊數，未撰有「提要」。因
此，《百宋一廛賦注》與《求古居宋本書目》，暫不列為本書主要研究之對象。

　　簡單來說，《百宋一廛賦注》、《百宋一廛書錄》和《求古居宋本書目》三
者，與本書欲探討主題密切相關者，即為《百宋一廛書錄》；因此，本書乃擇
《百宋一廛書錄》為例，以探清代中期目錄外在結構之一隅。至於《百宋一
廛賦注》與《求古居宋本書目》，以及其他後人所輯如《士禮居藏書題跋記》、
《蕘圃藏書題識》……等，則列為佐證或引伸論述之用。

　　考今所見《百宋一廛書錄》版本，有張鈞衡「《適園叢書》本」，以及北
京圖書館藏清代「勞格鈔本」[104]，其中又以「《適園叢書》本」較為通行。因
此，凡本書所述《百宋一廛書錄》，均以 2002 年北京圖書館出版社編《國家
圖書館藏古籍題跋叢刊》據「烏程張鈞衡刻本」影印者為底本，而 2002 年上
海古籍出版社編《續修四庫全書》據北京圖書館藏「勞格鈔本」影印本，則
作為參校或引伸論述之用。

　　就《百宋一廛書錄》的分類情形而言，雖無明言各書所屬部類，即未如
《四庫全書總目》有明確的「部」、「類」、「屬」之分，但根據所收錄書籍文
獻的內容性質與前後排序來看，仍大抵按經、史、子、集四部概念釐定各書
所屬類目。以「集部」為例，若按其他目錄的分類概念區分，則《百宋一廛
書錄》「集部」大抵包含「奏議」、「楚辭」、「別集」、「總集」等四類，如「奏
議」一類包含《陸宣公奏草中書奏議》、《石林奏議》等 2 部，「楚辭類」有《離
騷集傳》1 部，「別集類」有《陶淵明集》、《王右丞文集》、《李太白集》……
等 40 部，「總集類」有《文粹》、《迂齋先生標注崇古文訣》、《聖宋文選》等
3 部，共計收有 46 部「集部」書籍文獻。藉此，倘若其中「奏議」一類，確
實可被歸屬於「集部」範疇，則此相對說明《百宋一廛書錄》「集部」的類例
情形和概念，與《四庫全書總目》有所不同；換言之，即《百宋一廛書錄》

---

[104]　《續修四庫全書》所收《百宋一廛書錄》，即據清代「勞格鈔本」影印。

雖成書於《四庫全書總目》之後，但其分類方式實未全然仿效《四庫全書總目》的概念。

　　就《百宋一廛書錄》「提要」的體例與形制而言，「提要」內容大抵以描述各藏書本身的外在形象為主，但並非僅著錄書名、卷數、版本……等資訊而已，亦會於文中略微闡釋個人的見解或感想。以《百宋一廛書錄》所錄《離騷集傳》，「提要」云：

> 錢杲之注《離騷》一本，宋版影鈔者，見諸汲古閣珍藏密本書目，然已稱此書世間絕無，則宋槧本亦可珍矣。余得諸桐鄉金氏，其實亦為汲古舊藏。全書不過數葉，而楮墨疋累經名家收藏，卷尚素紙，畫蘭蕙一叢，美人香艸，其有靈均之思乎。[105]

　　此則「提要」先述所藏《離騷集傳》一書之版本，並說明其珍稀之處；其次，又略述該書過去的遞藏情形，並闡釋個人對於書中畫像的見解和感想。再以記《昌黎先生集》為例，按《百宋一廛書錄》收有《昌黎先生集》三種版本，於此暫以第一則「提要」為例，其云：

> 小字本《昌黎先生集》，余有十卷，詩賦俱全，文俱缺失。別得一本與前刻正同，為三十九、四十卷皆文也。首尾有「上黨圖書」，知為馮氏舊藏。安得訪求遺逸，得此文集之全者，豈不更美乎。[106]

　　此則「提要」，先是對於該版本《昌黎先生集》的外在形象進行描述，並略與其他版本作比較，亦稍有提及該書的遞藏源流；最後，乃針對該版本缺漏之處，抒發個人之慨嘆。換句話說，根據上述二則「提要」來看，內容大

---

[105] 黃丕烈，《百宋一廛書錄》，收錄於《國家圖書館藏古籍題跋叢刊》第5冊，頁683。

[106] 黃丕烈，《百宋一廛書錄》，收錄於《國家圖書館藏古籍題跋叢刊》第5冊，頁687。

抵包含對於書籍文獻外在形象的描述，以及個人見解或感想的闡釋。其次，就其各條「提要」的撰述形制來看，雖大抵相仿，但未有明顯的撰述規範與格式，與「私人藏書志」的概念有所不同。另一方面，就其「提要」的敘述風格而言，其行文讀來流暢、自在而無刻意雕鑿的痕跡，且主觀思維突出，頗能彰顯其個人之特色。因此，筆者以為《百宋一廛書錄》「提要」的體例與形制，較偏屬「序、跋集（題跋集）」的概念。

總括前言，黃丕烈《百宋一廛書錄》雖未明言各書所屬部類，但根據其收錄書籍文獻的序列情形，大抵仍不脫經、史、子、集四部分類概念；而其中「集部」所包含的類目，則包含「奏議」、「楚辭」、「別集」、「總集」等四類。而若「奏議」一類確為「集部」範疇，則此相對揭示《百宋一廛書錄》「集部」的分類方式，並未全然依循或仿效《四庫全書總目》的概念。其次，就「提要」的體例與形制來看，《百宋一廛書錄》主要描述的對象，雖為黃丕烈個人之藏書，但察其各條「提要」內容，則未見明顯的撰述規範和限制，且撰述風格未見刻意雕鑿之跡，讀來自在、流暢，頗能彰顯個人主觀思維與特色，故筆者以為其「提要」的體例與形制，係偏屬「序、跋集（題跋集）」的概念。

3. 張金吾《愛日精廬藏書志》

張金吾，字慎旃，別字月霄，有藏書樓曰「愛日精廬」。張金吾生於常熟藏書世家，其祖仁濟、父光基與叔父海鵬，皆以藏書、刻書著名。張金吾少時曾隨叔父海鵬校刊《太平御覽》等書，奠定後來治理文獻學之基礎；此外，張海鵬乃為清代著名藏書家之一，而張金吾承其風，亦成為清代重要藏書名家。張金吾治學領域廣泛，除本書所探討的《愛日精廬藏書志》（含《續志》）之外，尚有《尚書義釋》、《兩漢五經博士考》、《切韻指掌圖音釋義》、《十七史經說》、《金文最》、《釋龜》……等多部著作。

考《愛日精廬藏書志》版本，按王珠美〈清代藏書家張金吾研究〉所述，可考者有二系統，一為道光七年（1827）「愛日精廬家刻本」，一為光緒十三年（1887）吳縣徐氏「靈芬閣木活字本」，其中又以「愛日精廬家刻本」校勘

較佳[107]；日本慶應大學藏有「愛日精廬家刻本」，文史哲出版社曾於 1982 年
據此本影印發行。因此，凡本書所述《愛日精廬藏書志》，均以 1982 年文史
哲出版社據「愛日精廬家刻本」影印者為底本。

　　就《愛日精廬藏書志》的分類情形來說，大抵依循《四庫全書總目》的
分類概念，亦作經、史、子、集之分；而各部之下所設類目，亦與《四庫全
書總目》相仿，惟部分類目仍根據實際的藏書情形，以及張金吾個人的學術
見解和想法，而略有所調整。以「集部」為例，部下類目依序為楚辭、別集、
總集、詩文評、樂府等五類。其中「樂府」一類，與《四庫全書總目》相比
較，即是將《四庫全書總目》「詞曲類」改題為「樂府類」，所收書籍文獻的
內容，亦屬詞集、詞選之類；惟《四庫全書總目》「詞曲類」下，再分有詞集、
詞選、詞話、詞譜詞韻、南北曲等屬，而《愛日精廬藏書志》則未再予以細
分。筆者以為，此或可從藏書的質、量二部分探討：

一、就「質」而言，或因僅藏有詞選、詞集之類的書籍文獻，而未有其他
　　屬性的著作，故未予細分。
二、就「量」而言，「樂府類」共計收書有 13 部，其數量遠較《四庫全書
　　總目》為少，故未有進一步細分之必要。

　　簡單來說，《愛日精廬藏書志》分類情形，大抵依循《四庫全書總目》的
分類概念，然亦會根據實際的藏書情形，以及張金吾個人的學術見解和想法
而略做調整，且各「類」之下則多半未再予以細分；以「集部」為例，《四庫
全書總目》設有「詞曲類」，而《愛日精廬藏書志》則將之改易為「樂府類」，
而就所收書籍文獻的內容來看，僅收錄詞集、詞選之類。

　　《愛日精廬藏書志》為清代「私人藏書志」的代表著作，就其「提要」
內容來看，除書名、作者、遞藏來源之外，尚著錄有張金吾個人研究和考據

---

[107] 王珠美，〈清代藏書家張金吾研究〉（臺灣大學圖書館學研究所碩士論文，1988 年），頁 195－
　　　196。

的相關論述，並收有原書序、跋或藏書題識。簡單來說，即如范芝熏〈中國古典目錄體制「提要」之研究〉對於「私人藏書志」的敘述，其稱「『藏書志』實際上是一種題跋與書目二合為一的文體」[108]。另一方面，《愛日精廬藏書志》於目錄之前，撰有九則〈例言〉，乃闡釋其整體的編纂方針和撰述格式；而察其各條書目、提要，儘管偶有跳脫既定編纂框架者，但大抵來說均符合其原先所訂定的編纂方針和格式。以「《秋聲集》十卷」一條為例，「提要」云：

> 凡詩六卷，文二卷，實八卷，每卷卷數俱留木板心，除一、二、三、四、五、九、十外，餘亦留木蓋為續刊地也。世行本四卷，止有詩集，此本雖似殘闕，蓋當時本未全刊，讀後跋可見非不完本也。卷末有姑蘇吳岫家藏印記。[109]

此則「提要」，大抵針對該書籍文獻的外在形象做描述，並進而考證、推論該書的版刻源流；此外，於張金吾個人的研究或考述論述之後，尚收有新安鄭潛、黃鈞稽等人的題識。簡單來說，《愛日精廬藏書志》「提要」的基本格式，為先著錄張金吾個人的研究或考據論述，次則收錄該書序、跋或他人所撰題識；此外，諸如「《貢禮部玩齋集》十卷、《拾遺》一卷」、「《皇元風雅》三十卷」、「《黃文獻公集》二十三卷」……等多條提要的內容導向和撰述格式，亦多與「《秋聲集》十卷」一條雷同，而此即揭示《愛日精廬藏書志》係設有既定的編纂方針和撰述格式，故符合「私人藏書志」的基本概念。因此，筆者以為《愛日精廬藏書志》「提要」的體例與形制，乃屬於清代所特出的「私人藏書志」。

總括前言，張金吾《愛日精廬藏書志》的分類方式，大抵依循《四庫全書總目》的概念，惟部分類目會根據實際的藏書情形，或者張金吾個人的學

---

[108] 范芝熏，〈中國古典目錄體制「提要」之研究〉，頁86。

[109] 張金吾，《愛日精廬藏書志》，頁1264。

術見解和想法，而有所調整或易名，如《四庫全書總目》「集部」稱「詞曲類」，而《愛日精廬藏書志》則改題為「樂府類」。其次，按《愛日精廬藏書志》「提要」的撰述方式來看，則其「提要」的體例與形制，應屬清代所特有的「私人藏書志」。

4. 周中孚《鄭堂讀書記》

周中孚（1768—1831），字信之，號鄭堂，浙江烏程縣人，精於校勘、版本、目錄、金石……等文獻之學，著有《鄭堂讀書記》、《鄭堂札記》、《詞苑叢話》、《逸周書注補正》、《九曜石刻錄》、《孝經集解》……等；其中《鄭堂讀書記》為其研治文獻學的重要著作，本為周中孚根據李筠嘉藏書所編的《慈雲樓藏書志》，後另別為一錄為《鄭堂讀書記》。

由於《鄭堂讀書記》「提要」大抵仿效《四庫全書總目》的概念撰寫，儘管於「提要」中，對各書籍文獻「版本」的相關議題亦有所記述，但相較於清代前期或同時期，其他以「考證版刻源流」為提要核心內容的目錄，則《鄭堂讀書記》更為著重於對書中內容旨意的闡釋，或者對於作者或作品得失的評價。換句話說，自清代前期以來的私撰圖書目錄中，《鄭堂讀書記》確實有其特異之處，故於此乃舉其為要者並討論之。以下即分別就《鄭堂讀書記》的版本、分類方式、「提要」體例與形制，以及「提要」的特點等面向，闡釋《鄭堂讀書記》所呈現的外在結構。

（1）《鄭堂讀書記》流傳版本

考《鄭堂讀書記》流傳版本，原書編成後並無刊本，僅稿本流傳，後為吳興劉承幹嘉業堂所有，並刊入「吳興叢書」之中；而今所見刊本或覆印本，究其版刻源流即多由吳興劉承幹嘉業堂所出。因此，凡本書所述《鄭堂讀書記》，均以1960年世界書局據吳興劉承幹「嘉業堂刊本」縮印本為底本，並與2002年北京圖書館出版社編《國家圖書館古籍題跋叢刊》據劉承幹《吳興叢書》影印本相互參校，至於其他如1993年北京中華書局「《清人書目題跋叢刊》本」、2009年上海書店「《國學基本叢書》本」……等標點本，則作為參校或引伸論述之用。

（2）《鄭堂讀書記》的分類方式

考《鄭堂讀書記》的分類方式，大抵依循《四庫全書總目》的概念，將書籍文獻分為經、史、子、集四部；然而，由於私家藏書樓多半僅憑一人或單一家族之力蒐集書籍文獻，終究無法與傾全國之力在訪求天下遺書的《四庫全書總目》相比擬，故而刪去部分未收有相關書籍文獻的類目。以「集部」為例，相較於《四庫全書總目》，《鄭堂讀書記》「集部」僅收有「別集」一類，而「楚辭」、「總集」、「詩文評」與「詞曲」等四類俱缺。簡單來說，《鄭堂讀書記》雖大抵依循《四庫全書總目》分類方法，但仍會根據實際收藏情形的不同，而調整設於各部之下的類目。

（3）《鄭堂讀書記》「提要」的體例與形制

就「提要」的體例與形制來說，《鄭堂讀書記》大抵仿效《四庫全書總目》，以「敘錄體」作為主要的撰述體例和概念，以「《嬾真初集詩選》八卷（遙青齋刊本）」一條為例，「提要」云：

> 國朝張用天撰（注：用天，字用六，號誠庵，婁縣人）。《四庫全書
> 存目》是集前有青浦邵（成正）序，稱其學無不窺，亦詩無所不備，
> 大率命意高、徵材博、鍊句穩，風骨峭拔，氣韻清遠，必傳奚疑。
> 今觀其詩，于唐宋諸名家頗多模仿之跡，尚未能擬議以成其變化也。
> 其集刻于乾隆甲子，自為之序，又有其妻弟方（偉）序，後有（偉）
> 子（鳳州）跋。以杜少陵有「近識峨嵋老，知余嬾是真」語，故取
> 以名集云。[110]

根據此則「提要」的正文與注文來看，內容大抵包含作者生平、爵里、內容要旨、評價得失等面向，符合「敘錄體提要」的基本義例。其次，對於該書籍文獻中所存的客觀資訊，如序、跋和書名由來等，均有記述。再者，

---

[110] 〔清〕周中孚，《鄭堂讀書記》（臺北：世界書局，1960年），頁696。

除記於書名之下、「提要」之前的「版本」之外，亦於「提要」中明確指出《嬾真初集詩選》此本的刊刻時間。

　　整體來說，以作者生平、爵里、內容要旨，並且對於作者或作品得失有所評價的「提要」，大抵符合「敘錄體提要」的基本義例。其次，《鄭堂讀書記》的前身乃是周中孚根據李筠嘉家藏所編《慈雲樓藏書志》，且對於書籍文獻的客觀資訊、版刻源流亦有所重視，同時全目各條「提要」所呈現的撰述風格與內容所涉及的面向，大抵前後一致，似有既定的撰述規範和格式，此皆符合「私人藏書志」的基本義例和特色。再者，《鄭堂讀書記》雖以「讀書記」名之，但就其「提要」的撰述風格和形式來看，並無明顯的自由隨性或不拘格套的特質，即與前述所指「讀書記（或稱「讀書札記」）」的概念有所相異。

　　因此，筆者以為《鄭堂讀書記》雖名為「讀書記」，然根據其「提要」的撰述內容與格式來看，其「提要」體例當屬「敘錄體」，而依用途區分則偏屬「私人藏書志」，而非如其名為「讀書記」。簡單來說，《鄭堂讀書記》「提要」的體例與形制，即兼具「敘錄體提要」與「私人藏書志」的特質；又或者可以說《鄭堂讀書記》是一部以「敘錄體提要」的概念所編成的「私人藏書志」。

　　（4）《鄭堂讀書記》「提要」的特點

　　嚴佐之於《近三百年古籍目錄舉要》中，以《鄭堂讀書記》與《四庫全書總目》相比較，梳理出《鄭堂讀書記》「提要」的四項特點：（1）各篇提要揭示圖書特徵的序列層次比《四庫全書總目》（嚴氏稱《四庫提要》）更加規則化；（2）考述作者行事稍詳於《四庫全書總目》；（3）著錄版本比《四庫全書總目》詳明；（4）提要考訂不如《四庫全書總目》，但對圖書內容特徵的總體把握卻要比《四庫全書總目》簡明得當，文字表達較通俗易懂。[111]

　　其中對於《鄭堂讀書記》「提要」用字遣詞方面的論述，嚴氏大抵從《鄭堂讀書記》「提要」相對於《四庫全書總目》而言，較少有「學術考據」的面

---

[111] 詳見嚴佐之，《近三百年古籍目錄舉要》，頁115－117。

向著手，認為既無「深層次的學術考據，唯此概其書要而已」，所以「比較通俗易懂」。除嚴氏的論點之外，筆者以為二部目錄根本上的差異，或許也是造成用字遣詞風格有明顯不同的原因之一。

　　蓋《鄭堂讀書記》與《四庫全書總目》最根本的差異關鍵，即在於《鄭堂讀書記》為一部私撰圖書目錄，相較於官修圖書目錄的《四庫全書總目》而言，便可不受諸多外在規範的限制，於編纂目錄與撰述提要時，更能夠依憑目錄編纂者的主觀思維，以決定該目錄的學術走向；此外，由於非屬官方出版目錄，遂不必拘泥於官方慣用的書面語彙，且說法上亦可不必趨於保守或嚴謹，故於用字遣詞方面，《鄭堂讀書記》相對較為清楚明白、淺顯易懂。

　　以對張用天《孏真初集詩選》的說法為例，《四庫全書總目·別集類存目》「提要」云：「其詩氣體勻整，而捶字往往未堅，句法亦多沿襲，如〈板橋吟〉中『紅歸水上桃花簇，青入煙中柳葉齊』則直點竄杜甫句矣。」[112]但《鄭堂讀書記》卻稱「今觀其詩，于唐宋諸名家頗多模仿之跡，尚未能擬議以成其變化也。」[113]相較之下，則《四庫全書總目·別集類存目》雖也指出張用天詩作的弱處，但用語相對保守且較有錘鍊之跡；反觀《鄭堂讀書記》的說法，除指出多有「模仿之跡」外，「尚未能擬議以成其變化也」一句，更是直指詩作弱處的核心問題。身為讀者，藉由《鄭堂讀書記》的說法，即能明確地掌握周中孚對張用天詩作的評價情形和關鍵原因。因此，針對同一書籍文獻的「提要」內容來看，相較於《四庫全書總目》，則《鄭堂讀書記》的說法確實較為通俗且淺顯易懂。

　　總括前言，《鄭堂讀書記》原無刊本，而稿本為劉承幹嘉業堂所有，後則刊入《吳興叢書》中，今所見《鄭堂讀書記》多源於此本。

　　《鄭堂讀書記》的前身，為周中孚依照李筠嘉藏書所編的《慈雲樓藏書志》，後另別為一錄曰《鄭堂讀書記》。就所收書籍文獻的分類方式而言，《鄭

---

[112] 永瑢、紀昀等編，《武英殿本　四庫全書總目提要》，頁 4：953。

[113] 周中孚，《鄭堂讀書記》，頁 696。

堂讀書記》大抵沿襲《四庫全書總目》的架構；然而，由於實際典藏情形的
不同，《鄭堂讀書記》於各部之下所設類目，相對較《四庫全書總目》為少，
以「集部」為例，僅著錄有「別集」一類的書籍文獻。

　　就「提要」的體例與形制而言，《鄭堂讀書記》仿效《四庫全書總目》的
「敘錄體提要」撰述概念；另一方面，所著錄的對象書籍文獻為「私家藏書」，
亦多有對書籍文獻外在特徵與「版本」的描述，且就各條「提要」的內容來
看，似有一定的撰述規範與形式，故又具備「私人藏書志」的特質。因此，《鄭
堂讀書記》「提要」當兼具「敘錄體提要」與「私人藏書志」的特質；簡單來
說，即《鄭堂讀書記》為一部以「敘錄體提要」概念所編成的「私人藏書志」。

　　按嚴佐之的說法，若與《四庫全書總目》相較，則《鄭堂讀書記》「提要」
具有序列層次規則化、考述作者行事與記述「版本」較為詳明，以及內容較
為通俗且淺顯易懂等特質。而其中「內容較為通俗且淺顯易懂」一事，除嚴
氏的觀點之外，或者又可從二部目錄的根本差異探得部分端倪，即由於官、
私撰圖書目錄「提要」撰述本質的不同，故《鄭堂讀書記》「提要」的用字遣
詞，相對於《四庫全書總目》來說，則較為通俗且淺顯易懂。

5. 馬國翰《玉函山房藏書簿錄》

　　馬國翰（1794－1857），字詞溪，號竹吾，山東濟南歷城人，藏書室號「玉
函山房」[114]，著有《玉函山房藏書簿錄》、《玉函山房輯佚書》、《玉函山房文
集》、《紅藕花軒泉品》……等。馬氏平生性喜藏書，廣搜博訪，為官所得廉
奉，悉以購書，所積者達五萬七千五百餘卷。[115]而《玉函山房藏書簿錄》，

---

[114] 馬國翰〈閒居課兒經句漫然有詠〉云：「門前一桁必巉巉，吾愛吾廬對玉函。」見馬國翰，《玉函
　　山房文集》，收錄於《清代詩文集彙編》第 586 冊（上海：上海古籍出版社，2010 年），頁 266。
　　杜澤遜謂：「濟南南郊有座山叫玉函山，山名頗有寓意，因為過去把盛書盒或套稱為『書函』，
　　上等書函有時配有玉簽，馬國翰因而把自己的藏書處叫『玉函山房』。」見杜澤遜、程遠芬著，
　　《山東著名藏書家》（濟南：山東文藝出版社，2004 年），頁 61。

[115] 馬國翰《玉函山房藏書簿錄·自序》云：「余性嗜書，聞友人家中有奇編秘籍，每以一瓻乞假，
　　手自抄錄。遇諸市肆，不惜重直購之。為諸生日，硯田所獲，半供書價。或有時典質衣裝，室人
　　以書痴譙余，弗顧也。比筮仕西秦，前後十四年，中間家居者五年，廣搜博訪，細大不捐，乃積

即是馬國翰為其豐富藏書所編纂之圖書目錄。

　　考《玉函山房藏書簿錄》版本，據杜澤遜〈影印《玉函山房藏書簿錄》序〉所稱，今所見《玉函山房藏書簿錄》「刊本」者有三，分別庋藏於山東大學圖書館 1 部、山東省立博物館殘帙 2 部[116]，皆屬同版；今較為通行者，係為山東大學圖書館所藏刊本，於 2001 年由北京圖書館出版社影印發行；而本書所根據的《玉函山房藏書簿錄》，即以此本為主。此外，臺灣大學亦藏有清龔易圖（1836—1893）舊藏清刊本一部。[117]又按邱麗玟《馬國翰及其《玉函山房藏書簿錄》研究》所考，尚有「手批本」一部，與山東大學圖書館、山東省立博物館所藏，係屬同版，唯缺馬國翰自序，但有諸多馬國翰手批文字[118]，內容「或述篇卷之訛誤、或補版本之脫漏、或考撰人字號、仕履」[119]，對於相關研究者而言，實有裨益。

　　《玉函山房藏書簿錄》二十五卷，共分五編，依序為首編、經編、史編、子編、集編。首編所著錄之書籍文獻，係為清代御纂、欽定者，再依經、史、子、集類別次序。除首編之外，其餘四編之下又有細分門類，如「經編・易類」、「史編・正史類」，共計 57 類；部分類下又細分為屬，如「經編・禮類・周禮之屬」、「子編・陰陽家類・卜宅之屬」，共計有 22 屬。

　　其中，「集編」分有「楚辭」、「別集」、「總集」與「詩文評」等四類，而

書五萬七千五百餘卷。」參見馬國翰，《玉函山房藏書簿錄》（北京：北京圖書館出版社，2001），不著頁數。

[116] 此三部刊本之版式、裝潢及遺闕情形，詳見杜澤遜〈影印《玉函山房藏書簿錄》序〉之考述，收錄於馬國翰，《玉函山房藏書簿錄》，頁 2。

[117] 參見張寶三主編、谷輝之編輯，《臺灣大學圖書館藏珍本東亞文獻目錄——中國古籍篇》（臺北：國立臺灣大學出版中心，2013 年），頁 31、101。

[118] 梁子涵云：「《簿錄》批改甚多，經翼鵬先生鑒定，多出馬手，偶貼之浮簽，或用紅格短箋，與余藏馬氏手校《漢志》考證之籤條相似。……除此物證之外，再徵以行文辭義，及其手札，更可無疑。」梁子涵，〈玉函山房藏書簿錄及輯佚書問題〉，《大陸雜誌》第 4 卷第 5 期（1952 年 3 月），頁 151。

[119] 有關馬國翰之批文與修訂的內容，可參見邱麗玟，《馬國翰及其《玉函山房藏書簿錄》研究》（臺北：花木蘭文化出版社，2009 年），頁 45—50。

「別集類」之下，復依作家、作品時代先後，依序區分為「漢至隋」、「唐至五代」、「宋金元」、「明」、「國朝上」、「國朝下」等六部分，並分卷著錄[120]；然而，與「經編」、「子編」相較，馬氏於「集編‧別集類」之下，未再設有次一層級的「屬」進行分類，而僅以「時代區間」作為區別。簡單來說，馬國翰《玉函山房藏書簿錄》分類層級有三，依序為「編」、「類」、「屬」；但於「集編‧別集類」之下，雖有進一步以「時代區間」再行劃分，但因所著錄的書籍文獻的內在性質，乃同樣可歸屬章學誠《文史通義》所稱「以一人文字觀也」[121]，以及《校讎通義》所謂「人自為篇」[122]的「別集」類例原則，故未再設次一層級的「屬」予以細分。

就「提要」的體例與形制來說，《玉函山房藏書簿錄》係仿效晁公武《郡齋讀書志》、陳振孫《直齋書錄解題》的形制[123]，並大抵以「敘錄體」作為主要的撰述的體例和概念；不過，馬國翰會根據書籍文獻的個別差異，並依其個人的學術見解以調整「提要」的撰述內容，但大抵仍不脫作者生平、爵里、內容要旨、版刻源流、評價得失等面向。以《玉函山房藏書簿錄》記「《篋中集》一卷」為例，「提要」云：

> 唐道洲刺史灢州元結次山編。所錄沈千運、王季友、于逖、孟雲卿、
> 張彪、趙微明及其弟融七人之詩凡二十四首。選詩雖少要，皆淳古
> 淡泊之音，生趣獨造，皆與次山相近。[124]

---

[120] 《玉函山房藏書簿錄》著錄各朝「別集」的情況，大抵如下：卷18記「漢至隋」、卷19記「唐至五代」、卷20記「宋金元」、卷21記「明」；而馬氏收藏清代別集數量較多，計有388種，故又分作二卷著錄，卷22記「國朝上」、卷23記「國朝下」。

[121] 〔清〕章學誠，《文史通義》（臺北：廣文書局，1981年），頁17。

[122] 章學誠，《校讎通義》（臺北：廣文書局，1981年），頁66。

[123] 馬國翰，《玉函山房藏書簿錄‧自序》，不著頁數。

[124] 馬國翰，《玉函山房藏書簿錄》卷24，頁3。

　　此則「提要」大抵說明編者爵里，次云是書收錄之內容，最後則為馬氏針對《篋中集》所收錄詩作的讀後見解與品評。再以所記「《薛文清公集》二十四卷、《手稿》一卷、《目錄》一卷」為例，「提要」云：

> 明禮部右侍郎河津薛瑄德溫撰，諡文清。趨步程、朱，得道學之正傳。文章雅正，絕無腐語；詩沖澹高秀，有陶、韋之遺音。萬歷（按：馬氏為避清高宗「弘曆」之諱，故將「曆」改作「歷」）甲寅八代孫士宏校刊舊本，於真定郡署。雍正中，裔孫崇僅等重梓。[125]

　　此則「提要」乃先言作者生平、爵里，次為品評其詩、文風格與特色，最後則就版刻源流略做闡述。換句話說，根據上述二則「提要」來看，內容大抵側重闡述作者生平、爵里、內容要旨、版刻源流和作品風格等訊息的闡述；但對於書籍文獻的外在形象，如版式、裝潢等，則未多作相關的描述。

　　按邱麗玫《馬國翰及其《玉函山房藏書簿錄》研究》梳理，《玉函山房藏書簿錄》「提要」多有以《四庫簡目》「提要」為基礎，進而有所承襲與增補的情況。[126] 換言之，藉此不僅可察見《玉函山房藏書簿錄》與《四庫簡目》的連結關係，同時亦彰顯出「《四庫全書》系統」圖書目錄，對於清代學術發展的直接影響力。

　　承上言，就「提要」的體例與形制而言，《玉函山房藏書簿錄》所載之「提要」，係大抵符合「敘錄體提要」的基本義例，包含記述作者生平、爵里、內容要旨，並對作家、作品得失及風格有所評價。其次，所著錄的對象書籍文獻，係為馬國翰個人之藏書，即所謂「私家藏書」，且著錄形制大抵能察見有統一的規範與格式，而編纂方針亦屬明確，是以若按用途區分，則筆者以為應可歸屬「私人藏書志」；然而，《玉函山房藏書簿錄》與其他「私人藏書志」，

---

[125] 馬國翰，《玉函山房藏書簿錄》卷 21，頁 6。
[126] 詳見邱麗玫，《馬國翰及其《玉函山房藏書簿錄》研究》，頁 99—114。

如《愛日精廬藏書志》，稍有不同之處，在於《玉函山房藏書簿錄》「提要」的內容，雖有略述書籍文獻的版刻源流，但對於書籍文獻的外在形象及其他客觀資訊，則相對較少論及。簡單來說，筆者以為《玉函山房藏書簿錄》雖兼具「敘錄體提要」與「私人藏書志」的部分特質，但與其他以考辨、賞鑑書籍文獻「版本」為核心內容的「私人藏書志」，又稍有所不同。

總括前言，《玉函山房藏書簿錄》的分類方式，除「首編」記御纂、欽定者外，其類例係遵循經、史、子、集「四部分類法」之概念，依序為「經編」、「史編」、「子編」與「集編」。而各「編」之下，再視藏書情況而設有「類」、「屬」二層級；但「集編·別集類」之下，雖再有依「時代區間」進行劃分，但因此類書籍文獻的內在性質，均可總括於「別集」基本類例原則——「以一人文字觀也」和「人自為篇」之下，故未再予以「屬」的概念作區分。而就「提要」的體例與形制來說，《玉函山房藏書簿錄》兼具「敘錄體提要」與「私人藏書志」的部分特質，但由於不以記述書籍文獻的外在形象與其他客觀資訊為核心內容，故其撰述義例乃與其他多數的「私人藏書志」略有不同。

本部分以吳壽暘《拜經樓題跋記》、黃丕烈《百宋一廛書錄》、張金吾《愛日精廬藏書志》、周中孚《鄭堂讀書記》與馬國翰《玉函山房藏書簿錄》等五部目錄為代表，管窺清代中期目錄「提要」的外在結構。大致情形如下：

一、吳騫《拜經樓題跋記》雖未按傳統「四部分類」的概念，但於其中仍能察見「四部分類」的框架，而其「提要」的體例與形制，則兼具「輯錄體」和「序、跋集（題跋集）」的特質。

二、黃丕烈《百宋一廛書錄》雖未明言部類名稱，然其分類方式大抵不脫「四部」的分類概念，惟根據其中「集部」來看，乃收有「奏議」一類書籍文獻，故知並非全然依循或仿效《四庫全書總目》的分類概念；就「提要」的體例與形制來看，《百宋一廛書錄》當偏屬「序、跋集（題跋集）」的概念。

三、張金吾《愛日精廬藏書志》的分類方式，大抵依循《四庫全書總目》的概念，惟部分類目會根據實際的藏書情形，或者張金吾個人的學術

見解和想法，而有所調整或易名；就「提要」的體例與形制來看，《愛日精廬藏書志》與其名相符，當屬清代所特出的「私人藏書志」。

四、《鄭堂讀書記》的分類方式大抵依循《四庫全書總目》，但仍會根據實際收藏情形，而調整設於各部之下的類目；而根據「提要」的特質來看，《鄭堂讀書記》雖名為「讀書記」，然實兼具「敘錄體提要」、「私人藏書志」二者的特質，故為一部以「敘錄體提要」概念編成的「私人藏書志」。

五、馬國翰《玉函山房藏書簿錄》的分類方式，除「首編」之外，大抵依循經、史、子、集「四部分類法」；於各「編」之下，復依書籍文獻的內在性質，而再設有「類」、「屬」二層級予以區分。但「集編・別集類」之下，因此類書籍文獻的內在性質大抵相同，故未再設有次一層級的「屬」，僅以「時代區間」進行劃分，以便於檢索之用。就「提要」的體例與形制而言，係兼具「敘錄體提要」與「私人藏書志」的部分特質，但其中的撰述義例，係與其他多數的「私人藏書志」略有不同。

　　綜觀上述，可察見清代中期目錄的外在結構，相較於清代前期更為多元。就分類方式來看，多是將所收書籍文獻以經、史、子、集「四部」概念區分，惟各部之下所設類目，仍會因實際藏書情形，或者目錄編纂者個人的學術見解和想法，而略作些微的調整。

　　就「提要」的體例與形制來說，此時期的私撰圖書目錄多採取「輯錄體」的概念編纂，而《鄭堂讀書記》、《玉函山房藏書簿錄》則為少數貼近《四庫全書總目》「敘錄體提要」概念的私撰圖書目錄。另一方面，目錄「提要」的用途，除「讀書記」與「序、跋集（題跋集）」之外，則又發展出「題跋與書目二合為一」的「私人藏書志」，舉其要者即為張金吾《愛日精廬藏書志》；而「私人藏書志」形制的出現，影響著清代後期目錄「提要」的發展，故實有其承先啟後的重要意義。

(三) 清代後期私撰圖書目錄舉要

歷經清代前期、中期的積累與發展，時至清代後期，整體的藏書事業與目錄編纂模式，相較過去更為豐富與多元，其中又以「私人藏書志」最為突出。

另一方面，清代中期後段至後期，國家戰亂頻仍，整體局勢正經歷一連串的變革，此時諸多原先享譽盛名的藏書家，往往在迫不得已的情況之下，致使窮盡畢生心力收藏的書籍文獻散於市肆，幸運者尚流於其他藏書家之手而得以保存下來，更多則就此亡佚不存。而清末有四大藏書樓閣，為瞿氏「鐵琴銅劍樓」、楊氏「海源閣」、陸氏「皕宋樓」和丁氏「八千萬卷樓」，即於當時蒐羅不少前賢所散佚的書籍文獻，並編有具備「提要」體制的藏書目錄，俾使後世可考見他們的豐富藏書。

承上言，既然此四家均編有具備「提要」體制的藏書目錄，而藏書來源亦多承繼於前賢，則與前賢所編目錄之間，勢必具備某種程度的關連性，應可藉「線性結構」或「非線性結構」的概念，掌握《鐵琴銅劍樓藏書目錄》等四家目錄，與其他目錄之間所呈現的「外在結構」。簡單來說，若以此四家藏書目錄為觀照對象，應能大抵勾勒清代後期目錄所呈現的「外在結構」，並進而梳理其中所揭示的文學觀點與內在理路。

因此，本節擬以瞿鏞《鐵琴銅劍樓藏書目錄》、楊紹和《楹書隅錄》、陸心源《皕宋樓藏書志》與《儀顧堂題跋》、丁丙《善本書室藏書志》為例，管窺清代後期私撰圖書目錄的「外在結構」。以下即針對五部目錄所呈現的「外在結構」進行耙梳：

1. 瞿鏞《鐵琴銅劍樓藏書目錄》

瞿鏞（1794－1875），字子雍。承其父（瞿紹基）業，為「鐵琴銅劍樓」主人。「鐵琴銅劍樓」所藏多宋、元珍本與罕傳孤本，另收有舊鈔本和名家校本，與楊氏「海源閣」並稱「南瞿北楊」。瞿氏「鐵琴銅劍樓」乃集三代之力收藏，並陸續為藏書編有《鐵琴銅劍樓藏書目錄》、《鐵琴銅劍樓宋金元書影》

與《鐵琴銅劍樓藏書題跋集錄》，其中具有「提要」體制的《鐵琴銅劍樓藏書目錄》即為瞿鏞所編。

考《鐵琴銅劍樓藏書目錄》版本，有光緒三、四年（1977－1978）間常熟「瞿氏家塾刻本」，後有光緒二十三年（1897）董康「誦芬室叢刻本」；另於光緒二十四年（1898）瞿氏後人又訂正重印，後於 1967 年廣文書局編《書目叢編》即據此本影印。而凡本書所述《鐵琴銅劍樓藏書目錄》，均以 1967 年廣文書局編《書目叢編》所收「光緒二十四年瞿氏訂正重印本」影印者為底本。

《鐵琴銅劍樓藏書目錄》分類方式，大抵依循《四庫全書總目》的概念，分作經、史、子、集四部，各「部」之下再設有「類」。以「集部」為例，於「部」之下依序設有「楚辭」、「別集」、「總集」、「詩文評」、「詞曲」等五類，此皆與《四庫全書總目》相同。不過，《四庫全書總目》於「類」之下，尚有細分作「屬」，而《鐵琴銅劍樓藏書目錄》則僅區分至「類」的層級，餘下則未再予以細分；但大抵而言，仍是維持《四庫全書總目》所訂立的架構進行分類。

就《鐵琴銅劍樓藏書目錄》「提要」所述內容來看，大抵記述作者時代、姓名，書中所存序、跋、題識，以及行款、字數等；此外，亦針對書籍文獻的版刻源流多有考辨，並與其他所知「版本」相互校讎、比勘異同。以「《北山小集》四十卷（影鈔宋本）」一條為例，「提要」云：

> 宋程俱撰。後附程瑀撰行狀，有葉夢得、鄭作肅序。是集傳本絕稀，黃氏「百宋一廛」嘗得宋刻本，用公牘故紙印刷，紙背有湖州諸官司印記。潛研錢氏謂刻於吳興官廨，淳熙以前刊印，此即從之，傳錄者每半葉十行，行二十字。宋本後歸汪氏，今歸邑中龐氏。又有「知不足齋藏本」，吳之振題識云：「此冊為昔年季滄葦侍御所贈，侍御從絳雲樓宋刊本影寫者。」聞鮑氏書已散落，今不知藏何

許矣。[127]

此則「提要」內容，乃先述作者時代、姓名，次云書中所含行狀、序文，
再次則考該書版刻源流和遞藏情形，並指出《北山小集》一書另有「知不足
齋藏本」，惟後散落而不知為何人所收藏，故無從相互校讎、比勘異同。再以
「《沈忠敏公龜溪集》十二卷（明刊本）」一條為例，「提要」云：

> 宋沈與求撰，李彥穎、張淑椿序。其孫說嘗刊於紹熙中，明萬曆庚
> 子十六世孫子依之重刻，有序。海寧楊芸士藏有金亦陶鈔宋本，出
> 自傳是樓者，僅有前五卷；借以對勘一過，別無異處，可知此本亦
> 善也。[128]

此則「提要」亦先述作者朝代、姓名，次云書中所收序文，再次為考辨
其版刻源流，最後則稱以海寧楊芸士所藏「金亦陶鈔宋本」為校讎底本，而
證明個人所藏的「《沈忠敏公龜溪集》明刊本」亦屬善本。

藉由上述二則「提要」，大抵可勾勒《鐵琴銅劍樓藏書目錄》「提要」的
幾項特色：1、有既定的撰述格式，如皆先述作者朝代、姓名；2、內容多以
對書籍文獻「版本」的相關論述為主；3、取他本相互校讎、比勘異同。由此
可知，《鐵琴銅劍樓藏書目錄》「提要」的體例與形制，當屬「私人藏書志」。
然而，若與其他「私人藏書志」相較，如張金吾《愛日精廬藏書志》，則《鐵
琴銅劍樓藏書目錄》「提要」稍有簡略，未輯錄他人序、跋、題識之全文；此
外，就撰述風格來說，同樣以「《沈忠敏公龜溪集》十二卷（明刊本）」一條
為例，其所云「借以對勘一過，別無異處，可知此本亦善也」，於表達上較為
自然或口語化，較似「題跋」的感覺。但無論如何，就整體的「提要」體例

---

[127] 〔清〕瞿鏞，《鐵琴銅劍樓藏書目錄》（臺北：廣文書局，1967 年），頁 1256－1257。
[128] 瞿鏞，《鐵琴銅劍樓藏書目錄》，頁 1259。

與形制來說，《鐵琴銅劍樓藏書目錄》的撰述概念，仍屬「私人藏書志」。

　　總括前言，瞿鏞《鐵琴銅劍樓藏書目錄》分類方式，乃仿效《四庫全書總目》作經、史、子、集四部之分，而各「部」之下所設「類」目，亦與《四庫全書總目》相同；惟各「類」之下，未再予以細分「屬」，但大抵來說仍為沿襲《四庫全書總目》所立架構進行分類。其次，就「提要」的體例與形制而言，儘管與其他「私人藏書志」撰述內容、格式略有不同，但整體來說仍屬「私人藏書志」。

2. 楊紹和《楹書隅錄》（含《楹書隅錄續編》）

　　楊紹和（1830－1876），字彥合，一字念徽，號協清、筠巖，山東聊城人。同治四年（1865）進士，曾授翰林院編修，官至侍講。承其父楊以增之業，為「海源閣」第二代主人。「海源閣」與常熟瞿氏「鐵琴銅劍樓」各為清朝後期北方、南方具有指標意義的著名藏書樓，時有「南瞿北楊」之稱。

　　同治八年（1869），楊紹和為「海源閣」藏書編有《楹書隅錄》；後於同治十年（1871），與其子楊保彝共同編成《楹書隅錄續編》。光緒二十年（1884）楊保彝將《楹書隅錄》與《楹書隅錄續編》合刻刊印，惜版片後經戰亂散落市肆，後經董康於宣統年間購得，並予以補刊完整。故考《楹書隅錄》版本，今所見主要傳本有二：一為光緒二十年「楊氏海源閣家刻本」，1989 年廣文書局編《書目叢書》所收《楹書隅錄》，即為據此本影印；一為民國「董康誦芬室補刻本」，2002 年上海古籍出版社編《續修四庫全書》所收，乃據此本影印。按丁延峰〈《楹書隅錄》版本考略〉所述，其認為「楊氏海源閣家刻本」較「董康誦芬室補刻本」為佳。[129]因此，凡本書所述《楹書隅錄》，均以 1989 年廣文書局編《書目叢書》所收，據「海源閣原刊本」影印者為底本，並以王紹曾等整理訂補《訂補海源閣書目五種》相互參校，而「《續修四庫全書》本」則列為參考或延伸論述之用。

　　《楹書隅錄》分類方式，大抵依循《四庫全書總目》的分類概念，分作

---

[129] 丁延峰，〈《楹書隅錄》版本考略〉，《圖書館研究與工作》2007 年第 4 期，頁 58－61。

經、史、子、集四部,而各「部」之下未再明設「類」;然而,察其著錄順序,
則大體上仍是按《四庫全書總目》的概念序列。以「集部」為例,「《楹書隅
錄》卷四 集部上」所收書籍文獻,依序有「宋本《楚辭集註》八卷、《辨証》
二卷、《後語》六卷」、「宋本《離騷草木疏》四卷」2 部,可歸屬為「楚辭類」;
「北宋本《陶淵明集》十卷」、「宋本《湯注陶靖節詩》四卷」、「校宋本《陶
淵明文集》十卷」、「精鈔本《鮑氏集》十卷」、「北宋本《駱賓王文集》十卷」……
等 52 部,可歸為「別集類」;「宋本《三謝詩》一卷」、「元本《文選》六十卷」、
「校宋本《唐文粹》一百卷」……等十部,可歸為「總集類」;「宋本《雲莊
四六餘話》一卷」、「元本《文則》二卷」、「元本《蒼崖先生金石例》十卷」、「附
錄》一卷」等 3 部,可歸為「詩文評類」;「元本《東坡樂府》二卷」、「校元
本《東坡樂府》二卷」……等 5 部,可歸為「詞曲類」。簡單來說,即《楹書
隅錄》分類方式,乃按《四庫全書總目》所訂立的「四部」概念作區分;儘
管於各「部」之下並未詳列「類」名,但根據其著錄順序,仍能知其為依循
《四庫全書總目》的分類架構序列。

　　就「提要」的體例與形制來看,喬衍琯〈《楹書隅錄》敘錄〉云:

> 癸亥甲子間,紹和里居,撰《海源閣書目》成,復取宋元各本,記
> 其行式印章評跋,亦偶附己見,得一百七十一種,八年己巳釐為五
> 卷,是為《楹書隅錄》。[130]

　　又許賡颺《楹書隅錄・序》云:「每書之下,詳載各跋,間附己意,末乃
係以行式及各家印記。」[131]藉此,可知《楹書隅錄》「提要」大抵著錄他人序、
跋、題識,版式、藏書印記等內容,即多是以描述書籍文獻的「外在形象」
為主;此外,楊紹和亦於「提要」中偶抒己見,惟與《鐵琴銅劍樓藏書目錄》、

---

[130] 喬衍琯,〈《楹書隅錄》敘錄〉,收錄於楊紹和,《楹書隅錄》(臺北:廣文書局,1967 年),
　　頁 2。

[131] 許賡颺,《楹書隅錄・序》,收錄於楊紹和,《楹書隅錄》,頁 3。

《皕宋樓藏書志》與《善本書室藏書志》等同時期目錄相較，則少見有考證方面的論述。

以「《宋本類編增廣黃先生大全文集》五十卷　十六冊　二函」一條為例，乃先著翁廷芳題識，小字註「在卷首」；次為黃丕烈題識，小字註「在末卷後」。再次，則為該書撰有「提要」，其云：

> 每半葉十五行，行二十七字。目錄後有碑牌云：「麻沙鎮水南劉仲吉宅……不欲私藏，庸鑱木以廣其傳，幸學士詳鑒焉。乾道端午識。」目錄後及卷二、卷六、卷十一等卷後，鈐方一印，文云：「文安開國。」又各冊有「查昇之印」、「仁和沈廷芳畹叔一字茮園」……「百宋一廛」等印。茮園先生為聲山宮詹外孫，或是書乃查氏所藏，而後歸沈氏者，世無二本，洵可為至寶矣。[132]

此則「提要」，內容大抵記述所收《宋本類編增廣黃先生大全文集》一書的外在形象，包含版式、牌記與藏書印記；此外，考該書遞藏源流，並指出其為世所罕見之藏本，有其特殊的學術價值和意義。

承上言，《楹書隅錄》「提要」所具備的幾項特質：1、輯錄諸家序、跋或題識；2、有既定的撰述規範與格式；3、側重於對書籍文獻外在形象的描述。其中，第一項符合「輯錄體提要」的撰述概念，而第二、三項則屬於「私人藏書志」的特質；惟其缺乏對於「版本」考證方面的論述，實與其他「私人藏書志」，如《鐵琴銅劍樓藏書目錄》、《皕宋樓藏書志》、《善本書室藏書志》……等目錄，所側重記述的面向有所不同，但大抵而言仍可歸屬於「私人藏書志」的範疇。因此，筆者以為《楹書隅錄》「提要」的體例與形制，乃兼合「輯錄體提要」與「私人藏書志」的撰述概念。

總括前言，楊紹和《楹書隅錄》的分類方式，儘管於各部之下未再詳分

---

[132] 〔清〕楊紹和，《楹書隅錄》，頁 645－646。

「類」、「屬」,但根據各書籍文獻的序列情形來看,仍能知其乃依循《四庫全書總目》的分類概念;而就「提要」的體例與形制來說,則兼具「輯錄體提要」與「私人藏書志」的撰述概念。

3. 陸心源《皕宋樓藏書志》、《儀顧堂題跋》

陸心源(1834-1894),字子稼,一字剛甫,號存齋,晚號潛園老人,浙江歸安人。陸心源一生治學所涉面向廣泛,精通版本、目錄、輯佚、校勘、金石……等文獻之學,亦長於宋史與地方史志之研究。著有《儀顧堂集》、《儀顧堂題跋》、《皕宋樓藏書志》、《唐文拾遺》、《吳興詩存》、《吳興金石錄》、《宋史翼》、《歸安縣志》……等。

承上言,陸心源治學領域廣泛,研究著作不在少數,而其中與本書研究主題相關並舉其要者,筆者以為有《皕宋樓藏書志》與《儀顧堂題跋》二部;其中《皕宋樓藏書志》,雖日人島田翰〈皕宋樓藏書源流攷〉稱「《藏書志》為其客李宗蓮所撰」[133],喬衍琯亦稱「此書實出於李(宗蓮)手」[134]。然而,筆者以為,誠如林淑玲《陸心源及其《皕宋樓藏書志》史部宋刊本研究(上)》所云:

> 由於該書整理工程浩大,其友人李宗蓮協助其事,遂為後代學者如
> 日本漢學家島田翰指為李宗蓮代筆,但無論如何,本書之出版確立
> 了陸心源在版本學、目錄學的地位。[135]

既然《皕宋樓藏書志》整理工程浩大,僅李宗蓮一人亦不易撰成,故應為陸心源與李宗蓮合力編成。其次,從陸心源生卒年與刊刻年代來看,《皕宋

---

[133] 〔日〕島田翰,〈皕宋樓藏書源流攷〉,收錄於嚴靈峯編,《書目類編》第 91 冊,頁 40969。

[134] 喬衍琯,〈皕宋樓藏書志序〉,收錄於〔清〕陸心源,《皕宋樓藏書志》(臺北:廣文書局,1968年),頁 1。

[135] 林淑玲,《陸心源及其《皕宋樓藏書志》史部宋刊本研究(上)》(臺北:花木蘭文化出版社,2005 年),頁 170。

樓藏書志》於 1882 年付梓刊刻，此時陸心源作為藏書樓主人，應很難完全不涉入藏書志編纂一事。其三，《皕宋樓藏書志》乃根據「皕宋樓」藏書而撰，則陸心源於藏書之時，已然經過個人主觀意志的篩選。簡單來說，即《皕宋樓藏書志》所呈現的外在結構和內在理路，仍是以陸心源的意志為主體。因此，筆者仍視陸心源為《皕宋樓藏書志》的主要作者，並列之為討論對象之一。

嚴佐之《近三百年古籍目錄舉要》云：

> 由於藏書目錄體制的侷限，難以容納陸心源對藏書的考訂心得，而
> 這方面的內容已大部分集成《儀顧堂題跋》。所以要研究這批書籍，
> 最好是把《皕宋樓藏書志》和《儀顧堂題跋》一起看。[136]

換句話說，若將《皕宋樓藏書志》與《儀顧堂題跋》合參，則應能更為全面掌握陸心源於目錄「提要」中，所呈現的文學觀點和思維理路。

考《皕宋樓藏書志》版本，以光緒八年（1882）「十萬卷樓刊本」為主，後收入《潛園總集》，1968 年廣文書局編《書目續編》，即據此本影印。而凡本書所述《皕宋樓藏書志》，均以 1968 年廣文書局所收「十萬卷樓刊本」影印者為底本。而《儀顧堂題跋》（含《儀顧堂續跋》），今筆者所見係為 1968年廣文書局編《書目續編》所收錄者，惟未詳載版刻來源和年代；然而，為與所論《皕宋樓藏書志》一致，故本書仍暫以《書目續編》所收錄者為底本。即此，以下乃分別就《皕宋樓藏書志》、《儀顧堂題跋》所呈現的「外在結構」進行耙梳。

（1）《皕宋樓藏書志》

《皕宋樓藏書志》為陸心源代表著作之一，以目錄體制呈現其畢生治學

---

[136] 嚴佐之，《近三百年古籍目錄舉要》，頁 174。

和藏書情形，儘管部分版本考訂有所疏漏、錯誤[137]，但不減其於版本、目錄、校勘等方面的治學成就；另一方面，《皕宋樓藏書志》兼納多位前賢所編目錄的特點，使其編纂體例更為詳盡，足資後世治學、考證之用。以下擬分別就「分類方式」和「『提要』的體例與形制」二方面，勾勒《皕宋樓藏書志》所呈現的外在結構。

《皕宋樓藏書志》分類方式，亦依循《四庫全書總目》所訂立的「四部」概念，分作經、史、子、集四部，各「部」之下設有「類」。以「集部」為例，依序設有「離騷」、「別集」、「總集」、「詩文評」與「詞曲」等五類，其中「離騷」一類，於《四庫全書總目》中稱「楚辭」，而《皕宋樓藏書志》則易名為「離騷」，然所收書籍文獻均大抵相仿。[138]簡單來說，就書籍文獻的分類方式而言，《皕宋樓藏書志》乃依循《四庫全書總目》的分類概念，惟部分類目名稱稍做變更，但就所收書籍文獻的內容來看，仍不脫《四庫全書總目》所奠立的分類架構。

就目錄的編纂體例來看，《皕宋樓藏書志》對於書籍文獻的記述，著錄形式大抵前後一致，依序載書名、卷數、版本、作者、原書序跋、他人題識，另或引《四庫全書總目》、阮元《揅經室外集》（即《四庫未收書目提要》）、張金吾《愛日精廬藏書志》的說法，又或親自撰寫該書「提要」；此外，於部分「提要」之後，陸心源另撰有「案語」，以說明考證結果或略抒己見。《皕宋樓藏書志・例言》云：

> 一是編仿張氏《愛日精廬藏書志》例，載舊槧、舊鈔之流傳罕見者。
> 惟張氏以元為斷，此則自明初以兵燹之後，縢囊帷葢（蓋），亡佚更

---

[137] 嚴佐之云：「《皕宋樓藏書志》在學術上的一個不足，是對宋元版本的鑒定比較粗疏，判斷失誤之例層出不窮。」見嚴佐之，《近三百年古籍目錄舉要》，頁173－174。

[138] 《皕宋樓藏書志》「集部・離騷」一類，依序收有「《楚辭》十七卷（明刊本）」、「《楚辭》十七卷（明覆宋本）」與「《楚辭集注》八卷、《辨証》二卷、《後語》六卷（明刊本）」等三部。《皕宋樓藏書續志》中未收此類著作。

多，不得不畧寬其例，其習見之書，概不登載。[139]

一我朝文治休明，典籍大備，伏讀《欽定四庫全書總目》，考核源流，折衷至當，何敢復贊一詞。其或書出較後，未經採入《四庫》，而為阮氏所續進，張氏所收錄者，均采其說。著之于編，有阮氏、張氏所未見者，仿晁、陳兩家例，畧附解題，以識流別。[140]

一書目之之載序、跋，自馬氏《經籍考》，始是編仿載諸書序，凡世有刊本暨作者有專集通行……均不更錄，餘則備載全文，必一書原委燦然俱陳。[141]

一一書而兩本俱勝者，仿《遂初堂書目》例並存之。[142]

藉此，可知《皕宋樓藏書志》編纂體例，乃以張金吾《愛日精廬藏書志》為主要仿效對象，並參酌《郡齋讀書志》、《直齋書錄解題》、《文獻通考・經籍考》、《遂初堂書目》等目錄的特點，以編成《皕宋樓藏書志》。簡單來說，係集各家目錄之所長，釐為統一的編纂體例，目的即為使內容更趨詳盡與完備。

承上言，清代藏書家往往重視對於書籍文獻「版本」的考證，多會將治學心得撰入「提要」之中。而陸心源即於《皕宋樓藏書志》以「案語」的形式，略述其對於各書籍文獻「版本」考證的結果，以「《詩式》五卷（舊鈔本）」一條為例，全篇「提要」收有盧文弨手書題識，並於文後另撰有「案語」，語云：

案《直齋書錄解題》，《詩式》一卷、《詩遺》一卷，釋皎然撰，以十九字括詩之體。「四庫館」開時，未見此本進呈者，惟後人掇拾之

---

[139] 陸心源，《皕宋樓藏書志》，頁7。

[140] 陸心源，《皕宋樓藏書志》，頁7−8。

[141] 陸心源，《皕宋樓藏書志》，頁8。

[142] 陸心源，《皕宋樓藏書志》，頁10。

一卷本，故斥而不收。此本首尾完具，知為罕覯之秘籍矣。[143]

此則「案語」，即大抵呈現陸心源對於所收《詩式》一書的版本考辨和評價。

藉此，大抵可歸納出《皕宋樓藏書志》「提要」的撰述體例，乃輯錄各家序、跋、題識，故具有「輯錄體提要」的性質，然其所撰「解題（提要）」則具有「敘錄體提要」的概念。就「提要」的用途而言，除其名稱為「藏書志」之外，其所記述的對象為「私家藏書」，而全目「提要」均按既定的規範和形式撰述，所撰「案語」亦多以考辨「版本」為主，此皆符合「私人藏書志」的基本特質。因此，筆者以為《皕宋樓藏書志》「提要」的體例與形制，自當屬「私人藏書志」。

其次，就《皕宋樓藏書志》所仿效的目錄而言，則《愛日精廬藏書志》屬「私人藏書志」，《郡齋讀書志》、《直齋書錄解題》為「敘錄體提要」的代表目錄，《文獻通考‧經籍考》則為「輯錄體提要」的代表目錄；然而，察《皕宋樓藏書志》雖有以「敘錄體」為提要者，但畢竟屬少數，整體來看仍是以「輯錄體提要」為大宗。因此，筆者以為《皕宋樓藏書志》「提要」的體例與形制，為以「輯錄體提要」概念為主所編纂的「私人藏書志」。

總括前言，《皕宋樓藏書志》大抵依循《四庫全書總目》的分類概念，而其「提要」的體例與形制，係以「輯錄體提要」為主要撰述概念所編成的「私人藏書志」。

(2)《儀顧堂題跋》（含《儀顧堂續跋》）

光緒十六年（1890），陸心源輯錄自己過去所撰「題跋」，編為《儀顧堂題跋》，並敦請「滂喜齋」主人潘祖蔭為之作序；後於光緒十八年（1892），又編有《儀顧堂續跋》補前作所未收者。無論《儀顧堂題跋》或《續跋》，分類方式均採經、史、子、集四部分類，另又收有金石、書畫、墓志等跋文，

---

[143] 陸心源，《皕宋樓藏書志》，頁5215。

但僅就書籍文獻方面而言，仍是以「四部分類」概念為主。

《儀顧堂題跋》（含《儀顧堂續跋》）的特色，即在於版本學、目錄學方面的考訂成就。潘美月〈從《儀顧堂題跋》談陸心源的版本目錄學〉一文中，從「版本學」與「目錄學」的角度，分別歸納陸心源於《儀顧堂題跋》中所體現的考訂特色。於「版本學」方面，潘氏認為《皕宋樓藏書志》有 4 項特色：（1）考各書的版刻源流；（2）考版本的優劣異同；（3）鑒別古籍版本的方法；（4）鑑定書估作偽。而於「目錄學」方面，潘氏則羅有 5 項特色：（1）增補《四庫提要》著錄作者之未詳；（2）《四庫提要》未載撰人姓氏者，考其作者；（3）考訂古今書名之異同；（4）考古今卷數之多寡；（5）考辨古書的真偽。[144]藉此，可知相對於《皕宋樓藏書志》而言，陸心源《儀顧堂題跋》更側重於對書籍文獻「版本」、「目錄」方面的考訂，俾使各書籍文獻的客觀資訊，如版刻源流、作者、卷數……等，均能夠詳盡而明確。

以〈元槧足本《黃文獻集》跋〉一條為例，「提要」云：

> 《黃文獻集》足本四十三卷。首行題曰「金華黃先生文集第幾」，下題「初薰幾」、「續薰幾」，次行題「臨川危素編、番陽劉耳校正」……《四庫未收》阮文達亦未進呈，《愛日精廬藏書志》雖著于錄，僅得二十三卷，其流傳之罕可知矣。……是本先為王聞遠所藏，卷首有「太原叔子藏書記」白文長印、「蓮涇」二字朱文方印……後歸上海郁泰峯，有「郁松年印」白文方印、「泰峯」二字朱文方印，余從郁氏得之。至正至今五百餘年，紙墨如新，完善無缺，誠「皕宋樓」中元板第一等也。[145]

此則「提要」，大抵描述該本《黃文獻集》的「外在形象」，另參照其他

---

[144] 潘美月，〈從《儀顧堂題跋》談陸心源的版本目錄學〉，收錄於《龍坡書齋雜著──圖書文獻學論文集（下）》（臺北：花木蘭文化出版社，2011 年），頁 567－592。

[145] 〔清〕陸心源，《儀顧堂題跋》（臺北：廣文書局，1968 年），頁 35－38。

目錄所記載該書的存藏情形，又詳述內含的藏書印記與遞藏源流，最後則藉由紙張、墨色說明此本的保存概況，並作為鑑定版刻優劣的依據。再以〈《草堂詩話》跋〉一條為例，「提要」云：

> 《杜工部草堂詩話》二卷，題曰「建安蔡夢弼集錄東洋覆宋本」。《提要》：「夢弼，建安人，其始末未詳。」愚案：夢弼，字傳卿，建安人，生平高尚，不求聞達，潛心文學，識見超拔，嘗註韓退之、柳子厚之文，嘉泰中著《草堂詩箋》四十卷、《補遺》十卷。見《草堂詩箋》俞成元跋。[146]

此則「提要」，除略述該本《草堂詩話》的「外在形象」之外，主要係考其作者生平、爵里與相關事蹟，以補《四庫全書總目》之未詳。

藉由上述所舉二則「提要」，可知《儀顧堂題跋》「提要」內容以考訂為主，所涉面向包含版本學或目錄學。其次，就整體的「提要」的撰述形制來看，並未設有明確、統一的撰述規範和格式，均依實際考訂情形而各別以「題跋」形式撰述；此外，《儀顧堂題跋》乃為陸心源匯集其個人所撰書跋，並以目錄方式編纂而成。因此，《儀顧堂題跋》「提要」的體例與形制，自當屬於「序、跋集（題跋集）」。

總括前言，《儀顧堂題跋》為陸心源匯集其所撰書跋而編成的目錄，主要特色為體現陸心源於版本學、目錄學方面的考訂成就。就分類方式而言，書籍文獻部分係採「四部分類」概念；而就「提要」的體例與形制，則屬「序、跋集（題跋集）」。

4. 丁丙《善本書室藏書志》

丁丙（1832－1899），字嘉魚，別字松生，號松存，浙江錢塘人。丁丙與其兄丁申共有一藏書處，名曰「八千卷樓」，為清代末期四大藏書樓之一。丁

---

[146] 陸心源，《儀顧堂題跋》，頁 79。

氏兄弟曾於避難時，力搜因戰亂散佚的文瀾閣《四庫全書》，並盡可能嘗試恢復其原貌；此事於中國藏書史上，實有「嘉惠士林」的重大貢獻。

　　考《善本書室藏書志》版本，現存者多以「光緒二十七年（1901）錢塘丁氏刊本」為主；此外，查部分館藏目錄，有《善本書室藏書志》光緒三十四年（1908）本，惟按沈新民《清丁丙及其善本書室藏書志研究》所考，則此本實為光緒二十七年本。[147]現據「光緒二十七年錢塘丁氏刊本」影印者，有 1988 年廣文書局編《書目叢編》、2002 年上海古籍出版社編《續修四庫全書》、2009 年北京學苑出版社編《古籍題跋叢刊》；而凡本書所述《善本書室藏書志》，均以 1988 年廣文書局《書目叢編》據「光緒二十七年錢塘丁氏刊本」影印本為底本。

　　《善本書室藏書志》分類方式，乃依循《四庫全書總目》所奠立的架構，依序分作經、史、子、集四部，各「部」之下又設有「類」、「屬」，均標於各屬書目之後，以「右○○類○○之屬」方式著錄，如「右詞曲類詞集之屬」，此亦與《四庫全書總目》的標注方式相同。以「集部」為例，依序有「楚辭」、「別集」、「總集」、「詩文評」與「詞曲」等 5 類；而「詞曲類」之下，又分有「詞集」、「詞選」、「詞話」、「南北曲」、「曲選」、「曲譜」、「曲韻」等 7 屬。按《四庫全書總目》「集部‧詞曲類」僅設有「詞集」、「詞選」、「詞話」、「詞譜詞韻」、「南北曲」等 5 屬，而《善本書室藏書志》雖無設有「詞譜詞韻」，但較《四庫全書總目》多出「曲選」、「曲譜」與「曲韻」等 3 屬。

　　此間差異，筆者以為或可從二方面作闡釋：1、《四庫全書總目》「集部‧詞曲類‧詞譜、詞韻屬」所收書籍文獻，計有《欽定詞譜》與清萬樹《詞律》，而《善本書室藏書志》則未著錄此二書，其原因或許是「善本書室」本未收藏此二書，以及其他可歸屬於「詞譜詞韻」的書籍文獻，故於藏書志之中自然不會列有此「屬」。2、承前章所述，《四庫全書總目》對於「詞」、「曲」乃以「閏餘」稱之，故知相對於「詩」、「文」來說，館臣對於「詞」、「曲」的

---

[147] 沈新民，《清丁丙及其善本書室藏書志研究》，頁 174—175。

評價，實遜於「詩」、「文」。而《善本書室藏書志》的「南北曲」、「曲選」、「曲譜」、「曲韻」等四屬，共計收有 13 部相關著作，於數量上明顯較《四庫全書總目》為多；此外，《四庫全書總目》僅列有「南北曲」一屬，共收有《顧曲麈言》、《御定曲譜》與《中原音韻》等 3 部，而《善本書室藏書志》除「南北曲」之外，尚分有「曲選」、「曲譜」、「曲韻」等屬。藉此可知，對於「曲」一文體的分類，《善本書室藏書志》較《四庫全書總目》更為精細。因此，姑且不論此類型書籍文獻的實際收藏情形，就分類情形觀照編者對於「曲」的評價，則《善本書室藏書志》相對於《四庫全書總目》而言，應是不再認為「曲」僅為「閏餘」而已，而是有其於文學史上的獨立意義。換句話說，此抑或間接揭示清代後期對於「詞」、「曲」的評價，已較清代中期時相對有所提升，不會僅以「閏餘」的概念視之；當然，從另一方面來說，此亦代表著不同時期，官方與民間對於各文體的評價情形，會隨著時間和立場的不同，逐漸有所調整和變異。

整體來說，《善本書室藏書志》的分類方式，乃依循《四庫全書總目》所奠立的架構，但仍有細部的異動，以「集部・詞曲類」為例，「類」下所設各「屬」即有所不同。而藉由比較《善本書室藏書志》與《四庫全書總目》「集部・詞曲類」所設各「屬」的差異，可見「詞」、「曲」文體地位逐漸提升的情形。換句話說，從時間橫軸的角度來看，此即揭示清代中期和晚期，看待不同文體的觀點和態度，乃逐步有所調整和變異；就各目錄編纂單位所處的立場來看，此則體現清代官方與民間，各自所持文學觀點和態度的差異。無論如何，筆者以為藉由比較清代官、私撰圖書目錄的分類方式，或能從中觀察到清代文學觀點和現象轉變的情形，而《善本書室藏書志》與《四庫全書總目》的比較，即為一例。

就編纂體例而言，《善本書室藏書志》各條書目與「提要」著錄格式，大抵前後一致，於書目之下詳載卷數、版本、藏書來源，並隔行述及作者姓名、爵里，再以針對書籍文獻「版本」的相關論述為主，包含對於版刻源流的考辨，以及對於書籍文獻「外在形象」的描述。以「《楚辭》十七卷（明翻宋本）」

一條為例，「提要」云：

> 校書郎臣王逸上、曲阿洪興祖補注
>
> 目錄前題「漢護都水使者光祿大夫臣劉向集」一行，有二序。《後漢・文苑傳》，逸字叔師，南郡宜城人，元初中舉，上計吏為校書郎，順帝時為侍中，著《楚辭章句》。逸之注釋，採自淮南王安以下著為訓傳；安與班固、賈逵之書皆不傳，唯賴此以存焉。至宋洪興祖，又以諸本異同，重加參校，補逸之未備，當時分行，今則合為一編矣。興祖字慶善，丹陽人，政和中登上舍第……《宋史》具〈儒林傳〉。此仿宋刊本，宋諱有缺筆，猶存舊時典型。[148]

此則「提要」，除一般對於作者或校補者爵里的說明，以及對於書籍文獻「外在形象」的描述之外，核心內容即為對該《楚辭》版刻源流的考述。再以「《玉楮詩稿》八卷（吳石倉鈔校本）（汪魚庭藏書）」一條為例，「提要」云：

> 相臺岳珂肅之著
>
> 是集前有嘉熙丙子自序，後又自跋云：「日書數紙，通計一百零七版。」此吾鄉吳倉石老人手寫本，並輯附錄一卷於後，有「吳允家印」、「石倉手校」、「來氏藏書」記三印，又有「汪魚亭藏閱書」印。[149]

此則「提要」內容，係針對該《玉楮詩稿》的「外在形象」做描述，包含前後序、跋，以及藏書印記；此外，由於此本為「鈔校本」，是以丁丙亦說明該書係出自何人手鈔。換句話說，即是針對書籍文獻的「外在形象」或「客

---

[148] 〔清〕丁丙，《善本書室藏書志》（臺北：廣文書局，1988 年），頁 1085。

[149] 丁丙，《善本書室藏書志》，頁 1491。

觀資訊」進行描述,而無涉及書中內容旨意的闡釋。

藉此,可歸納《善本書室藏書志》「提要」的幾項撰述特點:1、具有既定的撰述規範和格式;2、多以記述書籍文獻的「外在形象」,或考版刻源流為主;3、「提要」中少見對書籍文獻內容旨意的闡釋。而上述特點,大抵與張金吾《愛日精廬藏書志》所建構「私人藏書志」的概念相符,惟部分撰述格式仍稍有變例,如較少見輯錄他人序、跋、題識,以及隔行撰述以區別內容等。但就整體而言,筆者以為《善本書室藏書志》「提要」的體例與形制,猶可歸屬為「私人藏書志」。

總括前言,《善本書室藏書志》分類方式,大抵依循《四庫全書總目》所奠立的架構,但於各「類」之下,仍稍有調整和異動,「集部·詞曲類」即為一例;而藉由觀照這些細部的調整和異動,似乎也能夠間接掌握清代文學觀點和現象轉變的情形。其次,就「提要」的體例與形制來說,根據《善本書室藏書志》「提要」所呈現的幾項特點,雖與《愛日精廬藏書志》相較稍有變例,但仍屬「私人藏書志」。

本部分以瞿鏞《鐵琴銅劍樓藏書目錄》、楊紹和《楹書隅錄》、陸心源《皕宋樓藏書志》與《儀顧堂題跋》、丁丙《善本書室藏書志》為例,管窺清代後期私家藏書目錄的「外在結構」。大致情形如下:

一、瞿鏞《鐵琴銅劍樓藏書目錄》分類方式,係為沿襲《四庫全書總目》所立架構進行分類;而「提要」的體例與形制,雖與其他「私人藏書志」相較,撰述內容、格式略有不同,但整體來說仍屬「私人藏書志」。

二、楊紹和《楹書隅錄》的分類方式,係依循《四庫全書總目》所奠立的架構;而「提要」的體例與形制,則為兼具「輯錄體提要」與「私人藏書志」的撰述概念。

三、陸心源《皕宋樓藏書志》分類方式,係依循《四庫全書總目》所奠立的架構;而「提要」的體例與形制,係以「輯錄體提要」為主要撰述概念的「私人藏書志」。《儀顧堂題跋》的分類方式,於書籍文獻部分係採「四部分類」概念,並另收有金石、書畫、墓志等跋文;而「提

要」的體例與形制，則屬「序、跋集（題跋集）」。

四、丁丙《善本書室藏書志》分類方式，係依循《四庫全書總目》所奠立
　　的架構，惟於部分「類」、「屬」有做細部調整和異動；藉由觀照此間
　　的調整和異動，即能略窺清代整體文學觀念與現象轉變的情形。其次，
　　《善本書室藏書志》「提要」的體例與形制，雖相較於《愛日精盧藏書
　　志》略有變例，但仍屬「私人藏書志」。

　　綜觀上述，歷經清代前期、中期的積累，以及國家政經局勢和大環境的
變異，時至清代後期，整體藏書事業與目錄編纂模式，皆較過去更為豐富且
多元，其中又以「私人藏書志」最為突出，代表者即為清末四大藏書樓閣所
編目錄。另一方面，清代後期私撰圖書目錄的分類方式，大抵依循《四庫全
書總目》所奠立的「四部分類」概念，但其中仍有細部的調整和異動，而此
間即相對揭示整體學術觀念和現象的轉變情形；如以「集部」為例，藉由設
於「部」之下，「類」與「屬」的收書和分類情形，即隱約可窺見當時文學觀
念與現象轉變的痕跡。

(四) 清代私撰圖書目錄中的線性與非線性結構

　　經由上述對清代私撰圖書目錄本身「外在結構」的耙梳，本節擬藉由「線
性結構」與「非線性結構」的概念，探討清代各部目錄之間的相互對應關係，
進而勾勒清代目錄整體「外在結構」的雛形。

　　承上言，前述探討清代私撰圖書目錄本身的「外在結構」，大抵是從「分
類方式」和「『提要』的體例與形制」二種面向著手，梳理各部目錄所採取的
編纂體例和概念。因此，本節擬延續此一論述主軸，分別從「分類方式」和
「『提要』的體例與形制」二種面向切入，勾勒清代各部目錄之間所呈現的「線
性結構」或「非線性結構」。以下即依序討論之：

1. 分類方式

　　承前章所述，《四庫全書總目》為目錄學發展史上一大轉捩點，特別是針

對書籍文獻的分類方式，不僅對於後續所編官修圖書目錄有深遠的影響，更為其他私撰圖書目錄所依循的對象。因此，本段擬以「分類方式」為核心，藉由「線性結構」與「非線性結構」的概念，探討《四庫全書總目》與其他私撰圖書目錄的相互對應關係，進而勾勒此間所呈現的整體「外在結構」。

（1）線性結構

就「線性結構」而言，構成關鍵即在於「直線式的發展或擴張」，循此理路兼以《善本書室藏書志》「集部」為例。《善本書室藏書志》「集部」分類方式，係依循《四庫全書總目》區分為楚辭、別集、總集、詩文評、詞曲等五類，然其中「詞曲類」下所設「屬」則有所調整和異動；《四庫全書總目》僅設有「詞集」、「詞選」、「詞話」、「詞譜詞韻」、「南北曲」等 5 屬，而《善本書室藏書志》則擴增至 7 屬，此即符合「直線式的發展或擴張」的概念。換句話說，若以《四庫全書總目》為第一層級文獻，則依循其分類架構，並具有「直線式發展或擴張」概念所編成的私撰圖書目錄，如《善本書室藏書志》，以及《愛日精廬藏書志》、《鄭堂讀書記》、《鐵琴銅劍樓藏書目錄》……等，即為第二層級文獻；而這樣的承繼關係，即構成以「《四庫全書總目》『分類方式』」為核心的線性結構。

（2）非線性結構

就「非線性結構」來說，藉由比較各部目錄的分類方式，大抵可勾勒清代不同時期的整體學術思維與文學觀念。

清代官修、私撰圖書目錄各以《天祿琳琅》、《讀書敏求記》與《湖錄經籍考》為例，此三部目錄的共通點之一，即編成時間均早於《四庫全書總目》，且「集部」皆收錄有「奏議類」書籍文獻；然而，自《四庫全書總目》以降，凡遵循「四部分類」概念所編成之目錄，則多將「奏議類」書籍文獻改列於「史部」收錄。簡單來說，清代於《四庫全書總目》編成之前，無論是官修或私撰圖書目錄，普遍將「奏議類」書籍文獻納為「集部」，而自《四庫全書總目》編成之後，「四部分類」的架構大致抵定，後出之目錄即多以其分類架構為遵循方向，均將「奏議類」劃於「集部」之外，改歸屬於「史部」收錄。

藉此，或可作進一步的推論，即於《四庫全書總目》編成之前，無論官方或民間，多將「奏議」一類的書籍文獻，納為「集部」收錄範疇，係視為「文學」作品的一種；然而，自《四庫全書總目》編成之後，「集部」收錄範疇，逐漸轉趨向收錄以「辭章」為主體的著作，至於「奏議類」的作品，自此不再被歸為「文學」之列，乃認為是「事關國政」而改列於「史部」收錄。換句話說，此間即揭示出當時無論是官方或民間，整體的學術思維與文學觀念，正立處於轉變和調整的階段，而《四庫全書總目》所扮演的角色，即是驅動此次轉變的重要關鍵；自此之後，凡以「四部分類」概念所編纂之目錄，其「集部」多僅以收錄與詩、文相關的「辭章之作」為主，而不再將「奏議類」作品納入「集部」的收錄範疇。

總括前言，藉由「線性結構」的概念觀察清代目錄的分類方式，大抵可勾勒出官、私撰圖書目錄的承繼關係。而藉由「非線性結構」的概念，梳理清代「集部」所收錄的書籍文獻範疇，即能略窺清代整體的學術思維與文學觀念，無論是官方或民間，均立處於變革和調整的階段，逐步趨向「辭章之學」的概念發展；而此間扮演關鍵轉捩點者，即為《四庫全書總目》。

2.「提要」的體例與形制

綜觀清代目錄「提要」的體例與形制，由於整體的學術思維走向和藏書型態的改變，進而促使目錄的編纂體例愈趨多元化發展，同時所側重記述的內容面向，亦較過去有所不同。而在逐步發展的過程當中，目錄與目錄之間，即會出現各自不同的相互對應關係，如「直線式的發展或擴充」的承繼關係，抑或是藉由學術視角所詮釋出的某種結構意義；而無論是上述何種對應關係，筆者以為此間均存有某些特定的學術意涵，故應有可進一步探討和闡釋的空間。因此，以下即針對「『提要』的體例與形制」，分別以「線性結構」的概念，梳理此間所存在的承繼關係；以「非線性結構」的概念，闡釋此間所揭示的學術意涵。

(1) 線性結構

就「線性結構」來說，清代私撰圖書目錄不僅承繼前賢所奠定的編纂架

構和撰述模式，亦會順應實際的藏書情形和不同的學術思維，重新於前賢的
基礎上進行改易和調整；另一方面，當新的編纂架構和撰述模式產生時，後
續又會有依循其編纂理路，進一步發展或擴充的目錄繼之而起。簡單來說，
此間所呈現目錄與目錄之間的相互對應關係，即符合「直線式發展或擴充」
的概念。

　　以《四庫全書總目》與周中孚《鄭堂讀書記》為例。承前所述，《鄭堂讀
書記》「提要」的體例與形制，係屬以「敘錄體提要」概念所編纂的「私人藏
書志」；而其「敘錄體提要」的概念，即大抵依循《四庫全書總目》。因此，
劉承幹《鄭堂讀書記‧跋》乃以「《四庫》之輔」稱之，且後世亦多謂《鄭堂
讀書記》為承繼《四庫全書總目》之作。換句話說，《鄭堂讀書記》「提要」
的撰述方式，大抵仿效《四庫全書總目》「敘錄體提要」的概念而作，並於其
基礎之上再做增補、考訂。另一方面，《鄭堂讀書記》之所以兼具「私人藏書
志」的關鍵特質，即為對書籍文獻「版本」方面的相關記述，相較於《四庫
全書總目》則更為考究。藉此，大抵能勾勒《鄭堂讀書記》與《四庫全書總
目》之間的相互對應關係。在以「『提要』的體例與形制」為核心的「線性結
構」中，《四庫全書總目》為第一層級文獻，《鄭堂讀書記》則為第二層級文
獻，而彼此之間所呈現的是「直線式的發展或擴充」的承繼關係。

　　再以張金吾《愛日精廬藏書志》與陸心源《皕宋樓藏書志》為例。陸心
源《皕宋樓藏書志‧例言》首則即云：「是編仿張氏《愛日精廬藏書志》例」
[150]，可見其整部《皕宋樓藏書志》，係以《愛日精廬藏書志》的編纂體例為基
礎，進而參酌其他目錄體例而編成。換句話說，其所仿效的對象仍是以《愛
日精廬藏書志》為主，至於其他如《四庫全書總目》、《文獻通考‧經籍考》……
等，則為次級仿效對象；即在《愛日精廬藏書志》所奠立的基礎上，結合他
部目錄的特質或優點，予以調整或增補，使其內容更為完整與周延。

　　藉此，大抵能勾勒《愛日精廬藏書志》與《皕宋樓藏書志》二部目錄，

---

[150] 陸心源，《皕宋樓藏書志》，頁7。

於該「線性結構」中所立處的位置。即《愛日精廬藏書志》為第一層級文獻，而《皕宋樓藏書志》則為第二層級文獻；此外，《皕宋樓藏書志》係於《愛日精廬藏書志》的基礎上，再予以調整和增補。因此，筆者以為其二者之間的相互對應關係，係屬「直線式的發展或擴充」的承繼關係。

（2）非線性結構

根據上述對於清代私撰圖書目錄的耙梳，大抵能勾勒清代目錄「提要」體例與形制發展脈絡的雛形；而從「非線性結構」的概念來看，此間即存在著可供進一步探討的學術意涵。

綜觀上述清代私撰圖書目錄舉要，筆者以為《四庫全書總目》仍為清代目錄「提要」體例與形制逐步轉型的重要關鍵。上述所舉編成於《四庫全書總目》之前的清代私撰圖書目錄，如《讀書敏求記》、《湖錄經籍考》，其「提要」大抵無固定的撰述規範和格式，乃依據各書的實際存藏情形或內容，加上撰述人本身的學思理路，以決定各則「提要」的撰述內容和形式。而儘管各則「提要」內容所涉面向相仿，如《讀書敏求記》的「提要」，其體例與形制乃偏屬「序、跋集（題跋集）」，內容多以考證、賞鑑版本和闡述讀後感想、見解為主，但由於未設有既定的撰述規範和格式，相對內容所涉面向與撰述筆法、風格，均較為自由而不受限制；因此，整體看來較不具備「形式化」和「系統化」的特質。

而《四庫全書總目》係為乾隆帝下詔傾全國之力，作有系統的規劃、安排所編纂而成的目錄鉅著；故相對於民間私撰圖書目錄而言，其對於「提要」的撰述規範和格式，勢必更為講究且嚴謹，是以《四庫全書總目》乃於全目之前撰有〈凡例〉，以統攝全目「提要」的內容走向，並釐定相關的撰述規範和格式。因此，雖《四庫全書總目》各則「提要」所觀照的對象，係為個別的書籍文獻，但根據實際的「提要」內容來看，鮮少有跳脫〈凡例〉所立撰述框架者，故其形式大抵能維持前後一致，並自成一套撰述「提要」的系統。

另一方面，自《四庫全書總目》編成以降，後世編纂目錄多視其為仿效對象，諸如上述所舉《愛日精廬藏書志》、《鄭堂讀書記》、《皕宋樓藏書志》……

等編成於《四庫全書總目》之後的私撰圖書目錄，其「提要」的體例與形制，多屬「私人藏書志」。而「私人藏書志」的特色之一，乃編纂者泰半會依據事前擬定的規範和格式撰寫「提要」，使其整體具有前後一致的特性。換句話說，即較有鮮明的「形式化」和「系統化」特質。筆者以為，此或是因為受到《四庫全書總目》「形式化」和「系統化」特質的影響，進而促使清代中、後期「私人藏書志」目錄的興起與發展。

即此，倘若再進一步闡釋其中所揭示的學術意涵，筆者以為可與清代學風發展情形相互參照、印證。清初之時，由於時代與客觀環境的遞變，學者紛紛對於明末盛行的「王學」說法提出質疑和反省，並轉而以較為務實的心態，著重思考對現實社會的關懷，是以「經世致用」之學相應而生，以顧炎武、黃宗羲等人為代表。時入乾、嘉，一方面整體政經局勢相對穩定，二來由於自順治朝開始厲行的「文字獄」，致使士子們為避免遭致災禍，多不再對政事有所議論，三則是乾隆以編《四庫全書》為由籠絡漢族士人，降低其對清廷的不滿；因此，原先期望能夠「經世致用」的能量，逐漸轉趨於致力「考據」一事，使得樸學之風一時蔚然。「樸學」多著重於文獻史料的蒐集，對所有證據的詳細考辨，態度上講究「實事求是」的精神，故此時學風較先前更為嚴謹，就彷彿有一套無形的規範和形式籠罩全局，普遍影響當時讀書人的學術思維和治學走向。

承上言，於《讀書敏求記》等目錄的編成時期，整體的學術氛圍大抵以「經世致用」為主要精神，而講究嚴謹考據的樸學之風，於此時尚為萌芽的階段；因此，儘管「提要」中已見以「考據」為主的相關論述，但就整體形式來看，大抵仍較少針對「提要」設有既定的撰述規範和格式，是以形式上也就較為自由。然而，當進入乾、嘉時期，「樸學」之風大盛，嚴謹的治學態度相對影響《四庫全書總目》的編纂，同時《四庫全書總目》係為乾隆帝下詔傾全國之力所編纂，館臣自當不會草率行事，故於事前乃先行研擬、制訂一套「提要」的撰述規範和格式，後續著錄各書「提要」時即奉此為準則。而自《四庫全書總目》編成以降，後世編纂目錄多奉其為仿效對象，則其講

究「形式化」和「系統化」的編纂體例，遂驅動清代目錄「提要」體例與形制的轉型，於形式相對自由的「序、跋集（題跋集）」和「讀書記」之外，又逐步發展出具有「形式化」和「系統化」概念，並強調前後一致性的「私人藏書志」。

藉此，大抵可知清代目錄「提要」體例與形制的發展，實與整體學術風氣的演變情形有相呼應，而其中的轉折關鍵即為《四庫全書總目》。簡單來說，由於《四庫全書總目》的編成，確立目錄的編纂趨於「形式化」和「系統化」的概念發展，繼之而起的私撰圖書目錄又多以《四庫全書總目》仿效對象，促使於形式相對自由的「序、跋集（題跋集）」和「讀書記」之外，又進一步發展出重視撰述規範和格式，並強調前後一致性的「私人藏書志」。

總括前言，藉由「線性結構」的概念，觀照清代目錄「提要」體例與形制，大抵能勾勒各部目錄之間的相互對應關係；以《愛日精廬藏書志》與《皕宋樓藏書志》為例，二者之間即屬於「直線式的發展或擴充」的承繼關係。而藉由「非線性結構」的概念，觀照清代目錄「提要」體例與形制的發展過程，進而探討此間所揭示的學術意涵，乃知清初整體的學術風氣大抵以「經世致用」為主，而此時期的考據之風尚處於萌芽階段；待整體的政經局勢相對穩定後，強調嚴謹治學和考據的「樸學」之風大行於世，而在此同時由清廷官方致力編定的《四庫全書總目》，即在某種意義上確立了「形式化」和「系統化」的目錄編纂模式，隨後又有諸多私撰圖書目錄繼而仿效，是以重視撰述規範和格式，並強調前後一致性的「私人藏書志」乃隨之興起和發展。換句話說，藉此即知清代目錄「提要」體例與形制的發展，實與當時整體學術風氣的演變情形可相呼應。

本部分分別從清代目錄的「分類方式」和「『提要』的體例與形制」二方面進行耙梳，探討清代各部目錄之間的相互對應關係，以勾勒此間所呈現的「線性結構」與「非線性結構」。

就「線性結構」而言，以《四庫全書總目》與《善本書室藏書志》「集部」的分類方式為例，設於「詞曲類」之下的「屬」，《四庫全書總目》僅設有 5

屬,而《善本書室藏書志》則擴增至 7 屬;另一方面,如《愛日精廬藏書志》
與《皕宋樓藏書志》之間,二者所採取的「提要」體例與形制大抵相同,惟
《皕宋樓藏書志》兼融入其他目錄的特質或優點,並予以調整或增補,俾使
其內容更為完整與周延。藉此可知,此間所構成的「線性結構」,即為「直線
式發展或擴充」的承繼關係。

　　就「非線性結構」而言,藉由對各部目錄「集部」分類方式的耙梳,即
能略窺清代整體的學術思維與文學觀念,係立處於變革和調整的階段,同時
對於「集部」的認知,逐步趨向於側重「辭章之學」的概念發展。另一方面,
藉由「非線性結構」的概念,即知清代隨著學術風氣的演變,目錄「提要」
體例與形制亦有所調整和變異;另一方面,自《四庫全書總目》確立「形式
化」、「系統化」的編纂模式以後,繼之而起的私撰圖書目錄亦多仿效其體,
進而促使重視撰述規範和格式,並強調前後一致性的「私人藏書志」隨之興
起和發展。然而,無論是「分類方式」或「『提要』體例與形制」,《四庫全書
總目》皆於該「非線性結構」中,居於關鍵轉捩點的重要位置。

　　綜觀上述對於清代私撰圖書目錄的耙梳,本節係以嚴佐之《近三百年古
籍目錄舉要·清代私家藏書目錄瑣論(代前言)》的分期概念為根據,分別
針對各目錄的本身的「外在結構」進行探討,並藉由「線性結構」與「非線
性結構」的概念,梳理各部目錄之間的相互對應關係,進而勾勒清代私撰圖
書目錄整體所呈現的「外在結構」。

　　清代前期私撰圖書目錄,本部分以錢曾《讀書敏求記》與鄭元慶《湖錄
經籍考》為例。就「分類方式」來說,二部目錄「集部」均收有「詔令、奏
議類」的書籍文獻,《湖錄經籍考》更收有「目錄」一類;而此間即體現清代
前期私撰圖書目錄對於「集部」的分類概念,尚未轉趨於「辭章之學」的方
向發展。就「『提要』的體例與形制」來看,《讀書敏求記》係屬「序、跋集
(題跋集)」,而《湖錄經籍考》各條「提要」無一定的撰述規範和格式,大
抵兼具「傳錄體」或「輯錄體」的特質。

　　清代中期私撰圖書目錄,本部分以吳壽暘《拜經樓藏書題跋記》、黃丕烈

《百宋一廛書錄》、張金吾《愛日精廬藏書志》與周中孚《鄭堂讀書記》、馬
國翰《玉函山房藏書簿錄》為例。此時期的私撰圖書目錄的「分類方式」，大
抵依循《四庫全書總目》所立架構。而「『提要』的體例與形制」，相較於清
代前期則更為多元化，除《鄭堂讀書記》、《玉函山房藏書簿錄》為少數貼近
《四庫全書總目》「敘錄體」概念所編纂的私撰圖書目錄之外，其他目錄多以
「輯錄體」概念編纂；另一方面，以《愛日精廬藏書志》為代表的「私人藏
書志」形制，亦於此時期興起，並影響後世私撰圖書目錄「提要」的發展，
故有承先啟後的重要意義。

　　清代後期私撰圖書目錄，本部分以瞿鏞《鐵琴銅劍樓藏書目錄》、楊紹和
《楹書隅錄》、陸心源《皕宋樓藏書志》與《儀顧堂題跋》、丁丙《善本書室
藏書志》為例。上述所舉目錄，除《儀顧堂題跋》屬「序、跋集（題跋集）」
之外，其他目錄則以「私人藏書志」為主；而就「分類方式」來看，雖大抵
依循《四庫全書總目》所立架構，但根據細部「類」、「屬」的訂定，此間猶
可略見清代文學觀念和現象轉變的痕跡。

　　而藉由「線性結構」與「非線性結構」的概念，梳理各部目錄之間的相
互對應關係，大抵能略見清代目錄發展脈絡的雛形。就「線性結構」而言，
無論是「分類方式」或「『提要』的體例與形制」，清代官、私撰圖書目錄之
間，往往具有「直線式的發展或擴充」的承繼關係，如《四庫全書總目》與
《善本書室藏書志》的分類方式，以及《愛日精廬藏書志》與《皕宋樓藏書
志》「提要」的撰述形制。

　　就「非線性結構」來說，清代私撰圖書目錄的發展過程中，《四庫全書總
目》係為驅動整體「分類方式」與「『提要』體例與形制」轉型的重要關鍵。
而藉由比較各部目錄「集部」的分類方式，即能大抵勾勒清代學術思維與文
學觀念轉變的脈絡，而對於「集部」的界定與認知，亦逐步趨向「辭章之學」
的概念發展。另一方面，清代整體的學術風氣，亦牽動著目錄「提要」撰述
形制的轉型和發展，逐步由形式相對自由的「序、跋集（題跋集）」、「讀書記」，
另外發展出講究撰述規範和格式，並強調前後一致性的「私人藏書志」；而其

中驅動轉型的關鍵，即為於「樸學」大盛時期所編成的目錄鉅作——《四庫全書總目》。

小結

　　本章係針對「清代圖書目錄集部提要的外在結構」進行討論，區分為「官修圖書目錄」與「私撰圖書目錄」二部分，梳理其所呈現的「外在結構」，並透過「線性結構」與「非線性結構」的概念，闡釋其中所揭示的學術意涵。

　　藉由本章的討論，大抵可梳理出幾項「清代圖書目錄集部提要的外在結構」所揭示的學術意涵，如下：

一、「《四庫全書》系統」目錄，無論是對於當代或後世的學術發展，確實具有高度的影響力。同時，此間也揭示出乾、嘉之際，官方的學術思維與文學觀點，正處於變革與調整的階段，而「《四庫全書》系統」目錄，即為確立當時官方，以及影響後世整體學術發展走向的關鍵轉捩點。

二、藉由比較官、私撰圖書目錄「集部」的分類方式，則大抵可勾勒出清代學術思維與文學觀念轉變的脈絡，而對於「集部」的界定與認知，乃逐步趨向「辭章之學」的概念發展。

三、就「提要」的撰述型制來看，乾、嘉之際大盛的「樸學」之風，促使目錄「提要」在形式相對自由的「序、跋集（題跋集）」、「讀書記」之外，更發展出講究撰述規範和格式，並強調前後一致性的「私人藏書志」。換句話說，清代整體學術風氣的發展，係牽動著目錄「提要」型制的轉型和變革。

四、清代官、私撰圖書目錄之間，往往具有「直線式的發展或擴充」的承繼關係。以《四庫全書總目》與《善本書室藏書志》的分類方式，和《愛日精廬藏書志》與《皕宋樓藏書志》「提要」的撰述形制為例，此

間即可察見目錄與目錄之間，多具有「直線式的發展或擴充」的相互
對應關係。

　　總括前言，藉由上述對於「清代圖書目錄集部提要外在結構」的耙梳，
大抵能勾勒清代整體學術風氣與文學視野之一隅。後文擬再以此為基礎，進
一步梳理「清代圖書目錄集部提要的內在理路」，並觀照其中所揭示的學術意
涵，希冀能做為後續觀照「清代圖書目錄集部提要的文學視野」時的論述基
石。

第四章
清代圖書目錄集部提要的內在理路

　　藉由前文對於清代圖書目錄集部提要「外在結構」的耙梳，大抵能初步釐清目錄與目錄之間的相互對應關係，以及勾勒清代文學觀念和學術風氣的發展脈絡。在此基礎之上，本章擬進一步以「官方權力」、「提要性質」、「書寫模式」和「指涉意義」作為詮釋脈絡，分別從不同的學術面向，觀照清代圖書目錄集部提要的內在理路，進而探討其中所揭示的學術意涵。

　　本章凡分四節，第一節〈官方權力〉，藉由米歇爾・傅柯（Michel Foucault，1926—1984）對於「權力」與「知識」的詮釋脈絡，觀照清代「官方權力」與「目錄集部提要」之間的互動關連性。第二節〈提要性質〉與第三節〈書寫模式〉，以周彥文《中國文獻學理論》所建構的相關理論架構為基礎，分別觀照清代圖書目錄集部提要的「性質」和「書寫模式」。第四節〈指涉意義〉，針對清代圖書目錄集部提要的「指涉意義」進行耙梳，分從「提要的形制」和「文學批評視角」二種面向著手，探討其中的內在理路和學術意涵。最後為〈小結〉。

一、官方權力

　　米歇爾・傅柯《規訓與懲罰——監獄的誕生》（*Discipline and Punish：The Birth of Prison*）云：

　　權力產生知識（而且，權力鼓勵知識不僅僅是因為知識為權力服務，
權力使用知識也並不只是因為知識有用）；權力與知識是直接相互指
涉的；不相應地建構一種知識領域就不可能有權力關係，不預設和
建構權力關係也就不會有任何知識。……總之，不是認識主體的活
動產生某種有助於權力或反抗權力的知識體系，相反的，「權力──
知識」、貫穿「權力──知識」和構成「權力──知識」的發展變化
和矛盾鬥爭，決定知識的形式及其可能的領域。[1]

　　傅柯的說法，大抵闡釋「權力」與「知識」之間的連結關係。說明「知
識系統」的形成，往往源自於「權力」；因此，可以透過「有意識」的運作和
操控「權力」，進而導引或形塑「知識系統」的發展取向和架構，甚至牽動整
體文化意識的走向。而從另一個角度來看，「知識」係為架構和鞏固「權力」
的關鍵要素，否則「權力」勢必不斷面臨挑戰，甚至走向崩解之途。朱立元
《當代西方文藝理論》進一步具體闡釋傅柯對於「權力──知識」的見解，
其云：「福科（即傅柯）以知識和權力為一對共生體。這個共生體的表象是知
識，實質是權力。」[2]簡單來說，「權力」與「知識」之間的連結關係，係以
「權力」為體，「知識」為用，且體、用之間乃為相互指涉，而非為單向式的
發展概念。
　　循此理路，進一步觀照清代圖書目錄集部提要的發展情形，則此間頗能
彰顯傅柯「權力──知識」之說的概念。清代前期，時值政權交替的過渡階
段，整體的政、經實力仍處於累積和爬升的過程，官方為求能快速且有效地
鞏固政權，是以採取相對高壓的手段在治理國家，甚至藉由「文字獄」等政
策，強勢引導整體學術、文化意識發展的走向。時入清代中期，國家整體的

---

[1] 〔法〕米歇爾・傅柯著、劉北成等譯，《規訓與懲罰──監獄的誕生》（苗栗：桂冠圖書股份有限
公司，1992 年），頁 26。
[2] 朱立元主編，《當代西方文藝理論》（上海：華東師範大學出版社，2005 年），頁 337。

政經局勢相對穩定，「官方權力」亦於此時發展至巔峰狀態，民間的反抗勢力也漸趨緩和，是以官方雖仍維持部分高壓的統治手段，但也開始逐步推出一些相對較溫和的文化政策，如開辦「四庫館」編纂《四庫全書》。然而，乾隆朝後期由於經年累月的龐大開支，國庫耗損嚴重，傳至嘉慶、道光、咸豐三朝，國庫收支捉襟見肘，空耗情形更是日益嚴重。時至同治、光緒二朝，國家整體的政經實力早已一蹶不振，卻又逢外國勢力不斷大舉入侵，而清廷政府則苦無應對和抵禦外侮的良策，促使人民對於政府的信任度急遽下滑，間接也影響到官方對於整體文化意識的約束力和掌控力；是以民間的文化發展不再困囿於「官方權力」的束縛，開始思考並探尋新的思維脈絡，同時文化觸角的延伸向度，亦較以往更為廣泛、多元和自由。即此，大抵可知清代整體的文化發展樣貌，實與「官方權力」的消長情形息息相關。

　　綜觀前述，若視清代圖書目錄集部提要為「知識」的呈現，而以「權力」作為詮釋的脈絡，筆者以為大抵有二條思路進程：一、藉由觀照《四庫全書總目》集部提要的著錄情形，梳理清廷政府對於學術、文化的宰制模式，進而了解「官方權力」直接影響圖書目錄編撰的情形。二、針對清代私撰圖書目錄集部提要進行耙梳，從清廷政府「官方權力」的消長情形，觀照目錄編撰者可能具有的「自我壓抑」心理。以下即針對此二條思路進程，分別以〈清代「官方權力」對於圖書目錄編撰的直接影響〉和〈「官方權力」與圖書目錄編撰者的「自我壓抑」心理〉為標題，耙梳清代「官方權力」與圖書目錄集部提要之間的關連性。

(一) 清代「官方權力」對於圖書目錄編撰的直接影響

　　就清代「官方權力」發展全盛時期所編纂的《四庫全書總目》來說，其中即不難窺見「『權力』導引和形塑『知識』」的相關例證。首先，就《四庫全書》與《四庫全書總目》所收錄的書籍文獻而言，館臣莫不遵行乾隆帝所頒諭令辦理，凡遇有違礙者，均視情節輕重以決定禁燬、刪削或改定字句。在乾隆四十一年十一月十七日所頒諭令中，即有明確指示「詞意抵觸本朝者，

自當在銷毀之列」[3]、「惟當改易違礙字句，無庸銷毀」[4]、「觸礙字樣，固不可存；然只須削去數卷，或削去數篇，或改定字句」[5]；而所謂「詞意抵觸本朝」、「違礙字句」、「觸礙字樣」等字句，其背後所隱含的學術意義，即在於所有收錄、揀擇的最高指導原則，係為乾隆帝（或官方）的主觀意志，且可依照實質的政治目的，隨意調整、更動「原著」或「原作者」的創作本意。換句話說，「原著」或「原作者」的創作本意，在此號稱「稽古右文」的過程當中，可能會受到乾隆帝（或官方）主觀意志的影響，而偏離其原先所要呈現的學術內涵；是以該書籍文獻所要表述的本質意義，也形同被乾隆帝（或官方）的主觀意志片面取代或改易。

再者，《四庫全書總目》針對某些具有敏感身份的人物和爭議性的著作，往往會刻意採取特定的撰述面向，藉以形塑該人物、著作的某種特質，甚至企圖將讀者的思維，導引至官方所預先設定的框架之中。以《四庫全書總目》對於錢謙益等人的描述為例，「乾隆四十一年十一月十七日辦理《四庫全書》諭文」云：

> 錢謙益在明已居大位，又復身事本朝。而金堡、屈大均則又遁跡緇流，均以不能死節，靦顏苟活，乃托名勝國，妄肆狂猖，其人實不足齒，其書豈可復存？自應逐細查明，槩行毀棄，以勵臣節而正人心。……又若匯選各家詩文內有錢謙益、屈大均所作，自當削去。其餘原可留存，不必因一二匪人致累及眾。[6]

此段不僅可見乾隆帝對於人品德行的判斷標準，同時亦彰顯出其對錢謙益等人的深惡痛絕；當然，此言背後其實也蘊含著實質的政治目的，即「暗

---

[3] 永瑢、紀昀等編，《武英殿本 四庫全書總目提要》，頁 1:8。

[4] 永瑢、紀昀等編，《武英殿本 四庫全書總目提要》，頁 1:8。

[5] 永瑢、紀昀等編，《武英殿本 四庫全書總目提要》，頁 1:9。

[6] 永瑢、紀昀等編，《武英殿本 四庫全書總目提要》，頁 1:8。

示」臣子們斷不可懷有二心，須知「忠臣不侍二主」之理。另一方面，在錢
謙益、金堡、屈大均等人之中，又以錢謙益最為乾隆帝與《四庫全書總目》
所不齒，多次於「提要」中貶損其德行，並強烈抨擊其著作內容。如〈集部
總敘〉云：

> 至錢謙益《列朝詩集》，更顛倒賢姦，彝良泯絕，其貽害人心風俗者，
> 又豈尠哉。[7]

又如《四庫全書總目》記朱彝尊編《明詩綜》一條，提要云：

> 至錢謙益《列朝詩集》出，以記醜言偽之才，濟以黨同伐異之件，
> 逞其恩怨，顛倒是非，黑白混淆，無復公論。[8]

　　此二例看似是針對錢謙益《列朝詩集》一書的內容做批評，但恐怕「錢
謙益」才是被批評的主要對象。事實上，歷來學者多將《列朝詩集》與《明
詩綜》相提並論，而各家褒貶均有所差異，按理乾隆帝與四庫館臣傾向支持
朱彝尊《明詩綜》的主張，相對貶抑錢謙益《列朝詩集》的說法本無不妥，
但除《明詩綜》提要〉之外，又有乾隆帝親頒諭文、〈集部總敘〉和其他條
提要，內容多有針對錢謙益個人德行嚴加撻伐的言論；如此說來，實難讓人
以為只是單純在「比較」二書的內容，或者只為凸顯對於朱彝尊《明詩綜》
的偏愛而已。因此，筆者以為《四庫全書總目》對於《列朝詩集》的諸多評
價，恐怕還是「因人廢言」的成分居多。
　　再有《四庫全書總目》記朱鶴齡《愚菴小集》一條，提要云：

---

[7] 永瑢、紀昀等編，《武英殿本　四庫全書總目提要》，頁 4：2。

[8] 永瑢、紀昀等編，《武英殿本　四庫全書總目提要》，頁 5：106。

鶴齡始專力於詞賦，自顧炎武勗以本原之學，始研思經義……與錢
謙益同郡，初亦以詞場宿老，頗與酬唱，既而見其首鼠兩端，居心
反覆，薄其為人，遂與之決。所作元裕之集後一篇，稱裕之舉金進
士，歷官左司員外郎，及金亡不仕，隱居秀容，詩文無一語指斥者……
其言蓋隱指謙益輩而發，尤可謂能知大義者矣。[9]

　　本則「提要」先以闡述朱鶴齡的治學歷程、特色為主，然於文中卻話鋒
急轉，藉由說明朱鶴齡與錢謙益的互動情形，明褒朱氏深曉大義，實則是大
力撻伐錢謙益；此外，提要中又引《愚菴小集》所記與元好問相關之掌故，
暗諷仕官兩朝的錢謙益，乃為氣節盡失之人。筆者以為，撰作「提要」的原
始目的，本為「辨章學術，考鏡源流」，內容僅需涉及各書書旨、作者，或針
對各書內容提出批評；然而，於此則「提要」中，實難體現《愚菴小集》與
錢謙益二者之間的直接關連性，又或者是說：倘若刪去貶抑「錢謙益」的部
分，亦不至於會影響闡釋朱鶴齡和《愚菴小集》的內容完整性。因此，根據
本則「提要」的內容來看，對於「錢謙益」個人，館臣頗有「借題發揮」之
嫌。

　　另一方面，於〈軍機處奏准抽燬書目〉中，多條書目之下的註文，皆詳
明凡遇收錄有錢謙益等人的序、跋或其他詩文者，皆須予以抽燬，以所記《梅
村（詩、文）集》一書的註文為例，其稱：

此種係國子監祭酒吳偉業撰，偉業詩才雋逸，卓然成家，曾蒙皇上
御題褒詠，外省祇以其與錢謙益並稱「江左三大家」，因而牽連並燬，
實無干礙。應請無庸銷毀。惟卷首有錢謙益序一首、書一首，仍應
抽燬。[10]

9　永瑢、紀昀等編，《武英殿本 四庫全書總目提要》，頁 4：589。

10　〔清〕永瑢等編，〈軍機處奏准抽燬書目〉，收錄於《合印《四庫全書總目提要》及《四庫未收
　　書目、禁燬書目》》第 5 冊（臺北：臺灣商務印書館，1985 年），頁 165。

此段註文的核心議題雖為「錢謙益」，但藉此猶可進一步觀察「官方權力」干預目錄提要編纂的情形。筆者以為，此間大抵可分從三種面向著手探討，如下：

一、乾隆帝對吳偉業詩作頗有讚譽，曾題詩一首曰〈題吳梅村集〉[11]，故軍機處以此為由，認定《梅村集》可被收錄於《四庫全書》之中，惟須抽燬其中所錄錢謙益的序、書文章。藉此，即知軍機處係以乾隆帝的主觀意志與喜好，作為第一優先的審核準則；其次，才是再依乾隆帝所頒行諭文的明確規定，刪削《梅村集》中錢謙益所作序、書的部分。筆者以為，乾隆帝的主觀意志與喜好係屬「不成文規定」，而所頒諭文則為「成文規定」，故此間所揭示出的內含意義，即為在軍機處審核書籍文獻的準則中，「不成文規定」實優先於「成文規定」。簡單來說，站在軍機處的立場，擁有至高無上「權力」的皇帝，其主觀意志與喜好，乃是凌駕於其他一切學術立場和收錄準則的關鍵要素。

二、從「外省衹以其與錢謙益並稱……」一語來看，各方外省採進官員，係知乾隆帝對於錢謙益等人極度不滿，甚至頒佈諭令指示錢謙益等人的著作均應「逐細查明，槩行毀棄」，故而揣摩上意，凡遇與「錢謙益」稍有關連者，即均納入禁燬之列。按《四庫全書》和《四庫全書總目》的收錄模式來看，從採進、篩選到著錄的過程中，均有各級官員層層把關，是以外省採進官員乃採取相對可自保的做法（見「以其與錢謙益並稱『江左三大家』，因而牽連並燬」一語），將查禁對象的範圍做最大化的解讀，以避免犯下查察不嚴之罪。換句話說，當「官方權力」層層下壓，站在第一線的外省採進官員為避免有所過失和遭罪，難免會揣摩上意，甚至可能無限上綱的擴大解讀或扭曲上級的本意；然而，

---

[11] 〈題吳梅村集〉一首，詩云：「梅村一卷足風流，往復披尋未肯休；秋水精神香雪句，西崑幽思杜陵愁。裁成蜀錦應慚麗，細比春籠好更抽；寒夜短檠相對處，幾多詩興爲君收。」見《御製樂善堂全集定本》，收錄於《文淵閣《四庫全書》》電子版（香港：迪志文化出版有限公司，2007年）。

倘若我們設身處地，以站在第一線的外省採進官員的立場推敲，則不
難理解隱藏於這些行為背後的核心原因，即是受到層層上級「權力」
的干預和影響。

三、承上述，由於乾隆帝所頒諭文旨意，使《梅村集》中收錄的錢謙益序、
　　書盡遭刪削，意即該版本《梅村集》的原始樣貌，因為「官方權力」
　　的介入和宰制，故而有所改易。換言之，若從「以小見大」的觀點來
　　看，當時應有不少文人的著作，在「官方權力」的籠罩之下，原書作
　　者或編者的本意，均可能受到官方「有意識」的調整，故在某種意義
　　上來說，讀者所見的內容即為官方意志的呈現。另一方面，成書於〈軍
　　機處奏准抽燬書目〉之後的《四庫全書總目》，查其所撰《梅村集》的
　　提要中，對於刪削錢謙益序、書一事，未記有隻字片語；筆者以為，
　　應是於館臣編纂《四庫全書總目》時，「凡內容與錢謙益等人相關者，
　　均需抽燬」的核心概念，已然根深蒂固且深植人心，故任何有關的資
　　料和論述，均規避或省略不談；當然，也可能是不敢多言贅述，以避
　　免引起爭議而遭罪。藉此，我們大抵可窺見在整個「官方權力」結構
　　的籠罩之下，原書作者或編者的本意，均可能受到官方「有意識」的
　　調整和改易；但是，這些調整或改易的過程，又可能因為各種「有形
　　（如：乾隆帝所頒諭文）」或「無形（如：館臣揣摩上意）」的因素，
　　而不會被記載入最後的成果──《四庫全書總目》之中。

　　根據以上分別從三種不同面向切入討論，大抵可歸納出三項重點：

一、《四庫全書》與《四庫全書總目》的收錄準則，是以「乾隆帝的主觀意
　　志和喜好」為首要考量，而其他任何的主、客觀條件則均屬相對次要。

二、於採進、篩選收錄書籍文獻的過程中，各級經手的官員，均可能因為
　　各種不同的理由，因而「有意」或「無意」的揣摩上意，甚至擴大解
　　讀或扭曲上級的本意。

三、在「官方權力」的籠罩之下，原書作者或編者的本意，均可能受到「有

意識」的刪削、調整或改易，並且這些刪削、調整、改易的原因及過程，將不會被詳細記錄於目錄提要（此指《四庫全書總目》）之中。事實上，前述三項重點的共同特徵，即皆源於清代「官方權力」結構，對於目錄提要編撰的直接影響；換句話說，此間乃可清楚窺見官方藉由掌握「權力」，企圖導引、形塑「知識」的現象。

(二)「官方權力」與圖書目錄編撰者的「自我壓抑」心理

　　相對於官修圖書目錄——《四庫全書總目》，清代私撰圖書目錄較不受到「官方權力」的限制和直接干預，是以無論是提要體例或內容所側重的面向，均較官修圖書目錄更為多元和自由。然而，這並不意味著「官方權力」對於私撰圖書目錄就毫無影響力，吳偉業《梅村集・與子暻疏》云：「每東南有一獄，長律收者在門，及詩禍史禍，惴惴莫保。」[12]點出清代前期至中期，整體文化與學術的氛圍，係籠罩在「文字獄」的巨大壓力之下。其中較為人所周知的「文字獄」案，如有順治朝「函可（1612－1660）《變記》案」，康熙朝「《明史》案」、「《南山集》案」，雍正朝「曾靜（1679—1735）案」、「查嗣庭（？－1727）『維民所止』案」，乾隆朝「《字貫》案」、「胡中藻（？—1755）詩案」等，案案均牽連甚廣，且因而遭重罪懲處者亦不在少數。按王汎森《權力的毛細管作用——清代的思想、學術與心態（修訂版）》的說法，順治朝至乾隆朝約一百三十餘年間，「文字獄」共計有160－170件[13]，而按丁原基《清代康雍乾三朝禁書原因之研究》統計，僅乾隆一朝的案件就多達85件，幾占總案件數的一半。[14]

　　由此可見，清代自順治朝至乾隆朝，所辦「文字獄」案件總數之多、牽

---

[12] 〔清〕吳偉業，《梅村集全集》（上海：上海古籍出版社，1990年），頁1132。

[13] 王汎森，《權力的毛細管作用——清代的思想、學術與心態（修訂版）》（臺北：聯經出版事業股份有限公司，2014年），頁395。

[14] 丁原基，《清代康雍乾三朝禁書原因之研究》（臺北：華正書局，1983年），頁144－165。

涉規模之廣、整肅手段之嚴，實為歷代罕見。因此，在雷厲風行的「文字獄」影響之下，儘管官方未必將「權力」的手掌直接伸入私撰圖書目錄的編撰過程，但編撰者在過程中，應該或多或少也會心存顧忌，是以會在「有意」或「無意」間，自動迴避或閃躲掉某些敏感的內容以求自保，而這樣的現象即為王汎森所謂的「自我壓抑」[15]。王汎森於〈權力的毛細管作用——清代文獻中「自我壓抑」的現象〉一文中，以嘉慶十年（1805）上板的《季滄葦藏書目》為例，凡應記為「牧翁（錢謙益）」之處，皆以「墨塗」[16]方式處理，即改註記為「■翁」，而此間即可明顯窺見目錄編撰者或出版者的「自我壓抑」心理。[17]

不過，倘若要將討論範圍縮小，僅就私撰圖書目錄的「提要」而論，則要列舉目錄編撰者「自我壓抑」心理的直接證據，確實有其一定的困難度，誠如王汎森所說「這個研究有一些內在的困難」，其云：

> 自我壓抑往往是偷偷地進行，所以大多無法確定時間，或真正的行
> 動者。因為行事秘密，所以往往沒有辦法說出與個別事件有關的完
> 整故事。[18]

因此，筆者以為大抵只能透過間接的觀察和推測等方式，嘗試梳理並連結其中的線索，藉以勾勒目錄編撰者可能存在的「自我壓抑」心理。以下筆者擬就〈清代學術風氣的轉變〉、〈私撰圖書目錄對於「錢謙益」的處理模式〉與〈私撰圖書目錄的成書時間點〉等三個面向著手，分別闡釋其中可能揭示

---

[15] 王汎森對於「自我壓抑」的定義和論述，詳見王汎森《權力的毛細管作用——清代的思想、學術與心態（修訂版）》，頁395−502。

[16] 墨塗，又稱「墨釘」、「墨等」或「墨蓋子」，多用於表示闕字。惟此處王汎森係指目錄編撰者為避免遭禍，而刻意採取的註記方式。

[17] 詳見王汎森，《權力的毛細管作用——清代的思想、學術與心態（修訂版）》，頁451−455。

[18] 王汎森，《權力的毛細管作用——清代的思想、學術與心態（修訂版）》，頁399。

的潛在意義，藉以觀照「官方權力」造成目錄編撰者產生「自我壓抑」心理的可能性。

1. 清代學術風氣的轉變

就清代學術發展情形來看，由於清代前期的順、康、雍三朝，甚至到乾、嘉二朝，在文化政策方面，大抵採行如「文字獄」等雷霆手段，雖然就統治者的立場而言，確實有其鞏固政權和安定局勢的實質意義，但這也在無形中限制或導引了整個時代學術風氣的發展走向；因為，站在文人士子的角度，為避免無端遭罪而惹禍上身，故較不敢再妄加議論或針貶時事，漸而從原先講究「經世致用」的學風，轉變為強調「考據」的乾、嘉學風。而這樣的學風發展，在目錄提要的表現上，內容從以「介紹作者生平」、「說明著書原委及書的大旨」、「評論書的得失」，又或者闡釋個人研究和閱讀心得為主的書寫方式，轉趨為側重記述考辨過程及賞鑑書籍文獻「版本」的結果；換言之，原先「提要」一體，本應重視的三項義例及個人心得的闡釋，也就相對較少著墨。再進一步以「集部提要」為焦點，則清代中、後期目錄「集部提要」的內容，大抵也轉以記述考辨書籍文獻「版本」的過程和結果為主，至於對書中詩、詞、文章的評價，以及其中所欲闡釋的內涵意義，則相對較少論及。

筆者以為，清代中、後期的目錄提要，其內容側重記述對書籍文獻「版本」考辨的過程與結果，此點固然不能「直接證明」這些目錄編撰者的內在，必然是具有「自我壓抑」的心理；因為，他們也可能從未感受到「文字獄」等高壓治理手段的威脅，或者是直接意識到在撰述時必須「自我壓抑」和小心拿捏言論尺度，只是單純地因循著當時的學術風氣和思維脈絡，在進行目錄提要的編撰。

不過，倘若從宏觀的角度來看，則清代前期與中期的前段，清廷政府長久以來所施行的文化政策，係以「文字獄」等高壓治理手段為主，而此即為間接造成當時學術風氣轉向的關鍵因素之一。待整體的學術風氣轉向之後，儘管後世目錄編撰者，可能不再受到「文字獄」的規範和影響，只是單純地依循當時普遍的編撰模式以完成目錄，而未曾意識到有任何來自「官方權力」

的壓迫和介入;但就本質上來說,倘若將「提要內容」側重記述考辨、賞鑑書籍文獻「版本」的肇因,歸咎於學術風氣的轉向,則相對說明此間與目錄編撰者的「自我壓抑」心理乃有所關連。

簡單來說,乾、嘉時期是清代整體學風發展的轉捩點,而造就此重大變革的關鍵,即為清代前期至乾、嘉時期所採行的「文字獄」等高壓治理手段,在無形中促使目錄編撰者產生「自我壓抑」心理。而這樣的「自我壓抑」心理,體現於目錄「集部提要」方面,即是目錄提要編撰者,將「提要」原先應當著重記述的三項義例,轉為側重記述對書籍文獻「版本」的考辨過程和成果。

2. 私撰圖書目錄對於「錢謙益」的處理模式

除上述從學術風氣的轉變,觀照清代圖書目錄編撰者的「自我壓抑」心理之外,在諸部私撰圖書目錄集部提要中,尚有一些值得懷疑為「可能」與目錄編撰者「自我壓抑」心理有關的零碎線索。就所收錄的集部書籍文獻來看,大抵凡被官方和「四庫館」列入禁、燬書目者,即多不見於《鄭堂讀書記》、《愛日精廬藏書志》、《善本書室藏書志》……等具有「提要」體制的私撰圖書目錄之中,如錢謙益《列朝詩集》、《初學集》,以及公安三袁、屈大均、金堡、呂留良……等人的著作;筆者以為,此點固然可被視為檢視編撰者「自我壓抑」心理的反映,但其中又涉及藏書家們的收書偏好,故僅以此點作為證明編撰者的「自我壓抑」心理,則論證力道不免略嫌薄弱。

然而,倘若在此基礎概念之上,進一步觀照私撰圖書目錄「集部提要」中,與「錢謙益」相關的論述,則或許能從中梳理出目錄編撰者可能具有「自我壓抑」心理的線索。以《四庫全書總目》為例,雖乾隆帝曾有頒佈諭文明確指示,凡為錢謙益之著作,以及書中內容有所引用,或者任何與錢謙益有所相關的論述,皆應「逐細查明,蓋行燬棄」;然而,承上文所述,儘管《四庫全書總目》對於錢謙益及其著作的說法均屬貶抑之辭,但相較於屈大均、金堡等人來看,猶可窺見乾隆帝及館臣們應是格外在意「錢謙益」,是以多次提及錢謙益與其著作。

　　循此理路，進一步檢視清代私撰圖書目錄集部提要中對於錢謙益的相關記述，則大抵可見私撰圖書目錄雖多未直接收錄錢謙益之著作，但於「提要」中則多有引用其見解和說法，同時亦會記述與其相關的資訊。以陸心源《皕宋樓藏書志》記「《水雲詩》舊鈔本」一條為例，提要云：

　　錢氏手跋曰：「汪水雲詩，雜見於鄭明德《遂昌雜錄》、陶九成《輟耕錄》、瞿宗吉《詩話》及程克勤《宋遺民錄》者，不過三、四頁。夏日晒書，理雲間人物鈔詩舊冊，得水雲二百二十餘首，錄成一帙。然迺賢序《水雲詩》，以為多記國亡時事，此帙多有之，而所謂與文丞相唱和者，概未之見也，唯〈浮修道人招魂歌〉擬杜七古體製者，今見文丞相集後。《水雲集》劉辰翁批點刊行者，藏書家必有全本，當更與好古者共購之。崇禎辛未七夕鈔完。牧齋記。」[19]

　　再以《鐵琴銅劍樓藏書目錄》記「《玉笥集》明刊本」一條為例，提要云：

　　此明弘治間山陰令慈溪王伯仁刻本，嘉定潘密序。其詩不分卷，專錄詠史樂府，間有楊鐵崖評語，與成化十卷本篇第字句微有不同。又《列朝詩集》採玉笥詩五十餘首，取校此本，絕異，或蒙叟未見刊本也。[20]

　　又有《楹書隅錄》記「北宋《王摩詰文集》十卷六冊」一條，提要有云：「……牧翁所跋作『山中一半雨，樹杪百重泉』」[21]，於下並有小字註云：

<hr />

[19] 陸心源，《皕宋樓藏書志》，頁4107－4108。

[20] 瞿鏞，《鐵琴銅劍樓藏書目錄》，頁1371－1372。

[21] 楊紹和，《楹書隅錄》，頁490。

《初學集》云：蓋送行之詩，言其風土、深山、冥晦、晴雨相半，
故曰「一半雨」而續之以樊女巴人之聯也。[22]

　　以上三則提要，除第一則為直接引述錢謙益所撰的題跋之外，後二則內
文中所提到的《列朝詩集》與《初學集》皆為錢謙益的論著，且都是被排除
在《四庫全書》和《四庫全書總目》收錄範疇之外的禁書。

　　換句話說，既然後世目錄多有引用、記述錢謙益的言論和學術觀點，則
此間相對說明錢謙益於當時文壇應享有一定的盛名，且受到相當程度的重
視；但實際上，錢謙益的論著則幾乎未被具有「提要」體制的私撰圖書目錄
所收錄。

　　另一方面，若單就這類「提要」的撰述概念來看，或許亦可說是這些目
錄提要編撰者，係依循《四庫全書總目》的著錄模式，而並未直接向「官方
權力」進行挑戰。因為，這些私撰圖書目錄對於「錢謙益」的處理方式，係
與《四庫全書總目》相仿，都同樣是在乾隆帝所頒諭令的規範、框架之內，
沒有直接收錄與錢謙益相關的書籍文獻，卻於提要中多次論及「錢謙益」和
其觀點。事實上，乾隆帝從未「白紙黑字」明令：凡提要中任何與「錢謙益」
相關的論述，只得為批評或撻伐之語，否則即不可著錄。因此，儘管《四庫
全書總目》中對於「錢謙益」的說法，均為負面批評和撻伐之語，但私撰圖
書目錄本來就不必然得完全依循官方的學術觀點，而同樣可以將與「錢謙益」
相關的內容，著錄於提要之中。

　　簡單來說，就某種意義上而言，私撰圖書目錄編撰者形同巧妙地迴避了
乾隆帝當初於諭令中所設下的文網；而倘若這種巧妙的迴避方式，係出自於
編撰者「有意識」的行為，則此間即相對證明了編撰者具有規避文網的「自
我壓抑」心理。

---

[22] 楊紹和，《楹書隅錄》，頁490。

3. 私撰圖書目錄的成書時間點

　　從私撰圖書目錄的成書時間點來看，大抵有引用或記述與「錢謙益」相關資訊的目錄，其編成或版刻的時間點，多數都落在《四庫全書總目》編成之前，以及嘉慶朝的後半期，或者是後繼的道、咸、同、光四朝。藉此，我們或許可以做出的推測是，在乾隆帝下諭詔令查禁之前，「錢謙益」的論著及相關資訊，尚不在官方明確設定的文網範疇之內，故如《讀書敏求記》於「提要」文中錄有與「錢謙益」相關的內容，理應較無所顧忌。而在乾隆朝大興「文字獄」之後，儘管嘉慶朝前半期時的文網已相對鬆綁，但於目錄編撰者的心中，仍存有一定程度的「自我壓抑」心理；而至嘉慶朝的後半期開始，由於國家整體政、經局勢面臨內憂外患，官方不如過去一般，行有餘力地能全面控管言論和著作，是以過往可能得審慎斟酌、小心使用的特定詞彙和說法，於此時也就不太受到約束，更不必於撰述時有過多的顧忌，較能從學術或賞鑑的立場，充分闡述自己所欲表達的想法。

　　以《愛日精廬藏書志》為例，前文係將其歸於清代中期目錄之列，但由於其成書時間點，按馮惠民《愛日精廬藏書志・整理說明》所考，張金吾於嘉慶卅二年（1818）所編《愛日精廬藏書志》僅有 4 卷，後又於道光三年（1823）編成 36 卷，另補編《愛日精廬藏書續志》4 卷，並於道光七年（1827）合刊為 40 卷本，皆屬嘉慶朝的後半期和道光朝[23]；而此時正逢清代王朝由盛轉衰的關鍵期，官方所建置的文網較過去已相對寬鬆許多，是以於《愛日精廬藏書志》中，猶可察見記述有關「錢謙益」的資料，如以記「《後山先生集》三十卷　明嘉靖刊本」一條為例，提要內文係引何焯之說，有云：「**錢牧齋蓄書，非得宋刻名抄則云無有，真細心讀書者之言。**」[24]文中乃直接讚揚「錢謙益」的藏書觀點。按理若為「文字獄」大興時期，則儘管是收錄他人之言論，仍應會有所疑慮和顧忌；反過來說，此間即可見在嘉慶朝後半期，官方文網已

---

[23] 張金吾撰、馮惠民整理，《愛日精廬藏書志》（北京：中華書局，2012 年），頁 1–9。

[24] 張金吾，《愛日精廬藏書志》，頁 952。

相對寬鬆許多,故在過去應當要避免,或者是必須再三斟酌的言論,於此時
期的目錄編撰者,也就較能在無所畏懼的情況下,將欲記述或闡釋的內容,
詳實地著錄於提要之中。簡單來說,在「官方權力」急遽衰退的階段,且文
網相對寬鬆的情況下,目錄編撰者的「自我壓抑」心理便也隨之相對弱化,
因而更能直言心中的想法,以及如實地記述和輯錄相關的文獻。

　　不過,同樣是前文歸類為清代中期的目錄,如吳壽暘的《拜經樓題跋記》,
因成書時間點的不同,則其背後所隱含的意義,即與《愛日精廬藏書志》有
所相異。以《拜經樓讀書題跋記》所記《素雍集》一條為例,提要云:

> 右詩一卷,元閨秀鄭允端著,舊鈔本。……先君子記云:「某按《列
> 朝詩集》云:『《允端集》,曲江老人錢惟善、汴人杜寅為敘傳云云,
> 然則此篇蓋寅筆也。』」……並書卷首云:「《提要》以《素雍集》為
> 偽託。」[25]

　　此則提要內文的記述概念,大抵與《愛日精廬藏書志》相同,對於與「錢
謙益」相關資訊的記述,皆是引用他人的觀點。簡單來說,可視為「第三層
級」的言論引用,即吳壽暘之父——吳騫引用他人之說撰作題跋,而吳壽暘
再予以著錄於《拜經樓題跋記》中。然而,與《愛日精廬藏書志》所不同的
是,按郭立喧《拜經樓讀書題跋記・整理說明》[26]所考,吳壽暘自編成《拜
經樓讀書題跋集》之後,一直「秘之篋衍,不以示人」,及至道光年間方由其
子吳之淳手錄,並交付蔣光煦刊行。藉此,筆者認為在這「編成」到「成書
刊行」的過程中,應存在著兩種可能性:1、在吳騫撰作題跋時,「錢謙益」
尚未被納入文網之中,故可以無所顧忌地直言「《列朝詩集》」;2、吳壽暘自
《拜經樓讀書題跋記》編成後,並未立即付梓刊行的原因,抑或是對於當時

---

[25] 吳壽暘編,《拜經樓讀書題跋記》,收錄於國家圖書館編,《國家圖書館藏古籍題跋叢刊》第 9
　　冊,頁 535-536。

[26] 見吳壽暘編、郭立喧整理,《拜經樓讀書題跋記》(上海:上海古籍出版社,2007 年),頁 1-3。

的嚴密文網有所顧忌。而其中又以第二種情形，或可作為觀察「清代圖書目錄編撰者『自我壓抑』心理」的重要線索之一。

　　此外，根據前文以「錢謙益」為核心的探討，進一步將《四庫全書總目》、《拜經樓題跋記》、《愛日精廬藏書志》、《皕宋樓藏書志》、《鐵琴銅劍樓藏書目錄》、《善本書室藏書志》等目錄，以線性發展的概念作連結，則依據它們各自的成書和刊行時間點來看，大抵可勾勒出一條清代私撰圖書目錄集部提要與「官方權力」之間的互動脈絡。編成時間與《四庫全書總目》相仿的私撰圖書目錄，由於當時正處於「官方權力」相對高張的時期，故對於任何有可能遭禍的言論和字眼，目錄編撰者或刊行者，往往會因為「自我壓抑」心理的作祟，而「有意」或「無意」地採取迴避、改易，或者是其他替代的方式，以規避當時的嚴密文網。而當「官方權力」逐步下滑時，儘管目錄編撰者或刊行者的心中，難免還是存有幾分「自我壓抑」的心理，但相對於在「官方權力」高張時，顯然已不必再有太多的顧慮。換句話說，在官方有意掌控言論、著作的前提下，目錄編撰者所呈現「自我壓抑」心理的強弱度，與「官方權力」的消長情形，二者之間的發展關連性，係為成「正比」的概念；意即當「官方權力」愈高張，則目錄編撰者的「自我壓抑」心理就愈明顯，但當「官方權力」相對低迷時，則目錄編撰者「自我壓抑」的心理，便也會隨之相對弱化。

　　總括前言，雖上述所舉各例，並不適合作為「直接證據」觀照清代私撰圖書目錄編撰者所具有的「自我壓抑」心理；然而，根據對其中細節的耙梳，仍能「間接」說明清代私撰圖書目錄編撰者係具有一定程度的「自我壓抑」心理。而藉由前文分別從三個面向探討目錄編撰者的「自我壓抑」心理，筆者以為大抵可歸納為三項重點：

一、以清代學術風氣發展情形為線索，清代中、後期所編成的私撰圖書目錄，其集部提要內容多轉趨於側重記述針對書籍文獻「版本」考辨的過程和結果；筆者以為，此現象的產生係與目錄編撰者的「自我壓抑」心理有關，而目錄編撰者「自我壓抑」心理的產生，則又與清代前期

大興「文字獄」息息相關。

二、以私撰圖書目錄集部提要中，對於「錢謙益」的處理模式為觀察線索，
則倘若私撰圖書目錄編撰者，係為「有意識」的採取與《四庫全書總
目》相同的處理模式，此即相對說明編撰者乃具有規避文網的「自我
壓抑」心理。

三、目錄編撰者呈現「自我壓抑」心理的強弱度，與「官方權力」的消長
情形，二者之間的發展關連性，係為「正比」的概念。簡單來說，透
過對於清代私撰圖書目錄編撰者「自我壓抑」心理的掌握，大抵即能
作為觀察線索，略窺「官方權力」與「私撰圖書目錄集部提要」之間
的巧妙互動關係。

此外，本節係以「時代環境」作為思考的出發點，以「權力」作為詮釋
的脈絡，視「清代圖書目錄集部提要」為體現「知識系統」的載體，並以之
作為論述的核心對象；同時，分別就「清代『官方權力』對於編撰目錄的直
接影響」和「『官方權力』與目錄編撰者的『自我壓抑』心理」二面向，耙梳
此間的「權力」與「知識」所構成的學術圖像。

而根據傅柯《規訓與懲罰──監獄的誕生》的說法，「權力」與「知識」
之間係為相互指涉，意即當「權力」能有效導引或形塑某種「知識系統」的
出現，則亦可能再藉由該「知識系統」達到建構或鞏固其「權力」的目的。
而透過上述的討論，大抵可知清代學術或知識系統的產生，與「官方權力」
的消長情形，二者之間確實有著密不可分的關連性。

承上言，若就時間橫軸的概念分析，則清代「官方權力」的發展情形，
與「目錄集部提要」之間的互動關係，筆者以為大抵可統整為四個階段：

一、在「官方權力」發展的初期，清廷政府大抵只能藉由如「文字獄」等
高壓手段，控制或壓抑言論的發展，卻無法「有意識」、「有系統」地
導引或形塑「知識」；因此，在這個階段的「集部提要」，大抵多能呈
現編撰者個人的學術觀點及思維特色，如錢曾的《讀書敏求記》。

二、當「官方權力」發展達到巔峰的階段，清廷政府除了高壓的控制或壓抑手段之外，亦開始有能力導引或形塑某種特定的「知識系統」，如《四庫全書總目》即有明顯的導引和形塑「知識系統」的特性；另一方面，此時的私撰圖書目錄「集部提要」，則已可略見編撰者「自我壓抑」的心理狀態，如《拜經樓題跋記》。

三、當「官方權力」開始走向衰敗之途的初期，由於經歷之前官方高壓的控管，深植於文人士子、目錄編撰者心中的顧忌和疑慮，仍無法馬上遺忘或消除，而王汎森所謂的「自我壓抑」現象也依舊存在。是以儘管此時「知識系統」的發展，已不再完全受到「官方權力」的掌控，但猶能感受到過往官方所建立的「知識系統」與學術氛圍，仍深深影響當時目錄的出版情形，如嘉慶十年上板的《季滄葦藏書目》，即以「墨塗」的型式規避可能存在的文網。

四、隨著「官方權力」急遽衰退，清廷政府已然無法騰出多餘的精神和力量，再如同過去一般強勢地介入與掌控言論，或者是「有意識」地導引、形塑「知識系統」的產生和發展，是以目錄編撰者的「自我壓抑」心理亦隨之相對弱化。因此，諸如《皕宋樓藏書志》、《鐵琴銅劍樓藏書目錄》、《楹書隅錄》……等私撰圖書目錄，亦出現較多過往所忌諱使用的字眼、詞彙，或者是必須格外謹慎著錄的內容。

　　藉由上述四階段的說明，大抵可略窺「權力」與「清代圖書目錄集部提要」之間的關連性。簡單來說，即清代無論是官、私撰圖書目錄，其「集部提要」的內容與著錄方式的發展樣貌，均與「官方權力」的消長情形息息相關。

　　另一方面，筆者以為根據這樣的線索，或可進一步做出的推論是：在清代圖書目錄集部提要中，所體現的時代文學觀點和學術樣貌，亦同樣有受到「官方權力」的影響；然而，倘若僅就本節的討論，尚不足以完全支撐此觀點，故仍須藉由後文針對「提要性質」、「書寫模式」和「指涉意義」的探討，方能做出更有力的論證與說明。

二、提要性質

　　承上節以「權力」為詮釋脈絡的討論，大抵梳理出在清代「官方權力」籠罩下，目錄集部提要中所呈現的內在理路。而本節擬從另一個不同的角度切入，嘗試以周彥文《中國文獻學理論・內在學理論》中，關於文獻「性質」的理論架構為方法，針對清代圖書目錄集部提要的「性質」進行耙梳，藉以觀照「清代圖書目錄集部提要內在理路」之一隅。

　　周彥文於《中國文獻學理論・客觀性、主觀性與導引性──以提要為例》一文中，大抵是以「提要」內容的敘述取向，以及對文學作品的批評方式，作為觀照「提要性質」的核心依據，並進一步闡釋其中所揭示的內在理路。另一方面，周彥文於文中有註云：

> 清代以降，又出現了以記錄版本為主的提要。此類書目或被稱為「賞鑑書志」，可參見昌彼得先生書（此指昌彼得、潘美月《中國目錄學》，頁 62）。惟此類提要與本文（指〈客觀性、主觀性與導引性──以提要為例〉）所將討論的主題較不相關，故不列入敘述。[27]

　　筆者以為，周氏有此一註說的緣由，係因在建構一套理論時，其所指涉的面向必須是「綜觀全局」，而不只是限於一時、一地或一人的概念，故必然得為其理論劃出一個「有限的」討論範圍，否則容易使理論架構流於空泛，而不知所云。然而，本書主要關注的焦點，係限於「清代的目錄集部提要」，相對於周氏的「綜觀全局」，則範圍相對縮小，亦較具有明顯的針對性。其次，本研究主要是基於「運用理論」的立場，而非是「建構理論」的概念；既然

---

27 周彥文，《中國文獻學理論》，頁 255。

是「運用理論」，則在原先的理論架構基礎上，或可再進一步擴大討論的範疇，
藉以關注不同的學術課題。

　　綜上所述，故筆者擬以周彥文〈客觀性、主觀性與導引性——以提要為
例〉一文所提出的理論架構為基礎，略擴大其可論述的面向，將提要內容側
重記述「版本」的目錄，一併納入本書的討論範疇，以作為觀照「清代圖書
目錄集部提要內在理路」的線索之一。簡單來說，本書擬將偏屬於「藏書志
（賞鑑書志）」，如《鐵琴銅劍樓藏書目錄》等，一併納入本書的討論範疇之內。

　　以下即分從「主觀性提要」、「導引性提要」、「客觀性提要」等三種提要
性質著手，以《讀書敏求記》、《四庫全書總目》和《鐵琴銅劍樓藏書目錄》
中，所記關於《中興間氣集》一書的「提要」為例，說明其各自所偏屬的性
質，並進而闡釋其中所揭示的內在理路和學術意涵。

（一）主觀性提要

　　錢曾《讀書敏求記》記「《中興間氣集》二卷」一條，提要云：

　　渤海高仲武自至德元首終大曆暮年，採二十六人詩，總一百三十二
　　首，命曰《中興間氣集》。每人冠以小序。鑒公衡平，果自郇以下，
　　非所敢隸焉。此本從宋刻摹寫，字句絕佳。即如朱灣〈咏三〉詩首
　　句「獻玉屢招疑」，「三」獻玉也。次云：「終朝省復思」，三省三思
　　也。領聯「既哀黃鳥興，還復白圭詩」，三良三復也。頸聯「請益先
　　求友，將行必擇師」，益者三友，三人行也。結云：「誰知不鳴者，
　　獨下仲舒帷」，三年不鳴，三年不窺園也。後人不解詩意，翻疑「三」
　　為譌字，妄改題曰〈咏玉〉。凡元至明刻本皆然。不知唐人戲拈小題，
　　偶吟一律，便自雋永有味，非若今之人詩成而後著題也。世有玄對
　　（勞權云：「『對』疑『味』」）吾語者，始可與言詩矣。[28]

---

[28] 錢曾著、章鈺等校證，《讀書敏求記校證》，頁〈記校四之下〉8–9。

此則提要，係先概述《中興間氣集》的內容和書名，後再針對其中的內容稍做評述，再次為略論該書版本之優劣，而這些大抵皆屬於針對書籍文獻客觀資訊的描述。其次，緊接在「客觀資訊」的描述之後，錢曾以《中興間氣集》所收朱灣的〈咏三〉一詩為考辨對象，稱元、明人刻板，大多未能深解詩意，卻妄改原著之內容。此外，錢曾亦點出唐代人與後世詩人作詩的差異，其認為唐人的詩作與詩題，往往能彼此切合，使得雋永意蘊和趣味能夠自然生成；但反觀時人作詩，多先完成詩作，後再依詩作內容而命題。儘管錢曾在此未針對時人的詩作直接進行批評，不過從字裡行間，猶可感受到其對於唐詩的尊崇，以及對時人詩作乃為相對貶抑的思維。

根據上述對於錢曾〈《中興間氣集》提要〉內容的耙梳，可知此則提要雖有對客觀資訊作描述的部分，但其主體係多屬「主觀式」的批評，如針對元、明間刻本討論，即隱約帶出對當時學術風氣的批判；又有對於「詩作」與「詩題」之間關係的討論，則可略窺錢曾乃推崇唐人作詩的意蘊和趣味，而相對貶抑時人作詩的方式。另一方面，此間彷彿可感受到「錢曾」本人即存在於該則提要的論述之中；換言之，倘若進一步化用王國維《人間詞話》的「有我之境」、「無我之境」的概念作詮解，則此應是屬於「有我之境」概念的提要。

既是屬於「有我之境」的提要，且其中又清晰可見錢曾「主觀式批評」，而客觀資訊的呈現亦非提要的主體內容；因此，筆者以為就文獻的「性質」而言，此則當偏屬為「主觀性提要」。

(二) 導引性提要

《四庫全書總目》記《中興間氣集》一條，提要云：

> 唐高仲武編。仲武自稱渤海人，然唐人類多署郡望，未知貫何地也。是集前有自序云：「起至德初迄大曆末，凡二十六人，詩一百四十首。」末有元祐戊辰曾子跋稱：「獨遺鄭當一人，逸詩八首。」蓋在宋時已

殘闕，故陳振孫《書錄解題》云：「所選詩一百三十二首也。」姓氏
下各有品題，拈其警句，如《河岳英靈集》例，而張眾甫、章八元、
戴叔倫、孟雲卿、劉灣五人俱缺。考毛晉跋，謂得舊鈔本，所闕張、
章、戴諸評俱在，獨劉灣無考，故編中於四家姓氏之下。俱註云評
載卷首，今檢卷首無之，當由久而復佚耳。又按錢曾《讀書敏求記》
謂：「得宋鋟本……自元至明刻本皆然。」此本仍襲舊譌，知毛晉所
云「舊抄本」，猶未足據也。仲武持論頗矜慎，其謂劉長卿十首以後，
語意略同，落句尤甚，鑒別特精。而王士禎〈論詩絕句〉獨非之，
蓋士禎詩修詞之工，多於鍊意，其模山範水，往往自歸窠臼，與長
卿所短頗同，殆以中其所忌，故有此自護之論耶！陸游集有是書跋
曰：「高適字仲武，此乃名仲武，非適也。」然適自字達夫，游實誤
記而誤辨，至稱其評品多妄，又稱其議論凡鄙，則尤不然。今觀所
論如杜誦之「流水生涯盡，浮雲世事空」語本習徑，而以為得生人
始終之理。張繼之「女停襄邑杼，農廢汶陽耕」，句太實相，而以為
事理雙切，頗不免逗漏末派，其餘則大抵精確。不識游何以詆之？
至所稱錢起之「窮達戀明主，耕桑亦近郊」，劉長卿之「得罪風霜苦，
全生天地仁」此自詩人忠厚之遺，尤不得目以凡鄙。惟王世懋《藝
圃擷餘》摘郎士元「暮蟬不可聽，落葉豈堪聞」句，謂聽聞合掌，
而仲武稱其工於發端，則切中其失不為苛論矣。[29]

　　就此則提要的內容來看，大抵可劃分為四個部分。第一部份，係先略述
編纂者——高仲武的生平、籍貫。第二部分，則引高仲武〈自序〉、曾子〈跋〉
和陳振孫《直齋書錄解題》的說法，針對書中收錄詩作的情況、數量進行描
述。第三部份，係說明該書著錄的體例和內容，並引錢曾《讀書敏求記》對
於朱灣〈咏三〉或〈咏玉〉的考辨說法，梳理該書的版刻情形。最後，乃針

---

[29] 永瑢、紀昀等編，《武英殿本　四庫全書總目提要》，頁5：10—5：11。

對《中興間氣集》內文對於各家詩人的說法進行評論，並反駁陸游、王士禎
二人對於《中興間氣集》的評述。大抵而言，本則提要的前三部分，係屬於
對《中興間氣集》客觀資訊的描述，故此三部分乃偏屬為「客觀性提要」；最
後一部份，主要呈現館臣對於《中興間氣集》一書的見解和評價，故其中勢
必具有一定程度的「主觀性」。是以單就本則提要的內容來看，可謂是同時兼
具「客觀性」和「主觀性」特質的提要。

　　另一方面，對於同一詩人的評價，則《四庫全書總目》明顯屬意《中興
間氣集》的說法，而對於陸游[30]、王士禎[31]的說辭，乃相對採取「不認同」的
態度，同時也耗費不少篇幅，針對陸、王的說法提出質疑和反駁。藉此，大
抵可知《四庫全書總目》的說法，係具有明確且單一的指向性，即幾乎是完
全「認同」《中興間氣集》評價詩人、詩作的說法；換言之，此間疑有「導引」
讀者朝特定方向理解的意圖。因此，筆者認為此則提要除具有「主觀性」、「客
觀性」的性質之外，相較於其他私撰圖書目錄而言，又具有「導引性」的特
質，故亦可歸屬為「導引性提要」。

(三) 客觀性提要

　　《鐵琴銅劍樓藏書目錄》記「《中興間氣集》二卷　校宋本」一條，提要
云：

> 唐高仲武集并序。義門何氏以蔣文肅所藏舊鈔宋本參校，核汲古毛
> 氏刊本，李希仲〈薊門行〉一首誤分二首，李嘉祐衍〈和苗員外秋
> 夜省直〉一首，章八元闕〈小序〉又少〈寄都官李郎中〉一首，朱

---

30 陸游〈跋《中興間氣集》〉云：「高適字仲武，此乃名仲武非適也。評品多妄，蓋淺丈夫耳。其
書乃傳至今，天下事出於幸、不幸，固多如此，可以歎。淳熙甲辰八月二十九日放翁書。」見陸
游，《渭南文集》，收錄於《文淵閣四庫全書電子版》（香港：迪志文化出版有限公司，2007年）。

31 王士禎《精華錄‧戲仿元遺山論詩絕句三十二首》有詩云：「中興高步屬錢郎，拈得維摩一瓣香；
不解雌黄高仲武，長城何意貶文房。」見王士禎著、李毓芙等整理，《漁洋精華錄集釋》（上海：
上海古籍出版社，1999年），頁331。

灣少〈對蘇使君席詠箏柱子〉一首。何氏手跋曰：「康熙戊戌十月望，
以事往南海淀，借宿蔣西谷寓舍，架上有抄本唐《中興間氣集》一
冊，視其行數、字數，似從宋雕本影寫，問之，乃述古堂故物也。
因借歸，呵凍是正，遂成善本。餘兒他日其愛惜之，或更倩善書者
重錄，猶不負老子一再勘校，以貽爾曹之意也。」（小字註：「卷首
有『何焯之印』朱記」）[32]

　　此則提要，除先述編纂、作序者為高仲武，其次為說明「版本」由來，
再次則點出書中訛誤、缺漏之處，後乃著錄書中所收何焯之跋文。換句話說，
以上所見諸點，俱屬對於該「校宋本《中興間氣集》」外在客觀資訊的陳述，
幾乎未見對書中內容的批評；同時，針對該書「版本」的描述中，亦未見有
明顯的賞鑑、評價之語。換句話說，相較於《讀書敏求記》與《四庫全書總
目》提要的敘述，《鐵琴銅劍樓藏書目錄》大抵是針對所收《中興間氣集》的
客觀資訊作描述，而非以評述書中內容或賞鑑版本為主；此外，字裡行間亦
未明顯察見瞿鏞個人「主觀意志」的涉入，而是站在相對客觀的第三者立場，
著錄何焯的跋文，並藉以揭示一些與該「校宋本《中興間氣集》」的相關訊息。
即此，筆者以為就文獻的「性質」而言，此則係偏屬為「客觀性提要」。

　　根據上述討論，筆者以為大抵可梳理出四項觀照「清代圖書目錄集部提
要內在理路」的重點：

一、依據提要內容所側重記述的面向，大抵可梳理其所偏屬的性質，如客
　　觀性、主觀性和導引性等；而此三種性質彼此之間，實不具有絕對的
　　「互斥性」，猶可共存於單一提要之中，如《四庫全書總目》的〈《中
　　興間氣集》提要〉即為一例。

二、以前述所引三則提要為例，大抵可窺見清代圖書目錄集部提要性質的
　　發展情形。按《讀書敏求記》係屬「序、跋集」，雖其中內容有針對書

[32] 瞿鏞，《鐵琴銅劍樓藏書目錄》，頁 1397－1398。

籍文獻客觀資訊的描述，但於提要中仍明顯可見目錄編撰者的「主觀
意志」。《四庫全書總目》在表層意義上，雖同時具備「客觀性」、「主
觀性」的特質，但由於在其編纂工作的背後，係具有實質的政治目的，
而其提要亦多含有特定的指向意義，故往往具有明顯的「導引性」特
質。《鐵琴銅劍樓藏書目錄》係屬於「藏書志（賞鑑書志）」的目錄，
其提要所記述的核心內容，多集中於對書籍文獻「版本」的考辨和描
述，而此皆屬於書籍文獻的外在客觀資訊；換言之，目錄編撰者個人
的主觀情感和意志，即較不會於提要中呈現。

因此，此間即可見清代圖書目錄集部提要性質的發展，大抵是從明顯
可見目錄編撰者「主觀意志」的「主觀性提要」，逐漸發展為以記述「客
觀資訊」為主的「客觀性提要」；而《四庫全書總目》在此發展過程中，
係為居中過渡的位置，同時因其特殊的編纂背景和政治目的，故又兼
具有「導引性」的特質。

不過，上述這樣的說法，並非意謂著當以「客觀性提要」為主的「藏
書志（賞鑑書志）」出現之後，以「主觀性提要」為主的目錄便完全退
出時代的學術舞台；事實上，仍有其他「序、跋集（題跋集）」或「讀
書記」提要，同樣具有相當程度的「主觀性」特質。只是，筆者在此
所要強調的是：當目錄提要發展至清代中、後期時，則提要的「客觀
性」特質，乃較過去更為顯著和突出。

三、承上言，就「提要性質」的發展情形來看，此亦符合前述對於清代學
　　風發展脈絡的耙梳。即清代前期，整體學風乃未完全受到「官方權力」
　　壓制的影響，故仍具有明顯屬於「主觀意志」的論述；時入中期，由
　　於目錄編撰者受到外在的政治環境，以及本身「自我壓抑」心理的影
　　響，是以多將研究精力轉趨於從事「考據」之學，進而帶起乾、嘉學
　　風；而至清代後期，承繼乾、嘉學風的影響，針對書籍文獻「客觀資
　　訊」考究的學風愈加興盛，故出現更多以考辨、記述、賞鑑「版本」
　　為主的「客觀性提要」。

四、承上言，進一步就此間可能呈現的「文學觀點」來說，即間接說明在「清代圖書目錄集部提要」的範疇內，隨著目錄體例、形制的轉變，「文學作品」本身所揭示的文學觀點和學術意涵，已不再為目錄編撰者認為是首要重視的闡釋對象。換句話說，此間所潛藏的内在理路，即在整體學風的影響之下，「集部提要」所針對的記述對象為書籍文獻本身，而不再是書中所揭示的文學觀點和學術意涵；故抑或可說是當「集部提要」發展至清代中、後期，大抵已不再為傳統「指涉治學門徑」的概念所服務。

總括前言，藉由上述針對「提要性質」的耙梳，大抵能作為對其他各則提要「性質」認識的基礎，並進而掌握清代圖書目錄集部提要「性質」的發展脈絡，同時亦能藉以與前述討論相互呼應，更為清楚地勾勒出清代學術風氣發展樣貌的雛形。

簡單來說，本節係以「提要性質」作為切入角度，觀照清代圖書目錄集部提要的内在理路。而進一步歸納上述的討論，筆者以為大抵可梳理為三項重點，如下：

一、透過針對「提要性質」的耙梳，大抵可知清代圖書目錄集部提要所揭示的其中一項内在理路，即說明清代整體學術風氣的發展，係從「重視抒發個人觀點和主觀意志的學風」，逐漸轉趨為「強調『考據』的尚實學風」。

二、根據上述分別以《讀書敏求記》、《四庫全書總目》和《鐵琴銅劍樓藏書目錄》為例，針對提要「性質」所做的說明，大抵可勾勒出一條「清代圖書目錄集部提要性質」的發展脈絡，即從兼具「主觀性」和「客觀性」特質的提要，逐步轉變為以「客觀性」為主要特質的提要。另一方面，在清代圖書目錄發展過程中，具有重要轉捩點地位的《四庫全書總目》，由於其編纂的出發點係包含明確的政治目的，而其提要内容往往具有特定的指向意義，故於「客觀性」、「主觀性」之外，

又兼具「導引性」的特質。

三、時至清代中、後期，圖書目錄「集部提要」的內容，係趨向以「書籍
　　文獻」本身作為主要的記述對象，而「文學作品」本身所揭示的文學
　　觀點和學術意涵，已然不再是目錄編撰者認為首要重視的闡釋對象。
　　換句話說，此時期的圖書目錄「集部提要」編撰者，大抵不再全然以
　　「指涉治學門徑」，作為撰作「提要」時的核心宗旨。

　　綜觀上述，本節係根據周彥文《中國文獻學理論》中，所提出的「提要
性質」的理論架構為核心，藉以檢視清代圖書目錄的集部提要，並梳理其中
所揭示的部分內在理路和學術意涵，進而作為後續開展後文〈書寫模式〉和
〈指涉意義〉的論述基礎。

三、書寫模式

　　承前文以「權力」與「提要性質」為詮釋脈絡的討論，本節擬以周彥文
《中國文獻學理論・內在學理論》中，關於「書寫模式」的理論架構為方法，
梳理清代圖書目錄集部提要的「書寫模式」，進而觀照「清代圖書目錄集部提
要內在理路」之一隅。

　　周彥文認為「任何文獻的編撰者，應該都會呈現出一種模式化的『書寫
模式』」，而藉由對文獻「書寫模式」的掌握，即有助於我們「有意識的」解
讀文獻。[33]關於文獻的「書寫模式」，周氏於《中國文獻學理論・內在學理
論》一文中，指出有「定向書寫」與「實寫與虛寫」二種模式，可作為檢視
和解讀文獻的途徑。除此之外，周氏認為尚有其他的書寫模式，如「語言系

---

[33] 詳見周彥文，《中國文獻學理論》，233－234。

統」[34]和「空窗現象」等，同樣可作為解讀文獻時的檢視角度或切入面向。

　　另一方面，在實際從事文獻解讀工作時，我們必須認知到上述幾種不同的文獻「書寫模式」，彼此之間並非呈現「互斥」的概念，亦可能於單一文獻個案中，揉合二種或二種以上的書寫模式。換句話說，儘管某一文獻個案的書寫模式，可藉「定向書寫」的概念進行解讀，但這絕不意謂該個案就無法採用「實寫或虛寫」、「語言系統」或「空窗現象」等概念檢視。簡言之，即周氏所提出的「書寫模式」，並非是將文獻分門別類的方法，而是提供讀者解讀文獻時可選用的切入面向和思維理路。

　　以下擬藉「定向書寫」、「空窗現象」和「實寫與虛寫」等概念，針對清代官、私撰圖書目錄集部提要的「書寫模式」進行耙梳，以觀照其中所揭示的部分內在理路和學術意涵。

(一) 定向書寫

　　針對文獻中的「定向書寫」模式，周彥文《中國文獻學理論》云：

> 所謂定向書寫，是以固定重複某一個特殊的面向為書寫特徵。編撰
> 者藉此一筆法，可以在讀者心中造成某一個或某一類人物、或某一
> 項事物的特定形象，並以之建構編撰者心中的歷史文化定位。[35]

　　事實上，於歷代官、私撰圖書目錄中，廣泛運用「定向書寫」在撰作提要的佼佼者，無疑為《四庫全書總目》。承前文所述，《四庫全書總目》的編撰緣由，乃蘊含著強烈的政治目的，無論是在篩選書籍文獻的過程，或者是館臣所編撰的目錄提要，在在均可窺見清廷政府及「官方權力」的介入，而

---

[34] 周彥文所謂「語言系統」，其云：「每一種文本都會在其理念下，選擇符合其學術背景的語言系統來作為論述的語言；或是在其時代影響下，寫出的一定是關於該時代或該時代以前的語言系統等。」（周彥文，《中國文獻學理論》，頁 251。）

[35] 周彥文，《中國文獻學理論》，頁 234。

其目的無非是為控管言論和導引學術、文化的發展走向。因此，採取「定向書寫」撰作提要，係為最能有效達成此目的書寫模式。

而以《四庫全書總目》為例，包含〈集部總敘〉和〈《明詩綜》提要〉，皆對於錢謙益及其著作《列朝詩集》嚴加撻伐；此外，《四庫簡目》記《明詩綜》一條的提要亦云：「彝尊以錢謙益《列朝詩集》顛倒是非，天良澌滅，乃網羅考校編為此書。」[36]可見《四庫全書總目》與《四庫簡目》於處理錢謙益的部分，皆是「以固定重複某一個特殊的面向」進行闡釋，意圖為讀者心中的「錢謙益」，建構某種「特定形象」和「歷史文化定位」的目的顯而易見。

簡單來說，若結合前文對於提要性質的討論，則筆者以為《四庫全書總目》針對「錢謙益」的相關論述，係採「定向書寫」的模式，且為「有意識」的在建構某種特定形象和歷史文化定位，藉以將讀者的思維「導引」至官方所規劃和期待的方向，並在某種意義上「暗示」官方所欲傳達的意念，如告誡所有當人臣子者須有「不侍二主」的忠貞思維。

(二) 空窗現象

按周彥文《中國文獻學理論》所稱「空窗現象」，其定義與概念係為「從對立面的角度，探究有哪些文獻資料是編撰者沒有寫入書籍中的，並以此推論編撰者刻意不寫什麼，或是當時有哪些資料是不存在的等。」[37]而以下擬依循周氏所建構的定義和概念，分為〈在「禁燬」之外〉、〈「在場」與「缺席」〉二部分，觀照清代官、私撰圖書目錄「集部提要」內在理路之一隅。

1. 在「禁燬」之外

就「空窗現象」而言，於《四庫全書總目》與《四庫簡目》中，除上述

---

[36] 永瑢等編，《文淵閣原鈔本 四庫全書簡明目錄》，頁 6：376。

[37] 周彥文，《中國文獻學理論》，頁 251。

所舉包含「乾隆四十一年所頒諭文」等四例之外[38]，全目中幾乎不見其他與錢謙益有關的論述。因此，倘若我們站在館臣的對立面來看，正因為館臣對於錢謙益的闡述偏少，就算有也是屬於負面評論，而此反倒凸顯館臣對於「錢謙益及其言論」的重視，意即為避免有違上意而遭逢巨禍，是以務求全面刪削、改易任何與「錢謙益」相關的言論；但是，就實際面來看，在整個查察、審閱的過程中，館臣和各級經手官員，勢必會更加著力且悉心閱讀所有與「錢謙益」相關的文獻。此外，就影響層面來看，清代私撰圖書目錄提要中不乏引用錢謙益之論述者，如《善本書室藏書志》記「《缶鳴集》十二卷」一條，提要云：

> 明高啟撰。是集乃先生存日手自訂定之，目錄下注卷一之十二卷……《列朝詩集》所稱：「詩凡二千餘篇，自選得《缶鳴集》十二卷。」[39]

　　筆者以為，此間至少體現二件事情：其一，錢謙益《列朝詩集》仍普遍流傳於民間，並未受到朝廷「禁燬」的影響而絕版。其二，根據《四庫全書總目》的敘述，清代官方似有意圖在「錢謙益」與「讀者」之間架起一道無形的藩籬，藉以直接斷絕「讀者」閱讀錢謙益著作的想法；然而，同前文以「權力——知識」為思考脈絡的檢視結果，此道官方所建構的無形藩籬，並不能完全阻隔或杜絕當時目錄編撰者對於「錢謙益」的認識，而其著作和言論，依舊是受到民間文人士子的廣泛閱讀和討論。

2.「在場」與「缺席」

　　同樣循「空窗現象」的詮釋脈絡，進一步比較錢謙益、屈大均、金堡等

---

[38] 此處所稱四例，係指前文所引用的「乾隆四十一年所頒諭文」、〈集部總敘〉、〈《明詩綜》提要〉、〈《愚菴小集》提要〉等。

[39] 丁丙，《善本書室藏書志》，頁1742。

三人，於清代官、私撰圖書目錄的「集部提要」中，各自的「在場」與「缺席」情形。

承上言，《四庫全書總目》「集部提要」中，館臣奉上諭查察並禁燬所有具「違礙」之嫌的書籍文獻，其中尤其點名錢謙益、屈大均、金堡等三人之著作，必當納於禁燬之列；而其中之因由，係歸咎於他們三人均「不能死節、靦顏苟活、妄肆狂狺」，故館臣自當將其三人之著作「逐細查明，概行燬棄，以勵臣節，而正人心」。按理來說，既已有諭令明確指示錢謙益等三人之著作，皆須燬棄而不得收錄，則於「提要」內文之中，應當不必對這些「被排除在外的人」有所論斷。

然而，實際就《四庫全書總目》「集部提要」來看，其中尤可察見錢謙益的「在場」證明，如〈集部總敘〉、〈《明詩綜》提要〉和〈《愚菴小集》提要〉中，儘管對錢謙益個人及其著作係採負面評價，但藉此亦可看到錢謙益於乾隆帝及館臣心中所佔的份量極重。因為，倘若乾隆帝、館臣絲毫不重視錢謙益，或者錢謙益本身在當時文壇、詩壇乃是一個沒有影響力的無名小卒，甚至不具有任何被討論和關注的價值，則《四庫全書總目》又何必對其多加著墨，以及提出強烈的撻伐、批判之語。再者，承前文所言，《四庫全書總目》對於錢謙益的批判，多著眼於其「仕官二朝」一事，即若是於〈《明詩綜》提要〉中，看似為直接對《列朝詩集》的批評，但其論述的核心、指涉的目標，仍集中在針對錢謙益人格的討論，而對於《列朝詩集》一書的評論，相形之下則明顯淡薄稀微。不過，無論如何，錢謙益在《四庫全書總目》中，係具有明確的「在場」證明。

其次，根據前文以「官方權力」為脈絡所作的闡釋，則大抵可知除官修圖書目錄──《四庫全書總目》之外，於清代私撰圖書目錄「集部提要」中，錢謙益同樣是具備絕對的「在場」證明。自《讀書敏求記》到《拜經樓題跋記》，再到《皕宋樓藏書志》、《鐵琴銅劍樓藏書目錄》、《善本書室藏書志》……等私撰圖書目錄中，儘管疑似有受到「官方權力」的影響，但其中仍不乏有提及錢謙益及其論著，或者是引述其說法和論點者。換句話說，無論是在《四

庫全書總目》或其他私撰圖書目錄「集部提要」中，錢謙益均具有相當明確的「在場」證明。

相較於錢謙益，同樣被納入禁燬之列的屈大均、金堡二人，在清代官、私撰圖書目錄「集部提要」中，則幾乎是呈現「缺席」的狀態。首先，就屈、金二人著作於清代圖書目錄「集部」中的收錄情況來看，屈大均著有《翁山詩集》、《翁山詩外集》，而金堡有《偏行堂詩集》、《丹霞集》，按理皆可歸於「集部」，但查清代多部具有「提要」體制的目錄中，大抵未收錄其二人此類的著作。再者，於多部目錄的「集部提要」中，幾乎未見有記述或引述屈大均、金堡二人之言論者。因此，相對於錢謙益而言，屈、金二人於「集部提要」中，明顯未受到當時目錄編撰者的重視；換言之，即屈大均、金堡二人本身，以及他們各自的文學作品，於清代圖書目錄「集部提要」中，係屬「缺席」的狀態。

總的來說，透過上述以「空窗現象」作為詮釋脈絡，剖析錢謙益、屈大均、金堡等三人，於清代圖書目錄「集部提要」中的「在場」或「缺席」狀態，則可初步歸納出的結論是：在清代圖書目錄「集部提要」中，錢謙益係屬「在場」的狀態，而屈大均與金堡二人，則屬於「缺席」的狀態。換言之，於清代圖書目錄「集部提要」中，幾乎對於屈、金二人未有太多的著墨，而此間即構成某種意義上的「空窗現象」；而這種「空窗現象」所衍生的學術意義，係為相對凸顯清代圖書目錄編撰者對於錢謙益的重視和關注。此外，倘若再根據這項線索，進一步思考其中所揭示的內在理路，則知無論是官、私撰圖書目錄，至少在這些目錄編撰者的心中，錢謙益應是一位於當時文壇或詩壇上，具有相當程度影響力和地位的重要作家之一。藉此，若再更進一步推想，則此間即說明在「明末清初」的這一段文學史上，錢謙益絕對佔有其重要的一席之地。

（三）實寫與虛寫

周彥文於《中國文獻學理論》中，針對其所提出的「實寫與虛寫」概念

做了一番詮解，其云：

> 實寫與虛寫並沒有一個固定的書寫模式，而且往往是相對性的呈
> 現。兩者之間若要有所區隔，可以說所謂實寫，是指文獻中會提出
> 具體的形象、事例、操作方法等；而虛寫則恰好相反，只書寫抽象
> 的意念，或空泛的理論等。[40]

　　根據周氏的說法，筆者的理解為「實寫」與「虛寫」儘管可各別呈現於
單一提要之中，但二者之間並不具有絕對的「互斥性」，意即「實寫」與「虛
寫」可共存在於同一則提要之中。簡單來說，於提要內容當中，無論是對於
「具體」事物的描述，或是對「抽象」概念的闡釋，二者既可單一存在，亦
可同時並存而無所違礙。而透過「實寫與虛寫」的概念檢視目錄集部提要，
筆者以為或能從中釐清各則提要的撰述目標和側重面向，甚至藉以觀照學術
風氣發展的脈絡，同時亦能作為後文進一步觀照「清代圖書目錄集部提要『指
涉意義』」的論述基礎。

　　循此理路，以下即引《讀書敏求記》、《四庫全書總目》、《鐵琴銅劍樓藏
書目錄》和《善本書室藏書志》等四部目錄，針對《松陵集》一書所撰的「提
要」為例，藉由周彥文所稱「實寫與虛寫」的理論架構進行檢視，分為「『實
寫』、『虛寫』各半」、「『實寫』為主、『虛寫』為輔」和「『實寫』為主」等三
面向作說明，並進一步闡釋其中所揭示的內在理路和學術意涵。

1. 「實寫」、「虛寫」各半

　　以錢曾《讀書敏求記》記「《松陵集》十卷」一條為例，提要云：

> 從來唱和之作，無有如魯望、襲美驚心動魄，富有日新者，真所謂
> 凌轢波濤，穿穴險固，囚瑣怪異，破碎陣敵，卒造平淡而後已。此

---

[40] 周彥文，《中國文獻學理論》，頁 244。

從宋刻影錄，前二卷猶是絳雲爐餘北宋槧本。洪治中劉濟民刻是集，都玄敬為之校讐，初視之甚古雅，惜非宋本行次。[41]

　　此則提要，於文首立即破題，直接針對皮日休、陸龜蒙二人的唱和之作進行評論，且多採用各式抽象的形容詞加以描述，故此部分偏向「虛寫」的概念。其次，係對於該《松陵集》的「版本」來歷作說明，同時亦對其版刻略做賞鑑和評論，故此部分偏屬「實寫」的概念。換句話說，就「實寫與虛寫」的概念檢視此則提要，則本提要的書寫模式，係為「實寫」、「虛寫」各半。

2.「實寫」為主、「虛寫」為輔

　　以《四庫全書總目》記《松陵集》一條為例，提要云：

唐皮日休、陸龜蒙等倡和之詩。考卷端日休之序，則編而成集者龜蒙，題集名者日休也。龜蒙有《耒耜經》，日休有《文藪》，皆已著錄。依韻倡和，始於北魏王肅夫婦，至唐代盛於元、白，而極於皮、陸。蓋其時崔璞以諫議大夫爲蘇州刺史，辟日休為從事，而龜蒙適以所業謁璞，因得與日休相贈答，同時進士顏萱、前廣文博士張賁、進士鄭璧、司馬都，浙東觀察推官李縠，前進士崔璐及處士魏朴、羊昭業等，亦相隨有作，裒爲此集，序稱共詩六百八十五首。今考集中日休、龜蒙各得往體詩九十三首、今體詩一百九十三首、雜體詩三十八首，又聯句及問答十有八首；外顏萱得詩三首、張賁得詩十四首、鄭璧得詩四首、司馬都得詩二首、李縠得詩三首，崔璐、魏朴、羊昭業各得詩一首，崔璞亦得詩二首，其他如清遠道士、顏眞卿、李德裕、幽獨君等五首，皆以追錄舊作，不在數內，尚得詩六百九十八首，與序中所列之數不符，豈序以傳寫誤歟？明宏治王

戌，吳江知縣濟南劉濟民，以舊本重刊，都穆為之跋尾，歲久漫漶；
毛晉又得宋槧本，重校刻之，今所行者皆毛本。唐人倡和裒為集者
凡三，《斷金集》久佚，王士禛記湖廣莫進士有《漢上題襟集》，求
之不獲，今亦未見傳本。其存者惟此一集，錄而存之，尚可想見一
時文雅之盛也。[42]

　　本則提要的內容結構，大抵分為五個部分：第一部份，為先對《松陵集》
的編輯者、作序者，以及書中內容略做說明。第二部份，為簡述「唱和詩」
一體的發展脈絡。第三部份，則略述《松陵集》的編纂緣由，進而詳述詩作
的收錄情形。第四部份，係針對《松陵集》的版刻源流稍作考述。第五部分，
乃藉由觀照唐人所編三部「唱和詩集」的存佚情形，側面點出唐代文風大盛
的情況。

　　根據以上對於提要內容結構的耙梳，其中第一、三、四部分，明顯皆為
描述《松陵集》的具體、客觀資訊，故屬「實寫」概念。至於第二、五部分
所述及的內容，雖不在周彥文所列「抽象的意念」、「空泛的理論」範疇，卻
也不是針對「具體的形象、事例、操作方法」的描述；筆者以為，此二部分
大抵都是以廣義的「文學發展」概念為論述基礎，而此雖不屬於「意念」的
呈現，亦非為「理論」的闡釋，但大致符合「抽象」和「空泛」的特質，故
仍應視為「虛寫」的概念。總的來說，即本則提要係以「實寫」作為主要的
書寫模式，但其中亦包含「虛寫」的概念；因此，本則提要的書寫模式，係
以「實寫」為主、而「虛寫」為輔。

3.「實寫」為主

　　以《善本書室藏書志》記《松陵集》十卷」一條為例，提要云：

唐崔璞以諫議大夫為蘇州刺史，辟皮日休為從事，而陸龜蒙以所業

---

[42] 永瑢、紀昀等編，《武英殿本　四庫全書總目提要》，頁 5：11－5：12。

謁璞，因與日休相贈答，同時顏萱、張賁、鄭璧、司馬都、李轂、
崔璐、魏朴、羊昭業各有附詩，龜蒙編而成集，日休題名兼序之也。
明宏治壬戌吳江令濟南劉濟民得舊本，授儒士盧雍校刻，都穆為跋，
而毛子晉別得宋刻重刊，卷端題「汲古閣正本」、「吳門寒松堂藏版」，
又鈐「詩卷長留天地閒」一印。此本有「存心之印」、「玉巖數閒草
堂藏書」及盧文弨「文弨讀過」諸印。蓋盧氏父子世藏者也。[43]

　　筆者以為，本則提要的前半部，應是參考並簡化《四庫全書總目》的考
究，故二者所載內容頗相雷同，大抵為記述皮日休、陸龜蒙二人編輯此書的
緣由，以及說明書中收錄哪些詩人的作品。其次，則針對該《松陵集》的版
刻源流、遞藏情形和藏書印等客觀資訊進行描述。因此，就「實寫與虛寫」
的概念來看，此則提要係以「實寫」的概念為主要的書寫模式。

　　再以《鐵琴銅劍樓藏書目錄》記「《松陵集》十卷　明刊本」一條為例，
提要云：

　　唐陸龜蒙編，集名則皮日休所題也。二人唱和之作為多。其「古體」
　　稱「往體」，僅見斯集。前有日休〈序〉。宋時有刊本。此本為明吳
　　江令濟寧劉濟民所刻，後有弘治壬戌都穆〈跋〉。世所行者，為「汲
　　古毛氏本」，是本流傳亦稀。[44]

　　按本則提要的內容來看，係先說明《松陵集》的編輯者與題名者，並略
述該書所收錄的內容，係以陸龜蒙、皮日休二人的唱和之作為主；其次，提
要指出書中有「往體」一詞，係為後來所稱之「古體」，此為針對今昔所用語
彙的不同之處進行說明；再次，則說明該書的版刻出處，以及書中所收錄的

[43] 丁丙，《善本書室藏書志》，頁1907－1908。

[44] 瞿鏞，《鐵琴銅劍樓藏書目錄》，頁1399。

跋文;最後,則為所收的「明刊本」與普遍流通的「汲古毛氏本」做比較,認為所藏「明刊本」相較於「汲古毛氏本」而言,乃較為罕見。而根據上文的梳理,筆者以為本則提要所側重記述的面向,雖與《善本書室藏書志》頗不相同;但大體來說,仍是以記述該「明刊本《松陵集》」的客觀和具體的資訊為主,而沒有對於抽象意念和理論的闡釋。因此,就本提要的書寫模式而言,仍屬於以「實寫」概念為主的提要。

根據上述以「實寫與虛寫」的概念作為詮釋脈絡,檢視清代圖書目錄集部提要的書寫模式,並藉以觀照清代圖書目錄集部提要的內在理路,則筆者以為大抵能從中梳理出三項關鍵:

一、就「實寫」與「虛寫」的發展趨勢來看,清代圖書目錄集部提要的內容大致上是從「『虛寫』、『實寫』穿插運用」的概念,逐漸轉變為以「實寫」為主的書寫模式;換句話說,即由兼具對「抽象意念(包含對作品的批評和個人主觀意志的闡釋)」的書寫特質,轉趨為著重描述書籍文獻的「具體形象」。藉此,筆者以為或可作為觀照清代學術風氣發展脈絡的線索之一,即大抵從著重抒發個人見解和觀點的學術風氣,逐步轉為強調「考據」的尚實學風。

二、根據《善本書室藏書志》對於《松陵集》一書所撰的提要來看,儘管《四庫全書總目》此則提要的說法,大抵上沒有什麼疏漏或疑誤之處,但就敘述方式而言,《善本書室藏書志》此則提要部分內容的用字遣詞,實與《四庫全書總目》頗相雷同。藉此,若從「以小觀大」的角度,進一步探討其中所揭示的內在理路和學術意涵,則大抵推知清代中、後期有部分私撰圖書目錄的集部提要,可能多有化用《四庫全書總目》的說法;換言之,《四庫全書總目》對於後世目錄提要的重大影響力,即由此可見一斑。另一方面,此間亦體現後世目錄編撰者,大多對《四庫全書總目》的說法頗為認同,又或者是受到「權威效應」

[45]的心態影響，故無論是在「有意」或「無意」之間，都可能「化用」
《四庫全書總目》的說法，並著錄於提要之中。

三、儘管同樣是以「實寫」為主要書寫模式的提要，如《善本書室藏書志》
與《鐵琴銅劍樓藏書目錄》，但其中所側重記述的內容面向，卻不必然
得完全相同。如上述同樣是針對《松陵集》所撰的提要，《善本書室藏
書志》雖明顯較《鐵琴銅劍樓藏書目錄》更為詳細，包含書中所收錄
詩作的作者、該書的編纂緣由和版刻源流等客觀資訊，均有詳細著錄
於提要之中[46]；但相對來說，《鐵琴銅劍樓藏書目錄》「提要」的敘述，
則較《善本書室藏書志》的說法更為精確。即此，倘若就「以小觀大」
的角度，進一步思考其中所揭示的內在理路和學術意涵，則筆者認為
此間乃體現出清代圖書目錄集部提要的多元化；因為，儘管均是以「實
寫」作為主要書寫模式，並側重記述「版本」相關資訊的「藏書志（賞
鑑書志）」，但依據目錄編撰者自身學術觀點和所重視學術面向的差
異，使得就算是針對同一本書籍文獻所撰寫的提要，而其中所呈現的
實際內容，亦可能會出現明顯的差異，故此間即可大抵窺見清代圖書
目錄集部提要的「多元化」發展情形。

　　簡單來說，藉由上述以「實寫與虛寫」為詮釋脈絡的討論，則大抵可歸
納為三項觀照「清代圖書目錄集部提要內在理路」的重點：（一）證明清代學

---

[45] 權威效應：是指說話的人如果地位高、有威信，受人敬重，則他所說的話就容易引起別人重視，
並被相信其正確性。參見郭琳編著，《心理學實用常識速查寶典（實例白金版）》（北京：清華
大學出版社，2013 年），頁 46—47。

[46] 筆者以為《善本書室藏書志》「提要」中，描述所收該本《松陵集》中的「藏書印記」和「遞藏
情形」的部分，係可歸屬為該藏本的個別特色，不適合作為與《鐵琴銅劍樓藏書目錄》比較的關
鍵項目。舉例來說，「善本書室」所藏《松陵集》乃具有「文弨讀過」等藏書印記，但不等於「鐵
琴銅劍樓」所藏的「明刊本」也必然得擁有這些印記，又或者該「明刊本《松陵集》」於書中本
來就毫無任何的「藏書印記」可供記載，故不宜列入比較項目；至於「遞藏情形」的部分，亦同
此概念而不列入比較項目。簡單來說，筆者以為於比較此二部目錄〈《松陵集》提要〉時，不宜
將「藏書印記」和「遞藏源流」列為主要的觀察項目，故於此乃排除此二類比較項目。

風的發展歷程，大抵是「由『著重抒發個人見解和觀點』的概念，轉趨為以『考據』為主的尚實學風。」（二）體現《四庫全書總目》對於後世目錄編撰的重大影響力，使後世的目錄編撰者，可能因為本身即對於《四庫全書總目》的說法有所認同，又或者因為「權威效應」的心態，進而於提要中「化用」《四庫全書總目》的說法。（三）藉由「實寫與虛寫」的概念，比較在不同目錄中，對於同一書籍文獻所撰寫的提要，則大抵可勾勒出清代圖書目錄集部提要的發展情形，係具有明顯的「多元化」特質。

總括前言，藉由對清代圖書目錄集部提要「書寫模式」的耙梳，大抵可作為觀照其中內在理路和學術意涵的線索。以「空窗現象」為例，根據清代官、私撰圖書目錄集部提要中，對於一些較具「爭議性」人物的處理方式，如錢謙益、屈大均、金堡……等人，即可初步推想這類人物於清代文壇上的重要性，並進而理解其中可能存在的各種學術議題。因此，筆者認為從「以小觀大」的視角，透過對清代圖書目錄集部提要「書寫模式」的梳理，大抵能從中略窺其堂奧，進而作為後續勾勒清代文學和學術發展圖像的重要基礎。

本節係以「書寫模式」作為切入角度，觀照清代圖書目錄集部提要的內在理路。而進一步歸納上述的討論，筆者以為大抵可梳理出二項重點，如下：

一、藉由「定向書寫」和「空窗現象」等書寫模式，梳理清代官、私撰圖書目錄集部提要中，對於「身份敏感」的文學家的處理方式，則不僅可作為勾勒清代「官方權力」圖像的重要線索之一，亦能藉以觀照清代文學發展情形之一隅。以「錢謙益」為例，透過「定向書寫」、「空窗現象」等書寫模式，即能從反向的角度，大抵窺見錢謙益之於清代文學史，乃具有一定的地位和重要性，甚至猶能進一步推想其對於清代文壇或詩壇的影響力。

二、藉由「實寫與虛寫」的概念檢視清代圖書目錄集部提要，大抵可窺見清代有部分私撰圖書目錄提要的內容，係「化用」《四庫全書總目》的說法；更進一步來說，則此間既可能是「目錄編撰者本身認同《四庫全書總目》的說法」，又或者也可能是受到「權威效應」心態的影響，

故而在「有意」或「無意」間，化用《四庫全書總目》的說法。另一方面，藉由「實寫與虛寫」的概念比較各部目錄的提要，亦能從中略窺清代圖書目錄集部提要的「多元化」發展情形。

綜觀上述，本節係根據周彥文《中國文獻學理論》中，所提出的「書寫模式」的理論架構為核心，藉以檢視清代圖書目錄的集部提要，並梳理其中所揭示的部分內在理路和學術意涵，進而作為後續開展〈指涉意義〉一文的論述基礎。

四、指涉意義

承續前文以「權力」、「提要性質」和「書寫模式」為詮釋脈絡的討論，本節擬以周彥文《中國文獻學理論》所提出關於文獻「指涉意義」的理論架構為討論基礎，從不同的學術面向觀照清代圖書目錄集部提要的內在理路和學術意涵。

周彥文《中國文獻學理論》云：

> 所謂文獻的指涉（bedeutung）意義，意指文獻因其屬性，企圖導引讀者進入某個概念領域的功能。
> 一部文獻的指涉意義分為兩種，一種是其本質意義，即是文獻的原創者創作之初的本質；當其被移轉後，就成了第二種的後本質意義。而此一移轉，有時是作者的一種藉其體例或取材為掩護所造成的，有時是後代的詮釋者所造成的。[47]

根據周氏的說法，即文獻的「指涉意義」，往往會受到各種不同因素的影

---

[47] 周彥文，《中國文獻學理論》，頁 214－215。

響，而可能出現「移轉」的現象。倘若將此概念進一步延伸，針對本書研究的主要論題對象——「集部提要」而言，則書籍文獻本身所揭示的內在意涵，係屬周氏所謂的「本質意義」，而當此「本質意義」經過目錄提要編撰者的詮釋，並轉以「提要」方式呈現，即成為所謂的「後本質意義」；此外，當「提要」之體本應指涉的學術面向和意義，受到各種不同因素影響所產生的移轉現象，而移轉後所指涉的學術面向和意義，亦構成所謂的「後本質意義」。

進一步來說，從「本質意義」移轉到「後本質意義」的過程，即為周氏所謂「『指涉意義』的移轉現象」。而就「『指涉意義』的移轉現象」的概念，觀照清代圖書目錄集部提要，筆者以為大抵可從二種不同的面向，分別闡釋其中所揭示的內在理路和學術意涵：一、根據清代圖書目錄集部提要「形制」的發展情形，探討不同形制提要的各別「指涉意義」，並進而闡釋此間所呈現的「移轉現象」。二、以清代圖書目錄集部提要的「文學批評視角」為主要觀照對象，針對部分特定的書寫內容舉例說明，藉以梳理其中所體現的「『指涉意義』的移轉現象」。

事實上，第一種以「提要形制發展情形」為主的討論面向，其所「可以」觀照的對象範圍，並不侷限於「集部提要」而已，亦可作為檢視經、史、子等部類目錄提要的方法，是以相對較具有普遍性的概念；只是，本書係以「集部提要」為主要研究論題，故後文所論仍聚焦於對「集部提要」的探討。

至於第二種的討論面向，係以「文學批評視角」作為論述的切入點，進而掌握其中「『指涉意義』的移轉現象」。既然是稱為「文學批評視角」，則所討論的對象範疇係僅限於「集部提要」，而暫不旁涉其他部類（包含「子部‧小說類」，亦不列入此部分的討論範疇）。因此，相對於第一種以「提要形制發展情形」為主軸的討論，乃具有較明顯的特定性和針對性。

以下即分別就〈清代圖書目錄集部提要的「形制」〉、〈清代圖書目錄集部提要的「文學批評視角」〉二部分，探討清代圖書目錄集部提要的「『指涉意義』的移轉現象」，進而觀照此間所揭示的內在理路和學術意涵。

（一）清代圖書目錄集部提要的「形制」

　　承前文所言，「提要」之體係以劉向《別錄》為濫觴，以「論其旨歸，辨其訛謬」為首要目的，並為「提要」立下三項撰作義例，包含「介紹著者的生平」、「說明書的原委及大旨」和「評論書的得失」等，成為後世目錄編撰者所師法的對象。然而，攤開整部中國目錄學史，能完全符合此三項義例者，確實寥寥可數，大抵也僅有清代官修的《四庫全書總目》，尚能紹述《別錄》義例而已。[48]

　　而清代私撰圖書目錄，縱使謂如「雨後春筍」發展蓬勃，但實際上亦不見於「義例」方面有能繼述《別錄》或《四庫全書總目》者。換句話說，倘若將劉向當時所立三項義例，視為撰作目錄提要的「本質意義」，則後世未有能完全依循該「本質意義」而編撰的目錄提要；不過，隨著時代不斷推進，儘管未有能完全承繼劉向所立「本質意義」的目錄出現，但事實上「目錄」亦未曾退出學術史的舞台，而是開始尋找其他的著錄形制，是以開始陸續出現「讀書記」、「序、跋集（題跋集）」和「藏書志」等不同形制的目錄。

　　換句話說，無論是「讀書記」、「序、跋集（題跋集）」或「藏書志」，就實際內容的「指涉意義」而言，勢必與劉向《別錄》原先所涉定的「指涉意義」有著明顯的差異。根據本書第三章〈目錄「提要」的種類與形制〉對於「讀書記」、「序、跋集（題跋集）」和「藏書志」各別特色的耙梳，可知於清人所作的「讀書記」與「序、跋集（題跋集）」中，由於撰述內容較無嚴格的規範和格式，是以既能揭示提要撰者的主觀意志和想法，亦能記述書籍文獻的客觀資訊，而不必完全符合「評論書的得失」等基本撰作提要之義例；然而，「藏書志」多半必須在「既定的編纂方針和格式」的規範下，針對書籍文獻的客觀資訊作描述，如：版刻、裝潢、字體、藏書印記、序、跋、題識……等，又或者對所收書籍文獻的版刻源流進行考述，至於書中大旨、內容評論

---

[48] 昌彼得、潘美月，《中國目錄學》，頁46。

等項目,即不屬於「藏書志提要」所關切的核心內容。即此,明顯可知「讀
書記」、「序、跋集(題跋集)」或「藏書志」提要內容的指涉意義,大抵脫離
了劉向撰作《別錄》所立的三項義例,同時也不再是以「論其旨歸,辨其訛
謬」為主要目的。

　　另一方面,張之洞《輶軒語・語學篇・論讀書宜有門徑》曾云:「**今為諸
君指一良師,將《四庫全書總目提要》讀一遍,即略知學術門徑矣。**」[49]張
之洞係舉能紹述劉向《別錄》的《四庫全書總目》為例,則此或可推想劉向
《別錄》為目錄提要所建構的「本質意義」中,亦具備「指導治學涉徑」的
概念。簡單來說,目錄書的首要功能──指導治學涉徑,應當同樣為劉向《別
錄》「本質意義」中的一環。循此理路,進一步觀照清代私撰圖書目錄集部提
要,則普遍未以「指導治學涉徑」作為主要功能;換句話說,此點亦等同於
脫離劉向撰作《別錄》的「本質意義」

　　即此,進一步從「詮釋系統」的概念來看,則「提要」係為呈現某「詮
釋系統」的表象,而該系統的核心原點,本應當是書籍文獻內容所揭示的內
涵意義。然而,隨著時代不斷的推進,作為中國目錄學之濫觴的劉向《別錄》,
其所建構和重視的「提要」撰作義例、目的和功能等「本質意義」,均在各種
主、客觀因素的影響之下,產生了移轉或質變的現象,唯一尚可稱為能紹述
《別錄》者,僅有官修的《四庫全書總目》;至於其他後出的私撰圖書目錄,
多是以「讀書記」、「序、跋集(題跋集)」和「藏書志」等形制呈現,且其中
所體現的義例、目的和功能,大多已從對於書中內容旨意的關注,轉為側重
描述書籍文獻「版本」和其他的外在客觀資訊,而此相對於《別錄》所建構
的「本質意義」來說,即構成所謂的「後本質意義」。因此,筆者認為此間猶
可窺見周彥文所稱「『指涉意義』的移轉現象」。

　　承上言,若以該「『指涉意義』的移轉現象」為思考脈絡,觀照清代圖書

---

[49] 張之洞,《輶軒語》,收錄於嚴靈峯編,《書目類編》第 93 冊(臺北:成文出版社,1978 年)
頁 41651。

目錄集部提要的內容，則筆者認為此間所揭示的內在理路，以及可進一步推想出的學術意涵，歸納起來則大抵有四項重點：

一、同前文所述，清代學術風氣的主要發展脈絡，係從「重視目錄編撰者主觀意志和觀點呈現」的概念，逐漸趨向「強調『考據』的尚實學風」發展。

二、從「目錄提要的形制」的發展情形來看，劉向《別錄》和清代官修《四庫全書總目》的完成，係有其特定的外在條件，例如：由於書籍文獻的數量，必然是不斷向上累積，故劉向撰作《別錄》時，所知、所見的書籍文獻數量，勢必遠低於清代的時候。又《四庫全書總目》為官方傾全國之力進行編纂，一般私撰圖書目錄不管是在財力或人力方面，絕對無法與之比肩，故自然會逐步發展出其他不同的著錄方式。換言之，儘管後世目錄編撰者，仍多奉劉向《別錄》所立義例、目的和功能為圭臬，並以《四庫全書總目》為指標，但由於各別客觀條件的差異，進而造成撰作「提要」時的侷限性，是以能完全紹述《別錄》和《四庫全書總目》之精神者，自然是少之又少；因此，便逐漸改變目錄書的「本質意義」，開發出其他類型的目錄提要，而此也同時構成了概念上的「後本質意義」。

三、倘若從目錄提要編撰者的主觀視角來思考，則此間疑似透露出私撰圖書目錄編撰者，恐怕是有感於無法輕易遍覽並細讀所有藏書，同時亦難為各部藏書均撰作具有「論其旨歸，辨其訛謬」概念的提要；因此，才將關注和著錄的視角，轉向較容易具體描述的客觀或外在資訊，甚至進而衍生出「賞鑑」的概念，即在某種意義上將書籍文獻視為「藝術品」，並從事相關的品評工作。簡單來說，對於書籍文獻客觀、外在資訊的描述，係已脫離劉向《別錄》當時所架構的「本質意義」，而是為透過「體例或取材為掩護」所構成的「後本質意義」。

四、各種不同形制的提要，均有其各別的「本質意義」；然而，倘若以宏觀的視角，從目錄提要發展的過程來看，則此間亦說明「本質意義」與

「後本質意義」二者之間,係具有「相對性」的概念。舉例來說,劉向《別錄》與瞿鏞《鐵琴銅劍樓藏書目錄》的提要,均有其各別的「本質意義」存在,但「相對」於《別錄》而言,《鐵琴銅劍樓藏書目錄》的「本質意義」,即成為了所謂的「後本質意義」;而根據對此二部目錄提要「本質意義」和「後本質意義」的耙梳,大抵能略窺二者之間的差異性,並進一步闡釋其中所揭示的學術意涵,如比較「漢代」和「清代晚期」於撰作目錄提要方面的各種主、客觀條件,又或者梳理二代學風的迥異之處。簡單來說,即藉由對目錄提要「本質意義」和「後本質意義」的釐定,大抵能作為比較各部目錄提要差異性的線索,又或者能進一步勾勒各部目錄之間的相互對應關係。

　　總括前言,以「目錄提要形制的發展情形」為論述主軸,根據周彥文《中國文獻學理論》所謂「『指涉意義』的移轉現象」的概念,即能初步作為觀照清代學術風氣發展的線索之一;其次,亦能分從目錄提要編撰者的主、客觀立場,思考這類現象可能的成因;另一方面,則能比較各部目錄之間的差異性,並勾勒它們彼此之間的相互對應關係。藉此,即大抵能略窺清代圖書目錄集部提要的內在理路之一隅。

(二) 清代圖書目錄集部提要的「文學批評視角」

　　承前文所述,倘若劉向《別錄》所立義例、目的和功能,可被視為撰作目錄提要的「本質意義」,則後世儘管有如《四庫全書總目》為少數能紹述其撰作概念者,但若細究清代官、私撰圖書目錄集部提要內容,仍大抵能觀察出跳脫劉向《別錄》「本質意義」的撰述面向;換句話說,這些跳脫《別錄》「本質意義」的部分,即構成了所謂的「後本質意義」。

　　而在清代圖書目錄集部提要所體現的各類「後本質意義」中,其中一項即是以「人格」為核心的論述指向。清代圖書目錄集部提要中,特別是偏屬有「主觀性」特質的提要,雖其可能稍有符合「評論書的得失」的義例,但深究其中從事文學批評時所採取的「視角」,則普遍的實際指涉對象並非是「書

籍文獻本身的內容」，而是往往將箭頭指向「書籍文獻的作者」；而其中所關
注的焦點，亦與該作者的「人格」多有相關。換句話說，若可於清代圖書目
錄集部提要中，察見目錄提要編撰者有從事「文學批評」一事，則「人格」
當屬其中一項極具關鍵性的批評視角，如《四庫全書總目》對於錢謙益等人
的評述，即為最貼切的證據；因此，筆者認為應能藉由對此脈絡的杷梳，進
而觀照清代圖書目錄集部提要內在理路和學術意涵之一隅。

　　總的來說，後文即擬以「人格」作為觀察視角，藉由「『指涉意義』的移
轉現象」的概念為詮釋脈絡，進而觀照清代圖書目錄集部提要的內在理路，
以及所揭示的學術意涵。以下即以《四庫全書總目》、《讀書敏求記》、《拜經
樓題跋》和《愛日精廬藏書志》中的部分提要為例，闡釋其中的「『指涉意義』
的移轉現象」，並說明其中所揭示的內在理路和學術意涵。

1. 《四庫全書總目》

　　《四庫全書總目》記〈《忠愍集》提要〉云：

> 宋李若水撰。若水本名若冰，欽宗爲改今名，字清卿，曲周人。……
> 其死節時事，《宋志》蓋但舉其詩文，其實一也。若水當金兵薄城之
> 時，初亦頗主和議，於謀國之計，未免少疎，而卒能奮身殉節，揩
> 拄綱常，與斷舌常山後先爭烈，使敵人相顧嘆息，有「南朝惟李侍
> 郎一人」之語。其末路足以自贖，史家以「忠義」稱之，原其心也。
> 其詩具有風度而不失氣格，其文亦光明磊落，肖其爲人。……然唐
> 儲光羲詩格古雅，其集亦裒然具存，徒以苟活賊庭，身污偽命，併
> 其詩亦不甚重。至於張巡所作，僅〈聞笛〉及〈守睢陽〉兩篇，而
> 編唐詩者無不采錄，豈非以忠孝者文章之本耶！今若水詩文，尚得
> 三卷，不止巡之兩篇殘編斷簡，固皦然與日月爭光也。[50]

---

[50] 永瑢、紀昀等編，《武英殿本 四庫全書總目提要》，頁 4：176—4：177。

　　根據上文節錄〈《忠愍集》提要〉的內容來看，其中明顯可見《四庫全書總目》對於李若水《忠愍集》一書的批評視角，係以其「忠義人格」為論述的核心，又以儲光羲、張巡二人詩作於歷代詩集中的收錄情形為例，透過對比的方式抬高對《忠愍集》的評價。

　　另一方面，倘若從後設的角度分析〈《忠愍集》提要〉一文的「指涉意義」，則筆者認為此間即如前文所述，《四庫全書總目》的編成係有其明確的政治目的，以及統治者想要充分管理、控制當代學術和文化發展走向的特殊意義。因此，為各書所撰作的「提要」表現上，往往具有特定的「指涉意義」，即是為透過潛移默化的方式，藉以「暗示」或「教育」讀者所應當具備的「忠義人格」特質，進而有利於統治者鞏固其政權的核心目的。

　　按劉向《別錄》所立義例「評論書的得失」一項，本應是針對書籍文獻的「內容」作為評價得失的核心；然而，就〈《忠愍集》提要〉來看，則其係以作者李若水的「人格」，作為評論《忠愍集》全書得失的關鍵。藉此，大抵可知在撰作提要的概念方面，本則乃跳脫「提要」一體本應指涉的「本質意義」，而是在某種意義上透過「取材（揀選有利於達到『導引讀者進入某個概念領域』的材料）」的方式，以達到統治者「暗示」或「教育」讀者的政治目的，此即構成所謂的「後本質意義」。換句話說，此間大抵能窺見目錄提要「『指涉意義』的移轉現象」；而探究此「移轉現象」的構成原因，則筆者認為應與「清代官方為能充分管理整體的學術和文化發展走向，並藉以有效鞏固政權」的政治目的息息相關。

2.《讀書敏求記》

　　《讀書敏求記》記「韓偓《詩集》一卷」一條，提要云：

> 昭宗反正，密勿之謀，致光為多。觀其不草韋貽範詔，正所謂「如今冷笑東方朔，只用詼諧侍漢皇」也。詩以言志，致光可謂卓然不

拔之君子矣。[51]

　　根據此則提要的內容來看，其所指涉的意義面向，乃集中於對作者韓偓的「人格」評述，至於《詩集》一書中的詩作內容、風格等，則幾乎未加闡釋；即若是以「詩以言志」稱之，但究此說法的核心，仍是以「人（韓偓）」為主，而非是真正對於文學作品本身所進行的實際批評。

3. 《拜經樓題跋》

　　以《拜經樓題跋》記柳開〈《河東集》提要〉云：

> 《河東先生集》十五卷，舊鈔本，有附錄。……先君子書《鐵圍山叢談・江南徐鉉歸朝後》一則於前云：「據此則仲塗文章雖擅一時，而人品不無可議。張景行狀謂不拘小謹，蓋其微詞。而陳直齋亦云：『開，為人史稱其傲很剛愎。』合觀數語，則開先時自名曰『肩愈』者，不亦妄乎。戊戌初日，偶從武林得舊鈔本，漫題首簡。」[52]

　　承前文所述，《拜經樓題跋》提要內容，係以吳騫所撰題跋為核心，由其子吳壽暘所輯錄，並視情況加註案語以補充說明；換言之，即此則提要中係包含吳騫、吳壽暘二人的想法，故猶可作為觀察「『指涉意義』的移轉現象」的線索之一。

　　而根據提要所輯錄的吳騫的說法來看（即「先君子書……」一段），對於《河東集》本身的內容和意涵，均未有明確的闡釋和評價，唯有「合觀數語，則開先時自名曰『肩愈』者，不亦妄乎」一語，筆者認為「勉強」可算是針對文學作品的批評；然而，倘若綜觀吳騫題跋所云，則該批評說法的核心意義，明顯是根源於對柳開「人格」的評價（如「人品不無可議」一句，以及

---

[51] 錢曾著、章鈺等校證，《讀書敏求記校證》，頁〈記校四之中〉10－11。

[52] 吳壽暘，《拜經樓題跋》，收錄於《國家圖書館藏古籍題跋叢刊》第9冊，頁468－469。

引陳振孫所謂「開，為人史稱其傲很剛愎」的說法），而並非是真在從事「評論書的得失」一事。換句話說，此則提要所採取的文學批評視角，亦為從劉向《別錄》所立的「本質意義」，移轉為針對「作者人格」評述的「後本質意義」。

4. 《愛日精廬藏書志》

《愛日精廬藏書志》記「《皇元風雅》三十卷」一條，提要云：

> 元蔣易編　始劉夢吉，終陳梓卿，凡一百五十五家。中如熊勿軒係宋人，元遺山係金人，列之元代，為免不倫。若文文山、謝疊山則誓死不屈，大義凜然，乃亦一體編入，更為失於限斷。然元人無專集者，藉此得略見梗概，為可以其體例不善而廢之也。焦氏《經籍志》、《傳是樓書目》俱著錄，《文淵閣書目》有《皇元風雅》四冊殘缺，疑即此書。[53]

　　就本則提要內容的基本理路而言，雖與前述三例略有不同，係為針對《皇元風雅》書中對於文人、詩人的朝代編列方式提出批評，而非就單一文人、詩人的「人格」提出見解。然而，筆者以為其中仍有部分批評之語的核心概念，係採「人格」作為關鍵的檢視角度，如「若文文山、謝疊山則誓死不屈……更為失於限斷」一語，即是根據謝枋得（1226－1289）、文天祥（1236－1283）的「大忠大義」的人格，作為評斷《皇元風雅》編列方式有所疑慮的核心概念。換句話說，倘若以此角度來看，則本提要乃與上述三例的概念相仿，均是以「人格」作為從事文學批評時的關鍵視角，意即同樣是跳脫《別錄》所立撰作目錄提要的「本質意義」，而移轉並構成所謂的「後本質意義」。

　　藉由上述所舉四則提要為例，並以周彥文《中國文獻學理論》所建構「『指涉意義』的移轉現象」的概念作為詮釋脈絡，梳理清代圖書目錄集部提要的「文學批評視角」，進而觀照其中所揭示的內在理路和學術意涵，則筆者以為

---

[53] 張金吾，《愛日精廬藏書志》，頁1376－1377。

此間大抵可梳理為三項重點：

一、《四庫全書總目》係為官修圖書目錄，雖其提要為極少數能紹述劉向《別
　　錄》所立義例者，但由於其內含有明確且特定的政治目的，故而造成
　　其中有部分提要的「指涉意義」，已然出現移轉的現象，形成相對於《別
　　錄》的「後本質意義」；換句話說，在某種意義上即是透過「取材」的
　　方式，以達到「暗示」或「教育」讀者的政治目的。因此，筆者認為
　　藉由「『指涉意義』的移轉現象」的概念，不僅可再次說明《四庫全書
　　總目》所隱含的官方政治目的，同時也體現出《四庫全書總目》相對
　　於其他目錄，更具有鮮明的「主觀性」和「導引性」的特質。

二、相對於官修圖書目錄《四庫全書總目》而言，《讀書敏求記》、《拜經樓
　　題跋》、《愛日精廬藏書志》等私撰圖書目錄，自不必然要摻雜「政治
　　目的」於提要當中。因此，根據上述所舉三則私撰圖書目錄集部提要
　　的例子來看，其提要所關注的對象確實為書籍文獻本身，而未涉及其
　　他的政治目的；然而，在實際從事文學批評時，卻仍是以「作者的人
　　格」作為主要的批評視角。簡單來說，這些提要所呈現的「後本質意
　　義」，應是屬於「後代詮釋者（此指「提要撰作者」）」所造成的；但這
　　種「『指涉意義』的移轉現象」，係為提要撰作者單純對於該集部文獻
　　所作的「文學批評」，而非如《四庫全書總目》在從事文學批評的過程
　　中，刻意摻入有鮮明的「政治目的」。因此，筆者認為此間不僅體現清
　　代官、私撰圖書目錄提要的差異之處，同時亦間接說明當時的目錄提
　　要編撰者，於提要中實際從事文學批評工作時，「人格」往往會是普遍
　　所採取的關鍵視角之一。

三、根據上文所舉四則清代官、私撰圖書目錄提要的內容來看，對於「人
　　格」的闡釋，大抵強調「忠義」之風，並反對「驕傲、剛愎」負面的
　　人格特質；筆者以為，此點或與清代「崇尚儒學」的風氣有相關連。
　　從歷史的發展脈絡來看，自漢武帝「獨尊儒術」以降，孔、孟之道深
　　植人心，強調「忠義」人格，反對「驕傲」、「剛愎」等特質的概念，

應當早已為普世所接受的價值觀。另一方面，清康熙帝又曾勤習儒學，
奉儒家精神為治國之方針，並藉以興革除弊，開創康、雍、乾三朝盛
世；換言之，在清代皇帝及官方學術機構大力推行之下，儒學所重視
的「仁、義、禮、智、信」等五常精神，已然內化為多數文人士子，
於批評人、事、物時，所秉持的核心價值觀。

　　簡單來說，以「『指涉意義』的移轉現象」的概念為詮釋脈絡，透過針對
集部提要中與「人格」相關論述的耙梳，大抵可進一步觀照清代圖書目錄集
部提要的「文學批評視角」，以及其中所揭示的內在理路和學術意涵：

一、藉由對官修圖書目錄《四庫全書總目》集部提要的耙梳，可再次說明
　　其中乃蘊含有官方特定的政治目的，同時亦體現《四庫全書總目》為
　　一部具有鮮明「主觀性」和「導引性」特質的目錄。

二、相對於官修圖書目錄而言，私撰圖書目錄集部提要則較為單純地從事
　　「文學批評」，而不太需要摻入特定的政治目的，是以此間不僅可窺見
　　清代官、私撰圖書目錄的差異性；另一方面，此間亦同時說明「人格」，
　　往往會是私撰圖書目錄集部提要的編撰者，於從事文學批評工作時所
　　採取的關鍵視角之一。

三、根據上述所舉四例來看，於清代圖書目錄集部提要中所涉及與「人格」
　　相關的論述，多傾向強調「忠義」，反對「驕傲、剛愎」，而此點或與
　　清代官方「崇尚儒學」的風氣，有著密切的關連性。

　　本節係從〈清代圖書目錄集部提要的「形制」〉和〈清代圖書目錄集部提
要的「文學批評視角」〉二部分著手，藉以勾勒清代圖書目錄集部提要中的「『指
涉意義』的移轉現象」，進而觀照其中所揭示的內在理路和學術意涵。

　　從圖書目錄集部提要「形制」的發展歷程來看，漢代劉向《別錄》所立
撰作提要的義例、目的和功能，儘管清代圖書目錄提要編撰者仍奉其為圭臬，
但實際能紹述其所建構的「本質意義」者，卻是少之又少；換言之，在時代
發展的洪流之下，由於各種主、客觀因素的影響，使得集部提要的「指涉意

義」，勢必得根據現實的狀況和條件，而做出適當的移轉或改變。另一方面，各部目錄在撰作的過程中，往往會「選擇」或「依循」前人所建構的體例，並依據各別需求而略做改易；因此，透過「『指涉意義』的移轉現象」的概念，即能夠大抵勾勒目錄與目錄之間的相互對應關係。

　　從目錄集部提要的「文學批評視角」來看，本書於此係以「人格」為例，藉以觀照其中「『指涉意義』的移轉現象」，以及所揭示的部分內在理路和學術意涵。而根據上述討論，大抵可知清代官、私撰圖書目錄集部提要，雖同樣為進行「文學批評」一事，但其中撰作提要的基本理念實有所不同，官修圖書目錄《四庫全書總目》係隱含有明確且特定的政治目的，而私撰圖書目錄則多為單純地從事「文學批評」。此外，於清代圖書目錄集部提要中，與「人格」有相關連的論述，大抵傾向儒家的思維；而筆者認為，除了因為自漢代「獨尊儒術」以降，孔、孟之道深植人心的因素之外，抑或與清初官方以「儒學」作為治國的根本方針，二者之間應有著密切的關連性。

　　簡單來說，以「『指涉意義』的移轉現象」為詮釋脈絡，觀照清代圖書目錄集部提要內在理路和學術意涵之一隅，則此間大抵可知目錄集部提要的「指涉意義」，在各種主、客觀條件和因素的影響下，會隨著時代的變遷而有所移轉和質變；另一方面，藉此亦能窺見清代圖書目錄集部提要編撰者，於從事文學批評時所採取的學術思維和價值觀點。

小　結

　　本章係針對「清代圖書目錄集部提要的內在理路」進行耙梳，係從「官方權力」、「提要性質」、「書寫模式」和「指涉意義」等面向，分別闡釋清代圖書目錄集部提要中，所揭示的內在理路和學術意涵。

　　第一節〈官方權力〉，係透過傅柯所建構的「權力──知識」詮釋脈絡為基礎，觀照清代「官方權力」對於目錄提要編撰的直接影響情形；此外，亦

進一步藉由王汎森所提出的「自我壓抑現象」的概念，探討隱藏於目錄集部提要編撰者內心，對於「官方權力」的潛在思維和看法，以及體現於目錄集部提要中的「自我壓抑現象」。藉此，大抵可知清代無論是官、私撰圖書目錄的集部提要，其內容所側重的撰述面向，以及著錄方式的發展樣貌，皆與「官方權力」發展的消長情形息息相關。

第二節〈提要性質〉，根據周彥文所提出的「主觀性」、「客觀性」和「導引性」概念進行檢視，大抵可知「清代圖書目錄集部提要性質」的發展脈絡，係從「兼具『主觀性』和『客觀性』特質」的提要，逐步轉變為「以『客觀性』特質為主」的提要；此外，此間亦可藉以觀照清代整體學術風氣的發展情形，係從「重視抒發個人觀點和主觀意志的學風」，逐漸轉趨為「強調『考據』的尚實學風」。

第三節〈書寫模式〉，透過對於清代圖書目錄集部提要「書寫模式」的耙梳，一方面可藉以觀照清代文學發展情形之一隅；其次，則能知清代官、私撰圖書目錄對於「身份敏感」之人（如錢謙益等人）的處理方式，並進而推想這些人於當時文壇的影響力；再者，亦可從中窺見清代有部分私撰圖書目錄集部提要的部分內容，可能有「化用」《四庫全書總目》說法的情形，藉此乃再次體現出《四庫全書總目》的重要影響力；最後，則是可藉由書寫模式，比較各部目錄的集部提要內容，進而略窺清代圖書目錄集部提要的「多元化」發展情形。

第四節〈指涉意義〉，以周彥文所建構「『指涉意義』的移轉現象」的概念作為詮釋脈絡，大抵可知目錄集部提要的「指涉意義」，係會受到各種主、客觀因素的影響，並隨著時代的變遷而有所移轉和質變；另一方面，藉此亦能大抵窺見清代圖書目錄集部提要編撰者，多半是採取「儒學」作為其從事文學批評的核心思維與價值觀點。

綜觀上述，藉由本章對於「清代圖書目錄集部提要內在理路」的耙梳，大抵釐清此間所揭示的內在理路和學術意涵。後文擬再以此為基礎，同時結合前文的討論，進而開展針對〈清代圖書目錄集部提要的文學視野〉的討論。

第五章
清代圖書目錄集部提要的文學視野

　　藉由前文對於清代圖書目錄集部提要「外在結構」與「內在理路」的討論，本章擬進一步就清代圖書目錄集部提要，所建構的「文學史」情形，以及其中所呈現的「文學批評視野」進行闡釋，藉以觀照「清代圖書目錄集部提要的文學視野」。

　　本章凡分二節，第一節〈文學史的建構──以《四庫全書總目》為核心〉，透過對於《四庫全書總目・集部》的「類例準則」，以及所體現的「文學史觀」和「文學史樣貌」的耙梳，觀照清代圖書目錄集部提要所建構的「文學史」。第二節〈文學批評的視野〉，從「文學批評的方法」、「文學批評的核心標準」及「文學批評的基本心態」等三方面進行闡釋，藉以觀照清代圖書目錄集部提要所體現的「文學批評視野」。最後是〈小結〉。

一、文學史的建構──以《四庫全書總目》為核心

　　根據前文對於清代官、私撰圖書目錄「外在結構」與「內在理路」的耙梳，大抵可知《四庫全書總目》係於清代官方權力極盛時所編纂，其不僅代表官方意志呈現的載體，強勢引導整體學術思維的走向，並且對於後世學術的發展，也確實產生莫大影響力；如編成於《四庫全書總目》之後的諸多目錄，即多沿襲了其所立下的學術架構。換句話說，從學術發展的角度來看，《四庫全書總目》係為清代圖書目錄編纂及學術思維的關鍵轉捩點。其次，就客

觀條件而言，《四庫全書總目》係為官方傾全國之力編纂而成的目錄，單就其所蒐集的書籍文獻數量來看，幾乎難有一部私撰圖書目錄能夠與之並駕齊驅，故於眾多清代圖書目錄中，其對於整體學術發展的重要意義，自然不言可喻。

因此，本節擬以《四庫全書總目》為討論核心，並與其他目錄相互參看，藉以觀照清代圖書目錄集部提要所建構的「文學史」情形。本節凡分三個部分，依序為第一部分〈《四庫全書總目·集部》的類例準則 —— 以「辭章」為主體〉，透過對「詔令」、「奏議」作品類例部次的討論，闡釋其中所呈現的類例準則，並藉以釐清清代圖書目錄「集部」主要涉及的學科範疇。第二部分為〈《四庫全書總目》的文學史觀 ——「正」、「變」與「偽」〉，透過梳理《四庫全書總目》部分的「提要」內容，並參酌其他目錄與資料，藉以釐清館臣所持的文學史觀。第三部分為〈《四庫全書總目》所建構的文學史樣貌〉，以前二部分對於「類例準則」、「文學史觀」的討論為基礎，描繪《四庫全書總目》所建構的「文學史」樣貌，並藉以觀照其中所體現的「文學視野」。

(一)《四庫全書總目·集部》的類例準則——以「辭章」為主體

承前文所述，當《四庫全書總目》將「詔令」、「奏議」二類文獻，改隸於「史部」收錄時，乃相對體現出清代圖書目錄「集部」的類例準則，係趨向「以『辭章』為主」的概念發展。儘管「集部·別集」和「總集」所收錄的文集中，亦包含有「奏議」一類，理應被館臣歸入「史部」的作品，但按章學誠《文史通義》與《校讎通義》所稱，「別集」的基本類例原則，係為「以一人文字觀也」[1]與「人自為篇」[2]。此外，《四庫全書總目·史部·詔令奏議類小序》云：

---

[1] 章學誠，《文史通義》，頁 17。
[2] 章學誠，《校讎通義》，頁 66。

記言、記動，二史分司。起居注，右史也，左史所錄蔑聞焉。王言所敷，惟詔令耳。《唐志》「史部」初立此門，黃虞稷《千頃堂書目》則移「制誥」於「集部」，次於「別集」。夫渙號明堂，義無虛發，治亂得失，於是可稽，此政事之樞機，非僅文章類也。抑居辭賦，於理為褻。《尚書・誓誥》，經有明徵，今仍載「史部」，從古義也。《文獻通考》以「奏議」自為一門，亦居集末。考《漢志》載「奏事」十八篇，列《戰國策》、《史記》之間，附「春秋」末。則論事之文，當歸史部，其證昭然，今亦併改隸，俾益與「紀傳」互考焉。[3]

此則〈小序〉，係從左、右二史的職司切入，並闡釋「詔令」乃為王言，更是「政事之樞機」，故不能單純以「文章」視之，歸類於「辭賦」有所不妥。而「奏議」一類，乃「論事之文」，是以應當改隸於「史部」；筆者以為，如此亦較為符合《禮記・經解》所稱「屬辭比事，《春秋》教也」[4]的學科劃分原則。

另一方面，《四庫全書總目》亦設有「案語」於「詔令、奏議類」和「別集類」提要之後，《四庫全書總目・史部・詔令奏議類・奏議之屬》有「案語」云：

案以上所錄，皆以奏議自為一集者。其或編入文集之中，則仍著錄於集部。[5]

而《四庫全書總目・集部・別集類》則有「案語」曰：

[3] 永瑢、紀昀等編，《武英殿本 四庫全書總目提要》，頁 2：217。
[4] 唐文治編，《十三經讀本・禮記》（臺北：新文豐出版社，1980 年），頁 1683。
[5] 永瑢、紀昀等編，《武英殿本 四庫全書總目提要》，頁 2：239。

案諸史著錄，但有別集、總集之分。《文獻通考》始於別集之內，析
出詩集、歌詞、奏議三門，考奏議皆關國政，宜與詔令並為一類，
不宜列之於集。詩集亦屬別集，必欲區分，則有文無詩者，將又立
文集一門，彌滋繁碎，今移奏議入史部，別集、詩集則不復區分。
惟歌詞卑而藝賤，則從馬氏之例，別立詞曲一門焉。[6]

上述所列二則「案語」，係點出「奏議」之類的文章作品，因其「內在性
質」不同於其他詩、文，故理應改隸於「史部」；然而，對於文集中所收錄與
「奏議」相關的文章作品，其處理方式乃同樣「以一人文字觀也」的概念視
之，而未予以刪削或釐出別行一冊收錄，即一併歸入「別集」或「總集」的
文集中收錄。換句話說，此間疑有分類邏輯上的矛盾，猶有可再進一步闡釋
的空間。

事實上，根據《四庫全書總目》的說法，「詔令」、「奏議」二類的文章作
品，其本質係偏屬為「屬辭比事之學」，但這並非意謂其中就完全不具有「辭
章之學」的審美趣味，如《四庫全書總目‧史部‧詔令奏議類》有「案語」
云：

案詔令之美，無過於漢、唐。《唐大詔令》，為宋敏求蒐輯而成，多
足以裨史事。《兩漢詔令》，雖取之於三史，然彙而聚之，以資循覽，
亦足以關文章爾雅訓詞深厚之遺。[7]

其中「詔令之『美』，無過於漢、唐」，以及「亦足以關文章爾雅訓詞深
厚之遺」二句，大抵揭示至少於漢、唐之時的「詔令」，除具備「屬辭比事」
的實用性之外，同時於「辭章」方面亦具有相當程度的美感呈現。再以《四

---

[6] 永瑢、紀昀等編，《武英殿本 四庫全書總目提要》，頁 4：603。

[7] 永瑢、紀昀等編，《武英殿本 四庫全書總目提要》，頁 2：226。

庫全書總目》所記《應齋雜記》一條為例，「提要」云：

> 宋趙善括撰。善括《宋史》無傳。……是集《宋志》不載，其原本
> 卷帙不可考。今以《永樂大典》所載，裒為六卷。宋人奏議，多浮
> 文妨要，動至萬言，往往晦蝕其本意。善括所上諸札，率簡潔切當，
> 得論事之要。如論紛更之弊，糾賞罰之失，皆深中時弊。而永樂中
> 修《歷代名臣奏議》，乃不載其一字，未明何故。[8]

　　文中所稱「宋人奏議，多浮文妨要，動至萬言，往往晦蝕其本意」，雖然
此言乃是對宋時人臣所進「奏議」多所貶抑，認為其文多所贅言，論事未能
切中要點；然而，筆者以為此間亦相對揭示出，至少於宋朝時大臣所上呈的
「奏議」，普遍上來說，對於「辭章」方面應是多有考究。其次，此則「提要」
對於趙善括所上「奏議」文章多所讚揚，其中「簡潔切當」的說法，應可視
為對於其文「撰述筆法」的評論，意即是對於「辭章」表現方面的論述。換
句話說，此間係體現出「詔令」、「奏議」二類的文章作品，其撰述本質雖是
以「屬辭比事」為核心概念，但於「辭章」方面的表現，仍具有相當程度的
可觀性。

　　另有一旁證，抑或可進一步說明「奏議」一類的文章作品，除「屬辭比
事」的實用功能之外，同時可兼具「辭章之美」。學者林紓曾選評姚鼐《古文
辭類纂》，並為各文體的性質、特色詳加闡釋，其中對於「章表（姚鼐原稱「奏
議」，後林紓改稱「章表」）」一類的說明，即云：

> 至於文舉薦稱，孔明出師，琳、瑀、孔璋、陳思諸傑，體瞻律調，
> 辭清志顯……鄙意漢魏六朝以降，唐之章表，則切實取陸贄，典重

8　永瑢、紀昀等編，《武英殿本　四庫全書總目提要》，頁 4：258－4：259。

取常衰；宋之章表，則雅趣橫生，各擅其勝。[9]

　　林紓的說法，大抵與《四庫全書總目》的說法雷同，就「奏議」一類的文獻，係推崇漢魏六朝，乃至唐、宋時的「奏議」，並且進一步點出各朝「奏議」的普遍特質，如「體瞻律調，辭清志顯」、「切實」、「典重」、「雅趣橫生」等。筆者以為林紓的這些說法，不僅是針對奏議「內容」的討論，同時也可以是對於「辭章」表現方面的討論。

　　此外，曾守正《權力、知識與批評使圖像──《四庫全書總目》「詩文評類」的文學思想》云：

> 當我們逐漸了解中國抒情傳統論述，為一套具有籠罩性的大論述，
> 含有可貴而精彩的解釋效力時，是否也能進一步思考：這套論述會
> 不會遮蔽了中國文學的許多細節，使得具有抒情質素以外的文體（如
> 章奏銘誄）、題材（如玄言詠物）、主題（如政教道德）受到排拒，
> 甚而使多元、豐富的文學樣貌，窄化為單元、簡單呢？
> 在這個基本理解下，若能夠放寬文學批評的「文學」範圍，那文學
> 批評的邊界也就相對開闊了，如此一來，我們將能看見中國文學更
> 為豐富的姿態。至此，如果我們願意承認「詩文評」與「文學批評」
> 有類通的地方，「詩文評」〈提要〉是一種「文學批評」的著作與形
> 式，那麼〈提要〉所展現的文學思想是什麼呢？[10]

　　曾氏的說法，原是針對「詩文評類」〈提要〉與「文學批評」所進行的義界與闡釋，即採取相對廣義的概念，認為在中國抒情傳統論述以外，其他不一定具有抒情質素的文體、題材與主題的文章作品，亦能被視為「文學」的

---

[9] 姚鼐著、林紓選評、慕容真點校，《林紓選評 古文辭類纂》（杭州：浙江古籍出版社，1986 年），頁 82－83。

[10] 曾守正，《權力、知識與批評使圖像──《四庫全書總目》「詩文評類」的文學思想》，頁 15－16。

一環而進行相關的討論與批評。藉此，倘若我們循著曾氏「『詩文評』類同於『文學批評』」的概念，進一步類推與擴大檢視範圍至「集部」層級，則此間似乎也能夠說明館臣對於「集部」的類例準則，以及潛藏於其中的文學觀念，係不再完全籠罩於中國抒情傳統論述之內，而是在「以『辭章』為主體」及「以一人文字觀也」、「人自為篇」的前提之下，其他「具有抒情質素以外的文體、題材、主題」的文章作品，同樣可被納入「集部」的收錄範疇。

綜上所述，是以儘管「集部」各文集中有可被歸類於其他各部的文章作品，但筆者以為姑且可一併視為「『辭章』之作」列入討論範疇，而不必困圍於單篇文章的屬性，以致忽略其中可能存在的觀察線索。換句話說，清代圖書目錄集部，自《四庫全書總目》將「詔令、奏議類」的文章作品，改隸於「史部」之後，即大抵說明相關的類例準則，係以「辭章」作為觀照的主體；而其中所體現出的文學觀念，則是在以「辭章」為主體的概念之下，相對放寬對「文學」範圍與邊界的認定，使得其他不一定具備「抒情質素」的文體、題材、主題的相關作品，亦可被納入「集部」的收錄範疇，以檢視其中所呈現的審美趣味。

(二)《四庫全書總目》的文學史觀——「正」、「變」與「偽」

承前文所述，《四庫全書總目》「集部」所收文獻，儘管其中猶有可類例於他部的作品，但按其普遍的類例準則來看，大抵皆可視為「辭章之作」而歸於「文學史」的討論範疇。然而，在實際勾勒《四庫全書總目》所建構的「文學史」樣貌之前，筆者以為必須先對館臣們所持的文學史觀有初步的認識，方能進一步析論其所建構的「文學史」樣貌。

綜觀《四庫全書總目・集部》所記「提要」，館臣大抵是以「正／變」作為詮釋文體、文風流變，以及勾勒「文學史」樣貌的核心概念。所謂「正／變」，許銘全〈「變」「正」之間——試論韓愈到歐陽修亭臺樓閣記之體式規律與美感歸趨〉云：

文體之「正／變」，在文學史與批評史中是一組常被運用到的概念，
例如〈詩大序〉之變風、變雅，劉勰、蕭子顯之論齊梁新變，甚至
宋詞中的婉約、豪放之別盡可屬之。當然，在不同的脈絡之下，所
謂「正」「變」自有其特殊的實質內涵，但即使如此，「正／變」概
念大抵而言總是意味一種「規範」與「越出規範」的對比。[11]

　　誠如許氏的說法，「正」、「變」在不同的觀照及論述脈絡之下，係有著各
自不同的實質內涵，但大抵不脫「一種『規範』與『越出規範』」的對比」概
念。

　　首先就對於《詩經》的詮解來看，歷來素有「風雅正變」之說[12]，而綜
觀《四庫全書總目・集部》，館臣對於「風雅正變」的「正／變」評價，並未
依循「崇『正』抑『變』」的概念，而直接予以「高／下」或「優／劣」的價
值判斷。《四庫全書總目》記《韓內翰別集》一條，「提要」云：「變風、變雅，
聖人不廢，又何必定以一格繩之乎？」[13]藉此，一方面可知對於〈風〉、〈雅〉
之「正／變」的討論，無論是過往或當代皆有以「崇『正』抑『變』」為核心
概念的相關詮解和價值判斷，否則館臣即不必特別用「聖人不廢，又何必定
以一格繩之乎」的說法而予以批駁；另一方面，此間亦可窺見館臣看待「正
／變」的觀念，係認為不必困囿於一格，無論是「正」或「變」，皆有其可觀
之處。

　　再有《四庫全書總目》記《吾吾類稿》一條，「提要」亦稱：「雖其骨格
未堅，尚不能抗行古作者，而纏綿悱惻，要不失變雅之遺意焉。」[14]此說雖

---

[11] 許銘全，〈「變」「正」之間──試論韓愈到歐陽修亭臺樓閣記之體式規律與美感歸趨〉，《中
　　國文學研究》第 19 期（2004 年 12 月），頁 58─59。

[12] 關於《詩經》「風雅正變」說的考辨與論析，可參見張寶三，〈《詩經》詮釋傳統中之「風雅正
　　變」說研究〉，《文史哲學報》第 52 期（2000 年 6 月），頁 1─40。

[13] 永瑢、紀昀等編，《武英殿本 四庫全書總目提要》，頁 4：81。

[14] 永瑢、紀昀等編，《武英殿本 四庫全書總目提要》，頁 4：437。

是針對吳皋《吾吾類稿》所言，但館臣以「變雅」作為讚譽吳皋詩文的說法，藉此遂可察見館臣對於「變雅」的看法，係抱持著相對肯定的態度，而未予以負面或否定的評價。

　　此外，就清代私撰目錄而言，馬國翰《玉函山房藏書簿錄》所記《韓偓詩》一條，其「提要」亦稱：「韓孤忠勁節，為唐末完人；其詩亦激昂慷慨，有變風、變雅之遺。」[15]倘若藉由前述「線性結構」與「非線性結構」的概念，作為連結「《四庫全書》系統」圖書目錄與《玉函山房藏書簿錄》之間的線索，則馬氏於此所稱「有變風、變雅之遺」的說法，似乎也能與館臣之見解有所呼應；儘管《玉函山房藏書簿錄》並不能代表所有的清代私撰圖書目錄，但藉此我們仍能理解到有部分清代私撰圖書目錄，係與「四庫」館臣持同樣見解，採取相對中立的態度看待〈風〉、〈雅〉之「正／變」，而非依循「崇正抑變」的概念，對於詩文作品進行「高／下」或「優／劣」的價值判斷。

　　對於「正／變」的詮釋，到了晉代摯虞〈文章流別論〉與南朝梁劉勰《文心雕龍》，其實質內涵與意義係轉趨向於對文體、文風的討論。摯虞〈文章流別論〉云：

> 古詩卒以四言為體，而時有一句二句，雜在四言之間。後世演之，遂以為篇。……夫詩雖以情志為本，而以成聲為節。然則雅音之韻，四言為正。其餘雖備曲折之體，而非音之正也。[16]

而劉勰《文心雕龍・明詩》亦稱：「若夫四言正體，則雅潤為本；五言流調，則清麗居宗，華實異用，為才所安。」[17]雖摯虞、劉勰之說，並未直接論及「正」、「變」之別，但其中所謂「四言為正」、「四言正體」的論述，

---

[15] 馬國翰，《玉函山房藏書簿錄》卷 19，頁 17—18。

[16] 〔晉〕摯虞，〈文章流別論〉，《摯太常集》，收錄於〔明〕張溥輯，《重校精印漢魏六朝百三名家集》（臺北：文津出版社，1979 年），頁 1684—1685。

[17] 〔梁〕劉勰著、范文瀾注，《文心雕龍注》（臺北：臺灣開明書店，1993 年）卷 2，頁 2。

即說明此時對於「正／變」的詮釋，係趨向以「文體（詩體）」的概念發展。

事實上，就「文體」而言，所謂的「正」、「變」，往往必須是立基於某種「參照」或「比較」的概念，方能成立對「正／變」的辨析與區別。楊暉〈「正變繫乎詩」——試論葉燮對「詩體代變」的原創性闡釋〉云：

在綿延不斷的詩體變化鍊中，只有在一定的參照物下才有所謂的正體與變體，如五言體詩，以四言為參照，它是變體，但與七言相比，又成為正體。一種體式在不同的參照系扮演了不同的角色。參照系的消失，所謂的正體與變體也同時消失。[18]

由此可知，就「文體」的「正／變」辨別來說，既然「一種體式在不同的參照系扮演了不同的角色」，則或可說這樣的參照、比較關係，係屬於「中性」的概念，而不必然要涉及「高／下」、「優／劣」的價值判斷。另一方面，顏崑陽〈混融、交涉、衍變到別用、分流、佈體——「抒情文學史」的反思與「完境文學史」的構想〉即云：

古代文學家皆有「文體意識」；他們對「文體規範」多有清楚的認知而持為創作準則。「中國古代文學史」其實就是包括體製與體式在內的各類「文體變遷史」。「文體規範」原是文學歷史存在與社會存在的產物，各文類體製的形構規則與作家作品所形成的風格範型，都是文學傳統的累積及文學社群的約定。因此文學家創作時，雖可依個人「文辭氣力」的特殊創造而馳騁「變文」之數；但卻又同時必須遵守「文體規範」所展示各文類「名理相因」的共通性「常體」。而文學家對各類「文體規範」的認知與相應之審美基準的掌握，乃

---

[18] 楊暉，〈「正變繫乎詩」——試論葉燮對「詩體代變」的原創性闡釋〉，《甘肅社會科學》第 4 期（2008 年 4 月），頁 22。

形成了他的「文體意識」。文學家站在文學的歷史世界中，面對前代既成的文體，依循「文體意識」所做或因承或創變的「選擇」，這種動力與目的就是構成文學歷史的重要因素。[19]

　　藉此，可知「（中國古代）文學史」係為「包括體製與體式在內的各類『文體變遷史』」；而這樣的「變（遷）」，即源於文學家「對前代既成的文體，依循『文體意識』所做或因承或創變的『選擇』」。

　　循此脈絡，進一步檢視和觀察《四庫全書總目》的文學史觀，則筆者以為即大抵不脫「正」、「變」的概念。當任何一種事物發展至巔峰，其必然會在前面的基礎上，逐漸產生突破與創新的思維；同樣的，在文學的發展過程中，對於前人的寫作模式、觀念，勢必也會不斷地出現革新，誠如劉勰《文心雕龍・通變》所稱「文律運周，日新其業。」[20]因此，倘若就文體、文風的發展來看，可知「窮極而變」應屬常態，如《四庫全書總目》記《楊仲宏集》一條，「提要」即針對宋代詩風的流變提出見解，其謂：「（楊）載生於詩道弊壞之後，窮極而變，乃復其始風。」[21]而楊有山〈試論《四庫全書總目》的文學史研究〉[22]，亦借引《四庫全書總目》總纂官紀昀〈冶亭詩介序〉文中的說法，以闡釋文體之「變」係屬必然，乃是因為「弊極而變」。〈冶亭詩介序〉云：

　　夫文章格律，與世俱變者也。有一變，必有一弊，弊極而變又生焉。
　　互相激，互相救也。唐以前毋論矣，唐末詩猥瑣，宋楊、劉變而典

---

[19] 顏崑陽，〈混融、交涉、衍變到別用、分流、佈體──「抒情文學史」的反思與「完境文學史」的構想〉，《清華中文學報》第 3 期（2009 年 12 月），頁 138─139。

[20] 劉勰著、范文瀾注，《文心雕龍注》卷 6，頁 18。

[21] 永瑢、紀昀等編，《武英殿本 四庫全書總目提要》，頁 4：400。

[22] 楊有山，〈試論《四庫全書總目》的文學史研究〉，《信陽師範學院學報（哲學社會科學版）》第 23 卷第 4 期（2003 年 8 月），頁 95─97。

麗，其弊也靡。歐、梅再變而平暢，其弊也率。蘇、黃三變而恣逸，
其弊也肆。范、陸四變而工穩，其弊也襲。四靈五變，理賈島、姚
合之緒餘，刻畫纖微，至江湖末派流為鄙野，而弊極焉。[23]

由此可見，無論是「窮極而變」或「弊極而變」，皆點出文體、文風的「變」，
本身並非絕對的「劣」；意即當一文體或文風發展到極致時，勢必開始產生變
異，而力求突破與創新。

綜觀前述，筆者認為此處所論作為觀照《四庫全書總目》文學史觀的「正」
與「變」，大抵包含二個詮釋層面：

一、為類似過去「風雅正變」的論述概念，此係就各別文學作品的「本質」
　　和「表現」方面而言。此一詮釋層面雖較接近「文學批評」的討論範
　　疇，但藉此至少可察見在《四庫全書總目》所建構的文學史脈絡中，
　　具「變風、變雅之遺意」者，實有其一定程度的重要意義。
二、倘若將原先所流行的文體、文風視為「正」，代變或新興者視為「變」，
　　則文學發展的過程，即不斷地在「正」與「變」之間交相轉替，產生
　　無窮的變化，此係就整體的文學發展情形而言。

但無論是哪種層次的詮釋，均可知所謂「正／變」實乃相對而言，其二
者本身，並不適宜作為實際批評的對象或目標，同樣也不該有「高／下」、「優
／劣」的區別；換句話說，即從事文學批評時，所針對的對象或目標，應是
文體、文風本身所呈現的內在意涵與辭章美感，而不是執著於對「正」或「變」
孰優孰劣的討論。

而在「正／變」之外，另有一項值得關注的文學史觀，即《四庫全書總
目》中亦有所謂的「偽體」，且多用於對明人詩、文作品的批評。以記《遵巖

---

[23] 紀昀，《紀文達公遺集》，收錄於《續修四庫全書》第 1435 冊（上海：上海古籍出版社，2002
年），頁 362－363。

集》一條為例,「提要」云:

> 明王慎中撰……然七子之學,得於詩者較深,得於文者頗淺。故其
> 詩能自成家,而古文則鉤章棘句,剽襲秦、漢之面貌,遂成偽體。[24]

　　此則「提要」,雖是針對明王慎中詩、文的批評,但此間可略見館臣對於
所稱的「偽體」,係採取負面的評價。而構成「偽體」的關鍵條件,其中一項
應是「剽襲」。不過,若只是單純摹擬或仿效前人之文風,按理不一定就是劣
作,館臣卻用「剽襲」這樣具有明確貶抑的詞彙作為斷語,可見其中猶有可
進一步探討的其他思維理路。[25]然而,館臣或其他清代圖書目錄編撰者,對
於「偽體」一詞之內涵意義與界說的相關論題,因係屬「文學批評」的範疇,
並非為本節所要探討的核心論題,故於此暫且不論,留於後節〈文學批評的
視野〉再行討論和耙梳。但無論如何,此間乃體現《四庫全書總目》對於文
學發展過程中的「正」或「變」本身,並無預設的價值與意義判斷;然而,
對於既非「正」,亦不屬「變」的「偽」,則採取絕對的負面評價。
　　藉此,大抵可知《四庫全書總目》乃視「正」、「變」為文學發展的必經

---

[24] 永瑢、紀昀等編,《武英殿本　四庫全書總目提要》,頁 4:545。

[25] 顏崑陽〈混融、交涉、衍變到別用、分流、佈體──「抒情文學史」的反思與「完境文學史」的
構想〉云:「近現代有關『中國文學史』的書寫……二則沒有認知到『創作』與『閱讀』循環交
涉、衍變的歷史現象;乃跳過古代文學家由『閱讀』之反應、接受所建構的『典律史』,而直接
以文學史作者個人『主觀立意導向』的文學本質觀與文學史觀,片面選擇寫入文學史的作家作品;
並將『學古』或『典範學習』汙名化為『剽襲』、『剽竊』。」詳見顏崑陽〈混融、交涉、衍變
到別用、分流、佈體──「抒情文學史」的反思與「完境文學史」的構想〉,《清華中文學報》
第 3 期(2009 年 12 月),頁 139。顏氏此說雖是針對近現代中國文學史家,多以「剽襲」、「剽
竊」批評明代前、後七子的說法所提出質疑與反思,但筆者以為此說猶能作為關照「清代圖書目
錄集部提要」相關論題的線索。進一步來說,此間係相對點出於清代圖書目錄集部提要中,對於
明代前、後七子所採取的如「偽體」、「剽襲」、「摹擬」……等相關批評詞彙,應有其更為深
層的內在涵義與思維理路,而不僅僅是單純指責或貶斥「模擬或仿效前人之文風」而已。其他相
關論述另可參見顏崑陽〈論「典範模習」在文學史建構上的「遞澶效用」與「鍊接效用」〉,收
錄於《建構於反思──中國文學史的探索學術研討會論文集(下)》(臺北:臺灣學生書局,2002
年),頁 787-833。

歷程，二者不必然具有絕對的「高／下」、「優／劣」之分，應當以客觀的角度，持平地品評各文體、文風、文學流派，所呈現的內在意涵或辭章美感，方能對各詩、文作品的優劣好壞下斷語；否則，若是以「正即優」、「變即劣」的觀念，批評各詩、文作品，勢必容易產生「先入為主」的偏頗論斷，致使批評欠當而有失公允。另一方面，對於「偽」則館臣似有其特定的理解與詮釋概念，進而往往直接賦予絕對性的負面評價。簡單來說，就《四庫全書總目》的文學史觀而言，係以「正」、「變」作為觀照文學發展的主軸；至於「偽」，筆者以為此間儘管多有針對性質，且比例上係為少數[26]，但既然是文學發展過程中的一環，故猶可視為觀照「《四庫全書總目》文學史觀」的線索之一。

(三)《四庫全書總目》所建構的文學史樣貌

　　承前文對於四庫館臣所持文學史觀的討論，大抵可知《四庫全書總目》係以「正」、「變」的概念，作為建構「文學史」的核心主軸；同時，對於「正」或「變」本身，乃視為文學發展的必經歷程，不應有「先入為主」的觀念，以作為評斷一著作優劣好壞的標準。然而，對於具有特定意義的文學作品，館臣除持「正」、「變」的文學史觀予以審視、建構之外，又別有一項相對具有鮮明針對性、批判性的史觀，即是「偽」。

　　循此理路，進一步探討《四庫全書總目》「集部提要」中，對於文體及文風、流派的論述，並藉以觀照於清代圖書目錄集部提要所建構的「文學史」樣貌。以下凡分二部分進行討論，依序為：第一部分〈文體的遞變〉，係針對「集部提要」中，與「文體」發展有關的論述進行耙梳，藉以釐清館臣所建構「詩」、「詞」、「曲」和「駢文」等文體的發展架構，以及其中所體現的內在意涵。第二部分〈文風、流派的遞變〉，以「正」、「變」及「偽」的文學史觀為基礎，觀照館臣對於歷代文風、文學流派發展遞變情形的闡釋，以勾勒

---

[26] 按《四庫全書總目》集部提要中，凡有稱「偽體」者，經統計大抵有 10 條，且多與明代前、後七子相關，故於此稱「多有針對性質」和「比例上係為少數」。

其所建構的「文學史樣貌」之一隅。

1. 文體的遞變

　　中國文學發展歷時悠久，自《詩經》、《楚辭》以降，文人士子創作尤其豐富，且多力求創新與突破，致使歷代文體繁雜，而王國維曾於《宋元戲曲考》中，初步釐清中國文學各文體間的遞變關係，其云：

> 凡一代有一代之文學，楚之騷，漢之賦，六代之駢語，唐之詩，宋之詞，元之曲，皆所謂一代之文學，而後世莫能繼焉者也。此可謂一代有一代之文學。[27]

　　王氏此說，大抵勾勒出中國文學「文體發展」的雛形，但此說係為「大體而言」，未能更精確地闡釋各文體之間的發展源流與因襲關係。事實上，雖《四庫全書總目》各則「提要」，泰半是針對各著作所作的論述，但其中亦有部分「提要」，對於中國文學的「文體」發展情形略有耙梳，如《嘯餘譜》、《花間集》與《四六法海》等三則「提要」，即大抵闡釋了「詩」、「詞」、「曲」一脈的發展情形與因襲關係，以及對於「駢文」此體的發展源流。

　　因此，後文擬就此三則「提要」為論述核心，說明《四庫全書總目》所建構的「文體發展」樣貌，並分成「詩、詞、曲」和「駢文」等二部分進行闡釋：

　　（1）詩、詞、曲

　　《四庫全書總目》針對「詩」、「詞」、「曲」一脈發展情形的相關論述，所記有《嘯餘譜》一條，「提要」云：

> 考古詩皆可以入樂，唐代教坊伶人所歌，即當時文士之詞。五代以

---

[27] 〔清〕王國維，〈宋元戲曲考・序〉，收錄於《海寧王靜安先生遺書・宋元戲曲考》（臺北：臺灣商務印書館，1976 年），頁 5635。

後，詩流爲詞。金元以後，詞又流爲曲。故曲者，詞之變；詞者，
詩之餘。源流雖遠，本末相生。[28]

　　此則「提要」大抵可分為二部分來看。第一部份所稱「詩」是可以入「樂」
的，而唐代伶人所唱，即為當時文人士子所寫之「詩」詞。筆者以為，此間
首先確立了「詩」與「樂」之間的關連性；其次，則點出在唐代的時候，「詩」
的其中一種流傳方式，即是透過教坊伶人的歌唱；再者，乃體現出「詩」為
唐代當時最主要流行的文體，並且廣於民間流傳。

　　而此則「提要」的第二部分，主要是以「詩」為開端，初步勾勒「詩」、
「詞」、「曲」三種文體的遞傳過程。館臣指出「詩」的發展，於五代之後日
漸衰頹，故有「詞」出；時入金、元，則「詞」漸衰，故有「曲」現。是以
儘管從唐代到元代，文體發展過程歷時悠久，但「詩」、「詞」、「曲」三者之
間本末相連，即一體衰而有新體生，故知三者乃一脈相承。

　　事實上，此則「提要」對於文體發展的論述，是從宏觀的角度而論，且
其所持論的基本理路，大抵與後來王國維《宋元戲曲考》中「一代有一代之
文學」的說法相似，即五代之前以「詩」為主，五代之後以「詞」為主，金、
元時則以「曲」為主。然而，這樣的說法係為「大體而言」，但對於其中的發
展細節，則必須察見於其他則「提要」。以《四庫全書總目》對於「詞」一體
發展源流的論述為例，可察見於所記《花間集》一條，「提要」云：

詩餘體變自唐，而盛行於五代，自宋以後，體製益繁……律詩降於
古詩，故中晚唐古詩多不工，而律詩則時有佳作。詞又降於律詩，
故五季人詩不及唐，詞乃獨勝。[29]

---

[28] 永瑢、紀昀等編，《武英殿本 四庫全書總目提要》，頁5：343－5：344。

[29] 永瑢、紀昀等編，《武英殿本 四庫全書總目提要》，頁5：317－5：318。

此則節錄的「提要」，所述大抵包含三個面向：

一、「詞」的興起與盛行的主要時間點，係為五代與宋朝之時。

二、「詞」係因襲於唐代盛行的「詩」，且以「律詩」為主。此外，對於從「詩」到「詞」，主流與非主流文體的轉變過程，此則「提要」亦有所勾勒，即大致上是以「古詩」變為「律詩」，而「律詩」再變為「詞」。

三、「詞」之所以興起的原因，係為「唐詩」發展至中晚唐時，「古詩」已非主流，後又以「律詩」為主流；但時至五代與宋朝，則無論「古詩」、「律詩」，皆已現衰頹之勢，故而相對成為「非主流」的文體，於此時，則「詞」乃一躍成為當時的「主流」文體。

藉此，大抵釐清了「詞」一體的發展源流。當唐代的「詩」發展至巔峰而後漸趨衰頹，「詞」一體則在其基礎之上力求創新與突破，而成為主流文體。另一方面，此則「提要」除闡釋了「詞」的發展源流之外，同時亦點出在「唐詩」系統中，原先是以「古詩」為主流，後則以「律詩」替代「古詩」而成為主流。此外，對於「古詩」發展至「律詩」的關鍵轉折點，雖此則「提要」並未有所論及，但根據錢曾《讀書敏求記》記《沈雲卿集》一條「提要」的內容所述，或能補充說明之，其云：

> 沈、宋裁詩矜變律，律而云變者，蓋詩之體裁，至沈、宋排比聲律
> （一作「韻」），比齊、梁格法益嚴，故遂為千古律詩之龜鑑耳。[30]

此言大抵說明「詩」的格律，於齊、梁之間大抵已有雛形，但仍在嘗試和調整的階段；後經上官儀、初唐四傑……等多位詩人的努力，整體架構更具規模；再有沈佺期、宋之問，在前人的基礎上，確立了「律詩」嚴謹的格律規範；自此，凡創作「律詩」者，多遵循沈、宋二人所建構的格律。換句

---

[30] 錢曾著、章鈺等校證，《讀書敏求記校證》，頁〈記校四之上〉11。

話說，從建構「文學史」的角度來看，《四庫全書總目》此則「提要」，雖未闡釋「古詩」到「律詩」中間的發展細節，但透過如錢曾《讀書敏求記》等私撰圖書目錄，猶可作為補充說明的材料，而有益於對「文學史」發展脈絡的釐清。

綜上所述，倘若以前文所稱「正」與「變」的文學史觀來看，即「詩」原為「正體」，但到了五代則發生「變」，而到宋朝時則又以「詞」為「正體」；同理，在「唐詩」的系統中，「古詩」與「律詩」的關係，亦可以此觀念檢視。由此可知，倘若從文體的發展情形來看，「正」、「變」的概念並非是固定不變的，如於唐朝、五代之時，相對於「詩」而言，「詞」應當是「變」；然而，到了宋朝，「詞」顯然已成為了所謂的「正」，而不再是以「變」的概念盛行於世。

(2) 駢文

《四庫全書總目》除建構「詩」、「詞」、「曲」一脈的文體發展史之外，對於「駢文」的部分亦有所論述，以其所記《四六法海》一條為例，「提要」云：

> 秦、漢以來，自李斯〈諫逐客書〉，始綴華詞；自鄒陽〈獄中上梁王書〉，始疊陳故事，是駢體之漸萌也。符命之作則〈封禪書〉、〈典引〉，問對之文則〈答賓戲〉、〈客難〉（此係指〈答客難〉），駸駸乎偶句漸多。沿及晉、宋，格律遂成。流迨齊、梁，體裁大判，由質實而趨麗藻，莫知其然而然。然實皆源出古文，承流遞變。猶四言之詩，至漢而為五言，至六朝而有對句，至唐而遂為近體，面目各別，神理不殊，其原本風雅則一也。厥後輾轉相沿，逐其末而忘其本，故周武帝病其浮靡，隋李諤論其佻巧，唐韓愈亦斷斷有古文、時文之辨。降而愈壞，一濫於宋人之啟、劄，再濫於明人之表、判，剿襲皮毛，轉相販鬻，或塗飾而掩情，或堆砌而傷氣，或雕鏤纖巧而傷

雅，四六遂爲作者所詬屬。[31]

　　此則「提要」，大致上闡釋了「駢文」一脈的發展源流，同時說明致使此文體逐漸趨向衰頹的原因。根據館臣的論析，「駢文」的發展源頭，係可上溯自秦、漢之時，有李斯、鄒陽等人在他們所撰的文章作品中，多用有華麗詞藻和層層堆疊的筆法；而符命之作〈封禪書〉、〈典引〉與問答體之作〈答賓戲〉、〈答客難〉等文，文中多有偶句形式。不過，此時期的文章，大體上來說仍是「文、質兼備」，不僅具有實質的內涵意義，文采方面亦多有駢麗之句；此外，就筆法而論，大抵上也沒有明確的駢、散之分。至於晉、宋之間，駢體格律逐漸成形；時入齊、梁，則轉趨偏重駢麗辭藻的構築；而後續的發展，更是變本加厲乃至輕忽實質內涵的呈現。致使歷來對於「駢文」，多認為有浮靡、佻巧等弊病；至宋人的啟、箚，以及明人的表、判，更是講究辭藻的塗飾、堆砌和雕鏤纖巧，致使文章該有的「情」、「氣」、「雅」等性質，皆相對淡化甚至蕩然無存，最終不免也為人所詬病而漸趨衰頹。

　　另一方面，根據此則「提要」的論述，除對於「駢文」一體的「發展源流」和「趨於衰頹的原因」能有初步認識之外，文中「猶四言之詩……其原本風雅則一也」一段，亦大抵勾勒「詩」一體歷來的發展情形，並將立論的重點至於「面目各別，神理不殊，原本風雅則一也」。即「詩」一體，原以「四言詩」為主，至漢朝時「五言詩」遂出，六朝時於形式上講究「對句」，而時入唐朝則有嚴謹格律規範的「近體詩」出現；然而，儘管於表象的體例方面各有所異，但其內在本質原是相同的。藉此，筆者以為此間至少可觀察到三項有關《四庫全書總目》建構「文學史」的重點：

一、此則「提要」係以「駢文」為主要的論述對象，但其中卻又以「詩」
　　一體作為比較的對照組。同時，就「提要」的撰述筆法和口吻來看，
　　略有以「詩」作為「基準點」概念的跡象，並進而對比、和闡釋「駢

---

[31] 永瑢、紀昀等編，《武英殿本　四庫全書總目提要》，頁5：79。

文」一體的發展情形。倘若如此，則此間不僅體現出館臣對於「詩」
一體的重視，同時也相對說明在「詩」與「駢文」之間，他們對於「詩」
應是更有所偏愛的。

二、承前所述，館臣先稱「文」發展至齊、梁，整體而言已由「質實而趨
麗藻」，並稱「皆源出古文，承流遞變」；其次，又以「詩」與「文」
相比較，說明「詩」一體，係從質實的四言，中經五言、對句的改變，
發展至重視格律的近體，又稱「面目各別，神理不殊，其原本風雅則
一也」。換句話說，此間即體現出館臣認為一文體的發展，大致上都是
由開始的「質實」，漸而轉趨對文辭「麗藻」的講究。

三、倘若以「猶四言之詩……其原本風雅則一也」一言，作為觀照此則「提
要」論述的分界點，則其中即體現出館臣明顯對待齊、梁以前的「駢
文」，以及宋、明時期的「駢文」，兩者之間有明顯的態度落差。由此
或可進一步窺見，館臣大體上是崇尚「文、質兼具」，並能兼含「風雅」
特性的文章作品，但對於只重辭藻堆砌而無實際內涵，甚至會「掩情」、
「傷氣」、「傷雅」的文章作品，即相對給予負面評價。

綜上所述，倘若藉由前文所謂「正」、「變」，以及「偽」的文學史觀來看，
「駢文」的發展歷程，仍是「正」與「變」之間的定位轉替。就大方向來看，
乃是從原先的「質實」轉趨於「麗藻」。其次，儘管從李斯、鄒陽等人之作開
始，漸有文采駢麗之風，但並無失去對實質內涵的講究，此係可謂「正」；而
至晉、宋、齊、梁，不僅格律已然成形，文風亦更趨駢麗，但尚保有一定程
度的實質內涵，此相對於前者，即可謂之「變」。

而相對於晉、宋、齊、梁的「駢文」，宋、明時期的啟、箚、表、判等文
類，理應可視為「變」，而不有優劣好壞之區別；不過，這些文章卻泰半僅著
重於辭藻的堆砌，卻不力求深化實質的內涵，致使「浮靡」、「佻巧」，甚或是
「掩情」、「傷氣」、「傷雅」等弊病的駢文，且館臣亦以「剿襲皮毛」稱之，
則筆者以為此即符合前文所稱的「偽」。

簡單來說，透過對於《四庫全書總目》所記《四六法海》一條「提要」

的觀照，即能大抵勾勒「駢文」一體的發展脈絡；另一方面，根據此則「提要」的論述，可知「駢文」一體，除在「正」與「變」定位的轉替過程中發展之外，宋、明時期僅著重於麗藻辭章表現，而忽略呈現實質內涵的啟、箋、表、判等文類作品，《四庫全書總目》館臣應是將其定位於「偽」的概念。

2. 文風、流派的遞變

　　承上言，《四庫全書總目》館臣大抵以「正」、「變」交相轉替的概念，作為勾勒文學發展脈絡的核心史觀，如《四庫全書總目》記《御選唐宋詩醇》一條，「提要」云：

> 詩至唐而極其盛，至宋而極其變盛。極或伏其衰，變極或失其正，
> 亦惟兩代之詩最爲繁雜。[32]

　　即是藉由「正」、「變」定位的概念，闡釋唐、宋詩的發展情形，同時亦揭示出「詩」一體，於唐、宋間由於發展蓬勃，不僅各類詩風相繼竄起，亦衍生出許多不同的作詩派別。唐、宋以降，往後的金、元、明等各朝同樣也是百家爭鳴，不同的詩風、流派在不同時期、不同地域各領風騷；而對於自宋朝以降乃至明朝，於各時期領銜的詩風或流派，《四庫全書總目》記《御定四朝詩》一條的「提要」，即以「正」、「變」的文學史觀，大抵梳理了其中的遞變關係，其云：

> 唐詩至五代而衰，至宋初而未振，王禹偁初學白居易，如古文之有
> 柳穆，明而未融，楊億等倡西崑體，流布一時，歐陽修、梅堯臣，
> 始變舊格，蘇軾、黃庭堅，益出新意，宋詩於時爲極盛。南渡以後，
> 《擊壤集》一派，參錯並行，遞流至於四靈、江湖二派，遂弊極而
> 不復焉。金人奄有中原，故詩格多沿元祐，迨其末造，國運與宋同

---

[32] 永瑢、紀昀等編，《武英殿本　四庫全書總目提要》，頁 5：99。

衰，詩道乃較宋爲獨盛……有元一代，作者雲興，虞、楊、范、揭
以下，指不勝屈，而末葉爭趨綺麗，乃類小詞，楊維楨負其才氣，
破崖岸而爲之，風氣一新，然訖不能返諸古也。明詩總雜，門戶多
岐，約而論之，高啓諸人爲極盛，洪熙、宣德以後，體參臺閣，風
雅漸微，李東陽稍稍振之，而北地、信陽，已崛起與爭，詩體遂變，
後再變而公安，三變而竟陵，淫哇競作，明祚遂終。大抵四朝各有
其盛衰，其作者亦互有長短，……於詩家正變源流，亦一一識其門
徑。[33]

　　此則「提要」係以《御定四朝詩》爲主要對象，故其所論自然是以「詩」
一體核心。在此前提之下，館臣分別以宋、金、元、明四朝詩壇代表人物、
流派，作爲論述的「點」，再以各家的文學思想、創作理念和所呈現的風格爲
「線」[34]，進而勾連其中的遞變關係而構成「面」。以「點」到「線」到「面」
的方式，闡釋宋、金、元、明四朝，「詩」一體的發展情形和脈絡。

　　以其論宋詩的發展爲例，館臣即認爲於宋初時期的詩壇，尚無法扭轉五
代以來的衰頹之勢，儘管「西崑體」一時流爲風尚，但仍必須待歐陽修、梅
堯臣、黃庭堅、蘇軾等人的出現，力改舊格並作出新意，方始振興詩壇，使
宋詩的發展達於巔峰；然而，至宋室南遷之後，詩道卻又弊病漸生，而不復
往日榮景。再有如論明詩的發展，認爲高啓等人乃爲明詩發展達於極盛，後
「臺閣」之風興起，致使詩道衰頹；後雖有李東陽等人稍稍振興，而後卻又

---

[33] 永瑢、紀昀等編，《武英殿本 四庫全書總目提要》，頁 5：96。

[34] 儘管此「線」，館臣不一定有作直接的表述，如其中所論「李東陽」、「公安」、「竟陵」等，
　　皆未明確闡釋他們的文學思想、創作理念和所呈現的風格；但筆者以爲，這樣的論述方式，必須
　　是建構在館臣對於這些人物、流派已然存有既定的認識和理解，方能構成此一論述。換句話說，
　　儘管館臣並未明言這類的訊息，但在言辭之間，仍能隱約觀察到館臣在撰述此則「提要」時，對
　　於各家文學思想、創作理念和風格係持既定的認識和理解，在作爲串連各「點」的「線」。

有北地、信陽之學崛起而爭[35]，再有公安、竟陵等派令詩格二變、三變，最後導致明詩的頹敗。

藉此可知，宋、金、元、明四朝詩的發展情形，大抵仍不脫「正」、「變」定位交相轉替的概念。如宋詩由歐陽修、梅堯臣等人「始變舊格」，再有黃庭堅、蘇軾等人「益出新意」；南渡以後，又有四靈、江湖等詩風興起，雖漸生有弊病，但誠如此則「提要」文末所稱：「各有其盛衰，其作者亦互有長短」，故大抵都可以「正」、「變」定位交相轉替的文學史觀視之。

事實上，《四庫全書總目》記《御選四朝詩》的「提要」，其所論時間的跨度較大，對於各朝詩風、流派的遞變關係，只能「點到為止」，無法為各別朝代有較為細緻的論述；因此，猶需透過對其他則「提要」的觀照，方能更為清楚地梳理《四庫全書總目》所建構的文學史樣貌。如《四庫全書總目》對於宋詩的討論，即有記《楊仲宏集》一條，「提要」云：

> 蓋宋代詩派凡數變，西崑傷於雕琢，一變而為元祐之朴雅；元祐傷於平易，一變而為江西之生新；南渡以後，江西宗派盛極而衰，江湖諸人，欲變之而力不勝，於是仄徑旁行，相率而為瑣屑寒陋，宋詩於是掃地矣。[36]

此則「提要」所論，大抵為「西崑」到「元祐」，再到「江西」，三者之間詩風的遞變關係，並點出各流派、集團詩風的弊病，同時亦道出宋詩發展由盛而衰的關鍵轉折點。再有《四庫全書總目》記《雲泉詩》一條，「提要」云：

---

[35] 《四庫全書總目》記《愚谷集》一條，「提要」評李舜臣云：「然於時北地、信陽之學盛行於世，方以鉤棘塗飾相高，而舜臣獨以模直存古法。」（見永瑢、紀昀等編，《武英殿本 四庫全書總目提要》，頁 4：545。）而可知此處所謂北地、信陽之學，館臣認為是以「鉤棘塗飾」為特色，而此類的風格特色，向來不被四庫館臣所認同，故認為北地、信陽詩風的崛起，致使明詩詩格之一變，而後又有公安、竟陵的再變、三變，致使明詩就此頹敗。

[36] 永瑢、紀昀等編，《武英殿本 四庫全書總目提要》，頁 4：400。

江西一派，由北宋以逮南宋，其行最久，久而弊生，於是永嘉一派，以晚唐體矯之，而四靈出焉。然四靈名爲晚唐，其所宗實止姚合一家，所謂武功體者是也。其法以新切爲宗，而寫景細瑣，邊幅太狹，遂爲宋末江湖之濫觴。[37]

此則「提要」即針對宋詩中，如「江西詩派」、「永嘉四靈」和「江湖詩派」等代表流派，大抵勾勒各派間的遞變關係，並對其各別詩風略作批評。換句話說，透過此二則「提要」，即可大致窺見宋朝整體詩風、流派的遞變過程，即從「西崑」、「元祐」、「江西」，而後「四靈」、「江湖」；同時，可察見各派之間的關係，往往後者為力矯前者之弊病，最後則別成一派，而此亦符合前述所謂「正」、「變」的文學史觀。

另有《四庫全書總目》記《明詩綜》一條，「提要」云：

明之詩派，始終三變。洪武開國之初，人心渾樸，一洗元季之綺靡。作者各抒所長，無門戶異同之見。永樂以迄宏治（按：館臣為避高宗「弘曆」之諱，故將「弘」改作「宏」），沿三楊臺閣之體，務以春容和雅，歌詠太平。其弊也冗遝膚廓，萬喙一音，形模徒具，興象不存。是以正德、嘉靖、隆慶之間，李夢陽、何景明等崛起於前，李攀龍、王世貞等奮發於後，以複古之說，遞相唱和，導天下無讀唐以後書。天下響應，文體一新。七子之名，遂竟奪長沙之壇坫。漸久而摹擬剽竊，百弊俱生，厭故趨新，別開蹊徑。萬曆（按：館臣為避高宗「弘曆」之諱，故將「曆」改作「歷」）以後，公安倡纖詭之音，竟陵標幽冷之趣，么弦側調，嘈囋爭鳴。佻巧盪乎人心，哀思關乎國運，而明社亦於是乎屋矣。大抵二百七十年中，主盟者遞相盛衰，偏袒者互相左右。諸家選本，亦遂皆堅持畛域，各尊所

---

[37] 永瑢、紀昀等編，《武英殿本 四庫全書總目提要》，頁 4：329－4：330。

聞。至錢謙益《列朝詩集》出，以記醜言偽之才，濟以黨同伐異之
見，逞其恩怨，顛倒是非，黑白混淆，無復公論。[38]

　　就此則「提要」來看，館臣主要仍是以「正」、「變」的文學史觀，描繪
明代詩風及流派的遞變情形，即點出新的詩風或流派的產生，其目的往往是
為矯前期詩風之弊病，但發展日久，卻又產生更多新的弊病，進而使得明代
詩風日漸衰敗。另一方面，館臣亦指出明代詩壇具有門戶之見、黨同伐異的
陋習，更直斥錢謙益《列朝詩集》為體現該陋習的極致代表。對此，曾守正
即總結此則「提要」所體現的文學現象，其云：「館臣對於明代文學發展、文
學主張的印象，存有退化的、充滿門戶之見的印象。」[39]儘管館臣對於明代
文學發展、文學主張，係具有「退化」的印象，但大抵仍籠罩在前述所謂「正
／變」的文風發展概念之下；意即當原先流行的詩風因日久而產生諸多弊病
時，隨之崛起的即是為矯其弊而有所變革的新興詩風，如此「正／變」立場
的交相轉替，遂構成館臣所描繪的「明代詩史」。

　　除「詩」之外，對於「詞」一體的風格、流派的遞變關係，《四庫全書總
目》亦有所論及，其所記《東坡詞》一條，「提要」云：

　　詞自晚唐五代以來，以清切婉麗為宗。至柳永而一變，如詩家之有
　　白居易。至軾而又一變，如詩家之有韓愈，遂開南宋辛棄疾等一派。
　　尋源溯流，不能不謂之別格，然謂之不工則不可。故至今日，尚與
　　花間一派並行，而不能偏廢。[40]

　　此則「提要」，大抵描述了晚唐、五代以降，「詞」一體的發展情形。而

---

[38] 永瑢、紀昀等編，《武英殿本　四庫全書總目提要》，頁 5：105－5：106。

[39] 曾守正，《權力、知識與批評史圖像——《四庫全書總目》「詩文評類」的文學思想》，頁 115。

[40] 永瑢、紀昀等編，《武英殿本　四庫全書總目提要》，頁 5：284。

根據文中所述,「詞」一體從晚唐、五代發展至宋朝時,至少發生「二變」:
一為柳永,以慢詞形式,鋪敘刻畫的表現手法,開創「詞」體新的一面,但
往往被認為格調悲弱、辭少雅正;而蘇軾則一改柳詞弊病令「詞境始大,詞
格始高」,終開「豪放」一派詞風,而與講究「清切婉麗」風格的「花間」一
派並駕齊驅。

　　另一方面,就「文」的部分來說,除上述以「文體」為核心,對於「駢
文」發展脈絡的論述之外,對於「古文」的部分,《四庫全書總目》亦有所耙
梳,如所記獨孤及的《毘陵集》一條,「提要」云:

> 考唐自貞觀以後,文士皆沿六朝之體。經開元、天寶,詩格大變,
> 而文格猶襲舊規。元結與及,始奮起淘除;蕭穎士、李華左右之。
> 其後韓、柳繼起,唐之古文,遂蔚然極盛。斲雕為樸,數子實居首
> 功。[41]

　　根據此則「提要」的內容來看,係可知唐朝「文」的發展,乃承繼於六
朝,儘管於開元、天寶年間,「詩」的風格已然有所革新,但「文」的部分仍
沿襲舊格;直待元結、獨孤及、蕭穎士、李華等人,摒除前人為「文」的習
氣與流弊,開創新局,而後又有韓愈、柳宗元等人隨之振起,一改六朝以來
講究摛藻雕章的駢麗文風,使樸實無華的「古文」興盛一時。藉此,即能大
抵窺見唐朝「文風」的轉變和發展情形。

　　再有《四庫全書總目・別集存目》記《袁中郎集》一條,「提要」云:

> 明袁宏道撰。宏道有《觴政》,已著錄。其詩文所謂公安派也,蓋明
> 自三楊倡臺閣之體,遞相摹仿,日就庸膚。李夢陽、何景明起而變
> 之,李攀龍、王世貞繼而和之。前後七子遂以仿漢摹唐,轉移一代

---

[41] 永瑢、紀昀等編,《武英殿本 四庫全書總目提要》,頁 4:44。

之風氣。迨其末流，漸成偽體，塗澤字句，鉤棘篇章，萬喙一音，陳因生厭，於是公安三袁又乘其弊而排抵之。三袁者，一庶子宗道，一吏部郎中中道，一即宏道也。其詩文變板重爲清巧，變粉飾爲本色，天下耳目於是一新，又復靡然而從之。然七子猶根於學問，三袁則惟恃聰明，學七子者不過贋古，學三袁者乃至矜其小慧，破律而壞度。名爲救七子之弊，而弊又甚焉。觀於是集，亦足見文體遷流之故矣。[42]

　　此則「提要」，係以明代盛行一時的「臺閣體」為開端，梳理「公安」一派的源流，同時亦得初步觀照「散文」一體於明朝時的發展情形。按《四庫全書總目》所記明吳伯宗《榮進集》一條，「提要」有云：「詩文皆雍容典雅，有開國之規模，明一代臺閣之體胚胎於此。」[43]可知館臣認為「臺閣體」係可溯源於明吳伯宗之詩、文，尚具有「雍容典雅」、「開國之規模」等格局；然而，至「三楊（楊士奇、楊榮、楊溥）」等人所提倡的「臺閣體」，則漸有流於庸膚的弊病。而後有「前、後七子」等人起而變之，並以「擬古」[44]為宗，主張「文必秦漢，詩必盛唐」；但發展至後期，館臣認為有「塗澤字句」、「鉤棘篇章」、「萬喙一音，陳因生厭」等弊病，故而以「偽體」稱之。隨後再有「公安」一派，力矯「擬古」之風，主張為詩、為文貴在「獨抒性靈」；不過，館臣則認為「公安」一派，固然是為矯前、後七子「擬古」之陋習，但反而令詩、文無所律度，形成新的弊病，是以稱其「名爲救七子之弊，而弊又甚焉」。

　　同樣再以「正」、「變」和「偽」的文學史觀檢視上述二則「提要」，則可窺見館臣是以較為客觀、中立的角度，在陳述「唐代散文」的發展脈絡，雖

---

[42] 永瑢、紀昀等編，《武英殿本 四庫全書總目提要》，頁 4：806。

[43] 永瑢、紀昀等編，《武英殿本 四庫全書總目提要》，頁 4：483。

[44] 葉慶炳云：「前後七子所謂復古，實為擬古。」見葉慶炳，《中國文學史》（臺北：臺灣學生書局，1987 年），頁 262。

其中如「斲雕為樸」一句,稍可察見館臣乃偏好的文風,係以「樸實無華」
為主;但大抵來說,館臣並未有過份的批判性、針對性,或者是預設的優劣
好壞之分,是以仍符合前文所謂「正」、「變」的文學史觀。不過,儘管同樣
是勾勒「散文」一體的發展情形,對於「明代散文」的發展,儘管仍可察見
文風、流派「正」、「變」交相轉替的概念,但就館臣撰作「提要」的內容和
筆法來看,其中確實具有鮮明的批判性、針對性,以及有優劣好壞之分的預
設立場,可見並非只是單純對於文風、流派發展過程的陳述而已;因此,筆
者認為除了「正」、「變」的概念之外,「偽」亦是館臣建構「明代散文史」時
所採取的重要史觀。

藉此,倘若以極簡化的方式,闡釋《四庫全書總目》所建構的「文學史」
樣貌,則大抵可知無論是文體、文風或流派,館臣對於「明朝」以前的辭章
作品,多是以「正」、「變」交相轉替的史觀,作為陳述和建構「文學史」的
線索;唯獨對於「明朝」的辭章作品,除「正」、「變」之外,館臣亦以「偽」
作為重要史觀之一,藉以建構「明朝」的文學史。

總括前言,由於《四庫全書總目》係為清代圖書目錄發展的代表著作,
同時對於後世目錄的發展,有著莫大的影響力,故本節乃取以《四庫全書總
目》為核心對象,分從「『集部』的類例準則」、「文學史觀」,以及「文學史
的樣貌」等三個不同面向著手,藉以觀照清代圖書目錄集部提要所建構的「文
學史」。

而根據本節的討論,首先大致釐清了清代圖書目錄集部所涉及的範圍,
係以「辭章之作」為主。其次,說明了「四庫館臣」所採取的文學史觀,係
以「正」、「變」交相轉替的概念為核心;但是,對於具有特定意義的文章作
品,則另設有「偽」的概念予以審視和討論。最後,則藉由前二部分的耙梳
為基礎,進一步針對館臣對於文體、文風和流派發展情形的論述進行闡釋,
勾勒《四庫全書總目》所建構的「文學史樣貌」,藉以觀照清代圖書目錄集部
提要所建構的「文學史」。

二、文學批評的視野

按劉向編纂《別錄》所立提要義例，其中一項係為「評論書的得失」；倘若以此概念檢視「集部提要」，則「文學批評」應可視為此義例的延伸概念之一。根據前文〈圖書目錄「提要」的體例、形制與內容〉的耙梳，可知「敘錄體」係為目錄提要編撰者，最便於從事「文學批評」一事的提要體例，而在清代圖書目錄中，《四庫全書總目》也是較為偏屬「敘錄體」的代表目錄著作；此外，在《四庫全書總目》之後，主要有周中孚《鄭堂讀書記》、馬國翰《玉函山房藏書簿錄》等二部私撰圖書目錄，編纂概念係多依循《四庫全書總目》，故其「提要內容」亦具有從事「文學批評」的部分。另一方面，儘管有些目錄的提要係採「輯錄體」編撰，但其中猶有部分編撰者所作「案語」，其內容係涉及「文學批評」；同理，「讀書記」、「序、跋集（題跋集）」或「藏書志（賞鑑書志）」中，亦有部分針對文學作品的相關批評，而此皆可被納入本節討論的範疇之中。簡單來說，本節所討論的對象，雖是以《四庫全書總目》、《鄭堂讀書記》、《玉函山房藏書簿錄》等偏屬「敘錄體」的目錄為主，但其他體例、形制的「目錄集部提要」，若有涉及「文學批評」的部分，也同樣可作為觀照此議題的線索，故一併納為本節的討論範疇之中。

其次，就清代圖書目錄集部提要的實際收錄情形來看，無論是「別集」或「總集」的部分，所收錄的各文集中，多兼具詩、文二種不同的文體；而就「集部提要」的內容來看，雖不乏詩、文分論者，但詩、文同論者亦不在少數。因此，本節開展論述的思路進程，擬不依據「文體」作劃分，而是就不同面向的相關「議題」進行闡釋，大抵包含〈文學批評的方法〉、〈文學批評的核心標準〉、〈文學批評的基本心態〉等三部分，希冀能藉以觀照「清代圖書目錄集部提要的『文學批評視野』」之一隅。

(一) 文學批評的方法[45]

綜觀清代圖書目錄集部提要，泰半所採用的文學批評方法，係以「直抒己見」、「比較式」和「引他人之說」為主，以下即分別闡釋之：

1. 直抒己見

於清代圖書目錄集部提要中，「直抒己見」可說是最為普遍的批評方式。本書在此所稱「直抒己見」，即是直接針對某作家或作品所進行的批評；當然，這種批評方式，提要撰者的「主觀意識」也會相對的凸顯。以對陸次雲《澄江集》的批評為例，《四庫全書總目・集部・別集類存目》有「提要」云：

> 集中五古短篇，及宮詞之類，頗能自出新裁，而蹊徑不免於太狹。[46]

而《鄭堂讀書記》「提要」則稱：

> 今觀其詩，本真性情出之，故語多沈著，兼能獨出新意。雖所選皇清詩評頗尚宋元派數，而宗法究在唐人云。[47]

按此二則「提要」的批評情形來看，雖館臣及周中孚，對於陸次雲詩作的評價，皆在別有「新裁（新意）」方面表示肯定。不過，在給予負面評價的部分，館臣以「狹」一字，定調陸次雲詩作儘管能另闢蹊徑，其中格局卻不免稍嫌「狹隘」。而周中孚的批評，儘管是相對立足於「欣賞」或「肯定」的

---

[45] 本書於此所開展論述之基礎，係參考龔詩堯《《四庫全書總目》之文學批評方法》、成林〈試論《四庫提要》的文學批評方法〉、楊有山〈試論《四庫全書總目》的文學批評觀念〉等相關論著，進而將研究對象從《四庫全書總目》擴大至「清代圖書目錄集部提要」，藉以針對其中常見的文學批評方法進行闡述。

[46] 永瑢、紀昀等編，《武英殿本 四庫全書總目提要》，頁 4：886。

[47] 周中孚，《鄭堂讀書記》卷 70，頁 24。

角度，稱其詩乃出於「真性情」，而「語多沈著」，又能「獨出新意」；然而，所言「頗尚宋元派數，而宗法究在唐人」一句，筆者以為其中「究」字，應可做「終究」解釋，如此則隱約體現周中孚對於「唐詩」與「宋、元詩」的認同差異，即相對崇尚於「唐詩」之法。但無論如何，館臣和周中孚，皆是「直接表述」其各自對於陸次雲《澄江集》，以及集中所收詩作的看法；同時，讀者亦能從中察見提要編撰者的「主觀意識」。

　　再以《玉函山房藏書簿錄》所記《蔡中郎集》與《魏武帝集》二條「提要」為例。所記《蔡中郎集》「提要」云：

> 邕宏才博學，推重一時，惟坐董卓黨，為王允所殺。集中〈薦卓表〉亦頗為文章之玷。[48]

而所記《魏武帝集》「提要」云：

> 詩文沉雄俊爽，時露霸氣，肖其為人。[49]

　　承前文對於「文學批評視角」的討論，《玉函山房藏書簿錄》此二則「提要」，明顯是採取以「人格」作為批評詩、文的核心標準。不過，實際採取的文學批評方法，係屬於直接針對作家、作品的批評；而馬國翰對於蔡邕、曹操「人格」方面的既定印象，也成為左右其批評思路的重要關鍵，其個人的「主觀意識」於此顯而易見。

2. 比較式

　　除前文所稱的「直抒己見」之外，於清代圖書目錄集部提要中，「比較式」的批評亦是常見的方法之一。本書在此所稱「比較式」的批評方法，係指提

---

[48] 馬國翰，《玉函山房藏書簿錄》卷 18，頁 10-11。

[49] 馬國翰，《玉函山房藏書簿錄》卷 18，頁 11-12。

要編撰者藉由對「不同作者」、「不同時代」、「同人不同作品」或「不同流派」
的相互比較，以闡釋本身對於某作家、作品的態度和見解。以《四庫全書總
目》記《李元賓文編》一條為例，「提要」云：

> 唐李觀撰。……觀與韓愈、歐陽詹為同年，並以古文相砥礪。其後
> 愈文雄視百世，而二人之集，寥寥僅存。論者以元賓早世，其文未
> 極。退之窮老不休，故能獨擅其名。……今觀其文，大抵琱琢艱深，
> 或格格不能自達其意。殆與劉蛻、孫樵同為一格，而鎔煉之工或不
> 及，則不幸早凋，未卒其業之故也。然則當時之論，以較蛻、樵則
> 可，以較於愈則不及。……顧當琱章繪句之時，方競以駢偶鬥工巧。
> 而觀乃從事古文，以與愈相左右。雖所造不及愈，固非餘子所及。[50]

此段「提要」內容，對於李元賓「文章」的批評方式，即是採取「比較
式」的概念，以其與同時期的「韓愈」比較，藉以品評李元賓的文章作品。
另一方面，館臣既稱李元賓、韓愈、歐陽詹三人，係以「古文相砥礪」，按理
作論述時三人於館臣心中的地位，應是立足於同一基準點；然而，倘若以「平
提側注」的概念觀照該條「提要」，則此間隱約體現館臣在「韓愈」和「歐陽
詹」之間，同樣也進行了某種意義的「比較」；意即館臣認為歐陽詹之文章，
實稍遜於韓愈，故在「提要」中，雖先「平提」三人的友誼，隨後卻僅「側
重」以韓愈與李元賓進行「比較」。[51]換句話說，館臣於所記「《李元賓文編》

---

[50] 永瑢、紀昀等編，《武英殿本 四庫全書總目提要》，頁4：58－4：59。

[51] 按《四庫全書總目》著錄順序，《李元賓文編》係為記「歐陽詹《歐陽行周集》」的次一條，二
者的相對位置乃是比鄰，而《四庫全書總目》記「《歐陽行周集》提要」有云：「今觀詹之文，
與李觀相上下，去愈甚遠。蓋此三人同年舉進士，皆出陸贄之門，並有名聲。其優劣未經論定，
故貽孫之言如此。然詹之文實有古格，在當時纂組排偶者上。」（永瑢、紀昀等編，《武英殿本 四
庫全書總目提要》，頁4：58。）此間係為館臣「直抒己見」的批評，然本書於此係針對「比較式」
的批評方法為論題，故暫且僅就「《李元賓文編》提要」一條進行闡釋。此外，筆者以為此二條
「提要」，對於韓、李、歐陽三人之間關係的闡釋，雖是一詳一簡，但此點並不足以說明二者之

提要」中，即是採取「比較式」的文學批評，以韓愈「比較」李元賓；同時，在「提要」中，亦隱約能察見館臣同樣以韓愈「比較」歐陽詹的批評情形。

　　再以《四庫全書總目》記《李義山詩集》一條為例，「提要」云：

> 商隱詩與溫庭筠齊名，詞皆縟麗；然庭筠多綺羅脂粉之詞，而商隱
> 感傷時事，尚頗得風人之旨。[52]

　　歷來論詩多以溫、李並稱，館臣亦認為二人造句性質相近，同樣都具備「縟麗」的特質；但進一步細究，則溫詩多「綺羅脂粉之詞」，李詩以「感傷時事，而得風人之旨」。而這樣的「文學批評」方式，即是針對二人各別的詩風所進行的「比較式」批評。[53]

　　再有《四庫全書總目》記《橘山四六》一條為例，「提要」云：

> 宋李廷忠撰。……北宋四六，大都以典重淵雅為宗。南渡末流，漸
> 流纖弱。廷忠生當淳熙、紹熙之間，正風會將變之時，故所作體格
> 稍卑。往往好博務新，轉傷繁冗。然織組尚為工穩，其佳處要不可
> 掩。固當存之以備一家。[54]

　　此段「提要」係從「時代文風」著手，比較「北宋」與「南宋」整體文風的差異，進而針對李廷忠的四六駢文做批評；筆者以為，固然此間對於「因」、「果」的論證稍嫌武斷，但藉此仍能初步窺知館臣心中所認定的時代

間具有絕對的「連續意義」，故筆者於本書中暫且將二條「提要」視為各別的獨立論述，而未予以合併討論。

[52] 永瑢、紀昀等編，《武英殿本　四庫全書總目提要》，頁4：70-4：71。

[53] 本書中所舉例證，主要係為針對「不同作者」、「不同時代」所作的「比較式批評」，至於「同人不同作品」、「不同流派」的比較情形，可察見於《四庫全書總目》、《鄭堂讀書記》、《玉函山房藏書簿錄》多條「提要」之中，在此即不一一列舉並多作贅述。

[54] 永瑢、紀昀等編，《武英殿本　四庫全書總目提要》，頁4：277。

文風。此外，倘若從另一個角度來看，此段「提要」除以「不同時代的文風」
進行比較之外，同時也包含著「個人（李廷忠）」與「某個特定時代文風」的
比較。換句話說，館臣在此所體現的批評思路，係先藉由「時代文風」的比
較，其次再透過「時代文風」與「個人文風」的相比較，從而進行對某一作
家、作品的文學批評。

　　除了在同一條提要中所作的「比較」之外，亦有於不同提要中所進行的
「比較」，是以必須將各則提要一併看看，方能清楚觀照目錄提要編撰者的文
學批評思路。以《玉函山房藏書簿錄》記《李義山詩集箋注》一條為例，「提
要」云：

　　唐判官檢校工部員外郎懷州李商隱義山撰。詩學少陵，而以曲思豔
　　藻出之，遂獨成一體。當時溫、李並稱，而李實勝于溫也。[55]

再有《玉函山房藏書簿錄》記《溫飛卿集箋注》一條，「提要」云：

　　唐隋縣尉太原溫庭筠飛卿撰。……詩隸事博奧，近李義山，而神韻
　　遜之。[56]

　　其中記《李義山集箋注》一條，「提要」的內容本身即具備「比較」的概
念，即馬國翰認為「李詩」勝于「溫詩」；然而，僅此尚不足以體現品評的標
準為何，但透過其所記《溫飛卿集箋注》一條「提要」，即可察見馬國翰所持
的「比較」標準，係以詩所體現的「神韻」為核心。

　　簡單來說，目錄提要編撰者所採取的「比較式」批評，不僅限於單一提
要之中，有時必須參看多條提要，方能釐清提要編撰者對於各作家、作品的

---

[55] 馬國翰，《玉函山房藏書簿錄》卷 19，頁 15。
[56] 馬國翰，《玉函山房藏書簿錄》卷 19，頁 15。

品評情況，以及其從事「文學批評」時所持的思路。

3. 引他人之說

在「直抒己見」和「比較式」之外，清代圖書目錄集部提要亦常採取「引他人之說」的批評方法。本書在此所謂「引他人之說」，係指引述他人對於某作家、作品的說辭，藉以強化提要撰者本身的論述立場；或者針對所引述的內容進行品評，藉以表態和體現自身的觀點。同樣以《四庫全書總目》記《李元賓文編》一條為例，「提要」云：

> （陸）希聲之序則謂「文以理為本，而詞質在所尚。元賓尚於詞，故詞勝於理；退之尚於質，故理勝其詞。退之雖窮老不休，終不能為元賓之詞。假使元賓後退之死，亦不及退之之質。」……王士禎《池北偶談》詆其與孟簡吏部、奚員外諸書如醉人使酒罵坐，抑之未免稍過矣。惟希聲之序稱其文不古不今，卓然自作一體，品題頗當。[57]

館臣係引述「陸希聲」和「王士禎《池北偶談》」的說法，並針對其二人的說法進行品評，認為王士禎的說法稍嫌貶抑過當，而陸希聲「其文不古不今，卓然自作一體」的說法則相對較為適當。館臣透過對陸希聲說法的「認同」，強化了其對李元賓文章作品的批評立場（即「觀乃從事古文，以與愈相左右。雖所造不及愈，固非餘子所及」一句）；其次，則相對表達出對王士禎《池北偶談》部分文學批評內容的「不認同」態度。換句話說，館臣在此間所採取的文學批評方式，即是藉由「引述」和「品評」他人的說法，表達出對於李元賓文章作品的「肯定」和「認同」。

---

[57] 永瑢、紀昀等編，《武英殿本　四庫全書總目提要》，頁4：58－4：59。

再以《鄭堂讀書記》記「《安雅堂詩》、《安雅堂文集》等」[58]一條為例，「提要」云：

> 國朝宋琬（字「玉叔」，號「荔裳」）撰。……荔裳詩與施愚山（閏章）齊名，有南施北宋之目。王漁洋稱其「浙江後，詩頗擬放翁五言歌行，時闖杜、韓之奧。」又稱其「《入蜀集》古選歌行，氣格深穩。」杜茶邨（濬）稱「其文雄駿而精切包舉，氣勢按之有故而出之有本」皆定評也。[59]

此則「提要」中，周中孚引述王士禎、杜濬對於宋琬詩作的說法，而其本身即以「皆定評也」四字，概括地表達對宋琬詩作的肯定。換句話說，提要撰者不一定得以「第一人稱」的角度從事「文學批評」，亦可採取「第三人稱」的角度，藉由引述他人的說法，或者對他人說法的品評，進而達到實質的「文學批評」目的。

藉由上述的討論，可知常見清代圖書目錄集部提要所採取的「文學批評方法」，分別為「直抒己見」、「比較式」和「引他人之說」。事實上，此三種方式於諸「提要」中，既可是單獨使用，亦可三者交相混用，而所體現的學術意涵也未必全然相同；但無論如何，藉由對清代圖書目錄集部提要常見「文學批評方法」的認識，大抵能初步勾勒提要編撰者可能存在的思維理路，進而作為觀照其他相關議題的重要線索。

(二) 文學批評的核心標準

綜觀清代圖書目錄集部提要所作的「文學批評」，不難察見當時的目錄提

---

[58] 按《鄭堂讀書記》載，係將所藏宋琬之著作，均列入同一則「提要」著錄，包含《安雅堂詩》、《安雅堂文集》、《重刻安雅堂文集》、《安雅堂未刻稿》、《安雅堂書啟》、《二鄉亭詞》等諸作。在此為避免記述過於繁雜，故於本書中乃簡記為「《安雅堂詩》、《安雅堂文集》等」。
[59] 周中孚，《鄭堂讀書記》卷70，頁11-12。

要編撰者，多半有「崇尚漢、魏風骨」的現象；同時，也往往會將此概念作為實際的批評標準。然而，在這樣的前提之下，儘管明代前、後七子（以下簡稱「前、後七子」）打著「文必秦漢，詩必盛唐」的旗幟，但依舊未獲得清代圖書目錄集部提要編撰者的青睞，其中又以《四庫全書總目》的批判最為強烈，甚至以「偽體」一詞，對前、後七子的文學作品提出「不認同」的負面評價。以下擬就「崇尚漢、魏風骨」和「對『偽體』的批評」二部分進行討論，藉以觀照「清代圖書目錄集部提要文學批評視野」之一隅。

1. 崇尚漢、魏風骨

　　筆者以為清代圖書目錄集部提要中，所謂的「漢、魏風骨（又可作「漢、魏遺風」）」[60]，其實際意義應是指某種特定的「概念」，並不完全是直接指涉「時間」意義上的「漢、魏」，或者是當時普遍存在的文風而已。進一步來說，在清代圖書目錄集部提要中所謂的「漢、魏風骨」，往往具有「典重」、「風雅」、「溫厚」，以及相對於「駢偶華辭」、「綺豔靡麗」等習氣的特質，以《四庫全書總目》記《後周文紀》一條，「提要」云：

> 明梅鼎祚編。……然宇文泰為丞相時，干戈擾攘之中，實獨能尊崇儒術，釐正文體。大統五年正月置行台學，十一月命周惠達、唐瑾制禮樂，大統十一年六月患晉氏以來文章浮華，命蘇綽作《大誥》宣示群臣，仍命自今文章，咸依此體。今觀其一代詔敕，大抵溫醇雅令，有漢、魏之遺風，即間有稍雜俳偶者，亦擷詞典重，無齊、梁綺豔之習。他如《庾信集》，中〈春賦〉、〈鐙賦〉之類，大抵在梁舊作，其入北以後諸篇，亦皆華實相扶，風骨不乏，故杜甫有「庾信文章老更成，凌雲健筆意縱橫」語。豈非黝雕尚樸，導之者有漸

---

[60] 關於「風骨」一詞的內涵意義，可參見劉勰《文心雕龍》、鍾嶸《詩品》，以及其他相關的論著。由於本研究主要的論題，並非著眼於「文學理論」的探討，故對於「風骨」一詞的義界，在此即暫不做進一步的闡釋。

歟？無平不陂，無往不復，六朝靡麗之風，極而將返，實至周而一
小振。未可以流傳之寡，而忽也。[61]

其中關於「漢、魏遺風」的論述，雖是針對後周一代「詔令」文章的見
解，然承前文的討論，「詔令」亦可以「辭章作品」的概念視之。而根據此則
「提要」的說法，大抵可勾勒館臣對於「漢、魏風骨」定義的雛形，即至少
具備「溫醇」、「典重」的特質，以及能「華實相扶，不乏風骨」，而無「綺豔」、
「靡麗」的習氣。

再以《玉函山房藏書簿錄》記《江醴陵集》一條為例，「提要」云：

> 梁金紫光祿大夫濟南江淹文通撰……詩筆修飭，雜擬三十五首，諸
> 體兼賅，雖能脫當時俳偶之習，而風骨終遠於漢、魏也。[62]

此則「提要」實際所論，係為針對江淹文章風骨提出負面的批評；然而，
透過「雖能脫當時俳偶之習，而風骨終遠於漢、魏也」二句的論述，至少一
方面可知馬國翰不喜南朝講究「俳偶」的文風，二方面可從相對「俳偶」的
概念思考其中所謂「漢、魏風骨」的意義；即「俳偶」之習，往往過於講究
華麗辭藻的堆砌，文章相對忽略內在本質的體現，以及辭章達意的目的，更
遠離了前述所謂「華實相扶」的特質。

又有《玉函山房藏書簿錄》記《梁簡文集》[63]一條，「提要」云：

> 今披集中〈梅花〉等賦，豔情為娛，難望建安七子之項背，況入室

---

[61] 永瑢、紀昀等編，《武英殿本 四庫全書總目提要》，頁 5：84－5：85。

[62] 馬國翰，《玉函山房藏書簿錄》卷 18，頁 30。

[63] 本書所據《玉函山房藏書簿錄》影印本作《梁簡文集》，但前後所記分別為《梁武帝集》與《梁
元帝集》，且「提要」開頭即謂：「梁簡文皇帝蕭綱世纘撰。」因此，筆者以為應是作《梁簡文
帝集》。

如陳思者哉。[64]

　　此則「提要」係以「梁簡文帝」與「建安七子」相互比較，認為梁簡文帝〈梅花〉等賦，係以「豔情娛樂」而作，缺乏實質的內涵意義，是以作品中所展現的情志，完全無法比擬於「建安七子」，更遑論要比肩於「才高八斗」的曹子建。

　　一般所謂「漢、魏風骨」，其中包含「建安時期」的文章和詩作特色。而此時期的詩風、文風，相對於東漢後期「質樸自然，含蘊溫厚」的內斂文風，係開始有「發揚顯露，麗句滋多」的外在表現[65]；同時，在外顯的審美趣味方面，係「以剛健有力為主要特徵」，而對於內涵情境的彰顯，則有「雅好慷慨」、「志深筆長，梗慨多氣」等特質。[66]換句話說，從反向推論來看，此間即體現出馬國翰所認定的「漢、魏風骨」，自然不會是在「豔情為娛」心態之下所作的詩、文，而至少應當具備「華實相扶」的特質，方能以「漢、魏風骨」的概念進行批評。

　　而《善本書室藏書志》記「《常評事集》、《寫情集》」一條，「提要」中亦略有提及「漢、魏風骨」；筆者以為，或者可作為一旁證，說明清代圖書目錄編撰者對於「漢、魏風骨」的重視，其「提要」云：

> 沁水常倫著邑人韓范編輯
> 字明卿，沁水人。……倫才高氣傲，有晉人風。慕仙嗜道，自號樓居子。書法、繪事並臻佳妙。詩宗李、杜，上窺漢、魏，其〈弔淮陰侯詩〉，中原豪俠猶傳誦之多。[67]

---

[64] 馬國翰，《玉函山房藏書簿錄》卷 18，頁 29。

[65] 詳見葉慶炳，《中國文學史》，頁 118－119。

[66] 詳見王國瓔，《中國文學史新講（上）》（臺北：聯經事業出版公司，2006 年），頁 228－229。

[67] 丁丙，《善本書室藏書志》，頁 1843。

其中「詩宗李、杜,上窺漢、魏」一句,雖未直接體現出丁丙對於「漢、魏風骨」一詞的認知情形,但根據「提要」全文所呈現的意義取向來看,丁丙對於常倫詩作的肯定是顯而易見的;而在此前提之下,或可進一步勾勒出一條觀察「清代圖書目錄集部提要的文學批評視野」的線索,即清代圖書目錄提要編撰者,對於「詩」一體所採取的文學批評視野,係認為「李、杜詩風」及「漢、魏風骨」,係為詩人當可效法、追求的典型。

藉由梳理清代圖書目錄集部提要中,所提到有關「漢、魏風骨(包含僅稱「漢、魏」,但可推知其所指應為「漢、魏風骨」者)」的相關論述,筆者以為大抵可整理出三項重點:

一、在清代圖書目錄集部提要中所稱的「漢、魏風骨」,應是以一「概念」視之,其內在可能包括「典重」、「風雅」、「溫厚」……等類似的特質;並不完全是直接指涉「時間」意義上的「漢、魏」,或是當時普遍存在的文風而已。

二、此間係體現出清代圖書目錄提要編撰者,對於「漢、魏風骨」一詞,係具有既定的「前理解」[68]和特定的「指涉意義」。

三、對於「漢、魏風骨」,清代圖書目錄集部提要編撰者,係持有相當程度的認同感與崇尚心理。

藉由上述的討論,可知清代圖書目錄集部提要編撰者於進行「文學批評」工作時,在其潛在意識中似乎往往會先擬定一個「最高級的對照組」,即「概念意義」上的「漢、魏風骨」,並且以之作為審視歷代各作家、作品的核心標準,進而評定一作家、作品的「優」、「劣」情形。而此間即相對揭示了清代圖書目錄集部提要編撰者,係多崇尚「漢、魏風骨」的文學批評視野。

---

[68] 在此所稱「前理解」主要指涉的內涵意義,係以伽達默爾(H.Gadamer, 1900-2002)對海德格爾(Martin Heidegger, 1889-1976)在《存在與時間》中,所提出「Vorverstandnis」一詞的解釋為核心概念。詳細說明可參見〔德〕伽達默爾著、洪漢鼎譯《真理與方法:哲學詮釋學的基本特征‧精神科學的理解問題》(上海:上海譯文出版社,2004年),頁7-8。

2. 對「偽體」的批評

　　承前文所述，在清代圖書目錄集部提要編撰者的心中，往往以「漢、魏風骨」作為進行「文學批評」工作時的核心標準；然而，在此前提之下，對於高舉「文必秦漢，詩必盛唐」精神旗幟的前、後七子，並未獲得「集部提要」編撰者的青睞，甚至給予「偽體」如此負面的評價，其中又以《四庫全書總目》對於前、後七子的撻伐最為嚴重。按筆者查閱《四庫全書總目》「集部提要」中，凡涉有「偽體」一詞者，除〈集部總敘〉之外，共計有〈《蒙隱集》提要〉、〈《耕學齋詩集》提要〉……等 10 條（含「存目」），其中與「前、後七子」有直接相關者即有 5 條[69]，比例達二分之一；尚有稱「明季偽體」、「後來偽體」，其語意背後所指涉對對象，應包含「前、後七子」者[70]，共計有 2 條；而筆者認為與「前、後七子」應無密切相關者，則有 3 條[71]。至於其他與「前、後七子」有關論述的「提要」，文中雖未必直接有「偽體」一詞出現，但根據部分相關批評的詞彙，如「剽襲」、「摹擬」等，仍能知其所論係與「前、後七子」息息相關，如所記《明文海》一條，「提要」云：

> 明代文章自何、李盛行，天下相率為沿襲、剽竊之學。逮嘉、隆以後，其弊益盛。[72]

　　其中雖無「偽體」一詞的出現，但明顯可見館臣對於「前、後七子」，特別是何景明、李夢陽二人的強烈批判情形。

　　藉此，筆者認為倘若以「偽體」一詞，作為閱讀、搜尋文獻的關鍵詞，

---

[69] 共計有《四庫全書總目》記王慎中《遵巖集》、汪道昆《太函集》、袁宏道《袁中郎集》、程敏編《明文衡》、胡松編《唐宋元名表》等 5 條「提要」。

[70] 共計有《四庫全書總目》記袁華《耕學齋詩集》、范士楫《橘州詩集》等 2 條「提要」。

[71] 共計有《四庫全書總目》記陳隷《蒙隱集》、呂時《甬東山人稿》、章金牧《萊山堂集》等 3 條「提要」。

[72] 永瑢、紀昀等編，《武英殿本 四庫全書總目提要》，頁 5：104。

則在《四庫全書總目》中，至少可搜尋到 10 條提要，而其中達半數以上皆與
「前、後七子」相關；其次，根據《四庫全書總目》對於明代文學的批評情
形來看，對於「前、後七子」的批判尤其強烈，並且所論大抵具有共同特質，
即「摹擬」、「剽竊」……等。換句話說，此間即能初步勾勒出一條意義脈絡，
即「『偽體』——『前、後七子』——『摹擬、剽竊……等特質』」，而其中
作為連結「偽體」與「摹擬、剽竊……等特質」的「前、後七子」，即成為觀
照「清代圖書目錄集部提要對『偽體』的批評」此一論題的重要線索。因此，
後文對於清代圖書目錄集部提要中所稱「偽體」一詞的闡釋，擬以「前、後
七子」為觀察線索，藉以釐清其中所指涉的內在意涵，進而觀照清代圖書目
錄集部提要編撰者，於從事「文學批評」時所抱持的核心標準。

事實上，考「偽體」一詞，至少可上溯自唐代杜甫，其曾作〈戲為六絕
句〉，當中即有一詩云：

> 未及前賢更勿疑，遞相祖述復先誰？
> 別裁偽體親風雅，轉益多師是汝師。[73]

其中對於「別裁偽體」的陳述，似乎不具有全面性和絕對性的「負面意
涵」；而《四庫全書總目・集部總敘》亦有言：「別裁偽體，不必以猥濫病也」
[74]，即對於「別裁偽體」館臣採取相對寬容的心態，並未直接給予絕對的「負
面評價」。

然而，對於前、後七子的論斷，《四庫全書總目》「集部提要」中，凡有
稱「偽體」者，即多具有鮮明的負面意涵，甚至可以說是全盤的否定。首先
以《四庫全書總目》記《唐宋元名表》一條為例，「提要」云：

---

[73] 〔唐〕杜甫著、楊倫輯，《杜詩鏡銓》（臺北：臺灣中華書局，1973 年），頁 311。
[74] 永瑢、紀昀等編，《武英殿本 四庫全書總目提要》，頁 4：1–4：2。

明胡松編。松有《滁州志》，已著錄，《明史》松本傳稱，松幼嗜學，嘗輯古名臣章奏，今未見其本。是編，乃松督學山西時，選為士子程式之書。雖所錄皆各集所有，無奇秘未睹之篇，而去取極為不苟。前有〈自序〉曰：「是學也，昉於漢、魏六朝，盛於隋、唐，而極於宋，其體不能盡同，然其意同於宣上德而達下情，明己志而述物則，其後相沿日下，競趨新巧，爭尚衍博，往往貪用事而晦其意，務屬詞而減其質，蓋四六之本意失之遠矣。」其言頗為明切。自明代二場用表，而表遂變為時文，久而偽體雜出，或參以長聯。如王世貞所作一聯，多至十餘句，如「四書」文之二小比。或參以五七言詩句，以為源出徐、庾及王、駱；不知徐、庾、王、駱用之於賦。賦為古詩之流，其體相近，若以詩入文，豈復成格？至於全用成句，每生硬而枉梐，間雜俗語，多鄙俚而率易。冠冕堂皇之調，剽襲者陳腐，餖飣割裂之詞，小才者纖巧，其弊尤不勝言。松選此編，挽頹波而歸之雅，亦可謂有功於駢體者矣。[75]

此則「提要」的開頭，係先針對撰者生平、著述，以及該書大致所收錄的內容進行說明；其次，則藉胡松的〈自序〉作為開端，進行實際的「文學批評」工作。事實上，於「提要」中從事「文學批評」，按理本無特殊之處；然而，倘若將針對《唐宋元名表》的論述部分，與實際從事「文學批評」的部分分開來看，則明顯可察見兩者篇幅比例差距之大。

另一方面，在從事「文學批評」的部分，看似有對於「賦」體到明「表」之間，發展情形與源流的耙梳；但是，就「提要」的整體來看，其所指涉的主要對象，並非是《唐宋元名表》一書的內容，反而有「借題發揮」之嫌，轉向批評明代的「表」文，甚至進一步舉「王世貞」為例並加以撻伐；此外，筆者以為此則「提要」，雖是以「王世貞」為例，但真正所要指涉和批評的對

---

[75] 永瑢、紀昀等編，《武英殿本　四庫全書總目提要》，頁5：74－5：75。

象，恐怕還是「前、後七子」。

至於文中所提到的「偽體」一詞，筆者認為其中所指涉的實質內涵意義，已然不同於杜甫所稱，以及《四庫全書總目・集部總敘》本身所謂的「別裁偽體」的概念；即根據前後文意來看，此處的「偽體」一詞，明顯具有相當程度的「否定」和「負面」意涵。

再以《四庫全書總目》記《古今詩刪》一條為例，「提要」云：

> 明李攀龍編。……是編，為所錄歷代之詩，每代各自分體，始於古逸，次以漢、魏南北朝，次以唐，唐以後繼以明，多錄同時諸人之作，而不及宋、元。蓋自李夢陽倡不讀唐以後書之說，前、後七子，率以此論相尚。攀龍是選，猶是志也。……然則文章派別，不主一途，但可以工拙為程，未容以時代為限。宋詩導黃、陳之派，多生硬杈椏；元詩沿溫、李之波，多綺靡婉弱。論其流弊，誠亦多端，然鉅制鴻篇，亦不勝數，何容刪除兩代，等之自鄶無譏。王士禎《論詩絕句》有曰：「鐵崖樂府氣淋漓，淵穎歌行格儘奇；耳食紛紛說開寶，幾人眼見宋元詩？」其殆為夢陽輩發歟？且以此選所錄而論，唐末之韋莊、李建勳，距宋初閱歲無多；明初之劉基、梁寅，在元末吟篇不少。何以數年之內，今古頓殊，一人之身，薰蕕互異，此直門戶之見，入主出奴，不緣真有限斷。厥後摹擬剽竊，流弊萬端，遂與公安、竟陵同受後人之詬病，豈非高談盛氣有以激之，遂至出爾反爾乎？然明季論詩之黨，判於七子，七子論詩之旨，不外此編。錄而存之，亦足以見風會變遷之故，是非蜂起之由，未可廢也。[76]

同前則「提要」，真正「說明書的原委，及書的大旨」所用的篇幅，相較於對「李攀龍」的批評，二者之間比例差距甚大。不同於「前則提要」的是，

---

[76] 永瑢、紀昀等編，《武英殿本　四庫全書總目提要》，頁 5：74－5：75。

在此館臣直接點名「前、後七子」，並且對於他們論詩、選詩時所持的思維理路，乃嚴加批判和撻伐。

其他如《四庫全書總目》記《明文衡》一條，「提要」云：

明程敏政編。……然所錄皆洪武以後、成化以前之文。在北地、信陽之前，文格未變，無七子末流摹擬詰屈之偽體。稽明初之文者，固當以是編為正軌矣。[77]

再有《四庫全書總目》記《海岱會集》一條，「提要」云：

明石存禮、藍田、馮裕、劉澄甫、陳經、黃卿、劉淵甫、楊應奎八人唱和之詩也……八人皆不以詩名，而其詩皆清雅可觀，無三楊臺閣之習，亦無七子摹擬之弊。故王士禎稱其各體皆入格，非苟作者。[78]

此二則「提要」主要所論述的對象，係為不同的總集著作，但二者有一個共同特徵，即皆有提及「七子」及「摹擬之弊」；而在記《明文衡》一條中，更有以「偽體」一詞，直接批評「前、後七子」的詩、文作品。

筆者以為，倘若進一步整合上述所舉四例，一方面可觀察《四庫全書總目》「集部提要」對於「前、後七子」的批評情形，次則可藉由《四庫全書總目》對於「前、後七子」的論述為線索，進一步勾勒館臣於《四庫全書總目》中，所稱「偽體」一詞的雛形概念。以下擬就「具體形式、特質」和「內容與情志」二部分，分別闡釋之：

一、館臣論述「前、後七子」時，所採用的「偽體」一詞，在具體形式、

特質上，至少具備了「摹擬」、「剽襲」、「陳膚」、「詰屈」等特色。

二、承前文所述，館臣從事「文學批評」時，其內在往往持有既定的「前理解」，即以「漢、魏風骨」作為衡量和批評的核心標準；而要能構成「漢、魏風骨」的特徵條件之一，則是「風雅」。按杜甫〈戲為六絕句〉詩中所稱「別裁偽體親風雅，轉益多師是汝師」，其中的「風雅」猶是賞評關鍵，至於是否為「別裁偽體」，則也就相對次要；而根據《四庫全書總目‧集部總敘》所言：「別裁偽體，不必以猥濫病也。」大抵可知館臣並不認為所有的「別裁偽體」，皆為毫無可取的劣等之作，而其中辨別「可取」或「不可取」的關鍵，恐怕就在於該作品是否保有「風雅」的特質。以上述所舉《四庫全書總目》記「《唐宋元名表》提要」為例，其中「松選此編，挽頹波而歸之雅，亦可謂有功於駢體者矣」等句，固然是對胡松所編《唐宋元名表》的讚許，但此間亦相對揭示館臣對於「雅」特質的看重。換句話說，就作品的實質內容和展現的內在情志來看，儘管「前、後七子」高舉「復古（實為「擬古」）」的旗幟，主張「文必秦漢，詩必盛唐」，按理當與館臣崇尚的「漢、魏風骨」有相應和；然而，館臣恐怕是認為他們的詩、文作品，無論實際內容或所展現的內在情志，泰半不具「風雅」特質，甚至背離所謂的「漢、魏風骨」，故冠以「剽襲」之名，並進而以「偽體」稱之。

簡單來說，以《四庫全書總目》對於「前、後七子」的論述為線索，觀察館臣所稱「偽體」的內在意涵，則可知在「具體形式、特質」方面，係有「摹擬」、「剽襲」、「詰屈」等關鍵特色；而在「內容與情志」方面，之所以被稱為「偽體」者，往往為館臣認定欠缺深刻的「風雅」特質，甚至是背離「漢、魏風骨」的文學作品。

而在私撰圖書目錄部分則有一例，或能作為進一步觀照清代圖書目錄集部提要編撰者，對於「前、後七子」與「偽體」關係的線索。以《玉函山房藏書簿錄》記《空同集》一條為例，「提要」云：

明戶部郎中慶陽李夢陽獻吉撰，自號空同子，故以名集。有明文體自空同而變，世稱北地之學，其才力富健，足以爭雄一世；不善學之，難免落於窠臼。剽襲之風，亦從此而起。[79]

　　按馬國翰的說法，李夢陽能改變明一代之文風，係因其「才力富健，足以爭雄一世」，但後來追隨其文風的人，未必有相對應的文才之力，故終落於窠臼之弊；同時，馬國翰亦認為明代文學之所以「剽襲」之風盛行，蓋由李夢陽為發端。而藉由此則「提要」，即明確可知馬國翰認為李夢陽的詩、文作品，乃多有「剽襲」。換句話說，此則「提要」雖是專指李夢陽而論，但若藉以作為觀察「前、後七子」及時代文風的線索，則或可進一步擴大其論述的層面，即在清代私撰圖書目錄集部提要中，對於「前、後七子」的批評，大抵與官修的《四庫全書總目》雷同，普遍都認為「前、後七子」詩、文作品多有「剽襲」的特質，同時也是促使明代文風一變的關鍵文學集團。

　　藉由上述的討論，可知倘若以《四庫全書總目》、《玉函山房藏書簿錄》及《善本書室藏書志》等目錄「集部提要」為觀察對象，針對其中「漢、魏風骨」與「偽體」的敘述，觀照清代圖書目錄集部提要「文學批評視野」之一隅。筆者以為，上述討論大抵能歸納出二項重點：

一、清代圖書目錄集部提要編撰者，於「提要」中進行「文學批評」一事時，係多以「漢、魏風骨」為審視各作家、作品的核心標準。同時，此間所謂的「漢、魏風骨」，並非單指「時間」上意義的「漢、魏」，或者直接指涉當時代的文風；而是在某種既定「前理解」和特定「指涉意義」為前提下，所形成的的「概念性意義」，即必須具備「典重」、「風雅」、「溫厚」……等類似的特質。簡單來說，清代圖書目錄集部提要編撰者，多崇尚「漢、魏風骨」，且多以之作為從事「文學批評」時的審視標準。

[79] 馬國翰，《玉函山房藏書簿錄》卷20，頁10。

二、在清代圖書目錄集部提要中，可察見有「偽體」一詞；然而，其所指涉的意義，已然與杜甫〈戲為六絕句〉詩中所言，以及《四庫全書總目・集部總敘》中所稱的「別裁風雅」有所差異。同時，凡於「提要」中所稱「偽體」者，根據前後文意來看，泰半具有否定、不認同，甚至是貶抑等意涵。進一步分析其中所指涉的概念意義，在「具體形式、特質」方面，多具有「摹擬」、「剽襲」、「陳膚」、「詰屈」……等相似特色；而在「內容與情志」方面，則往往不具「風雅」等相關特質，甚至背離「漢、魏風骨」的概念意義。簡單來說，以「偽體」一詞作為線索，可知清代圖書目錄集部提要的「文學批評視野」，係以「風雅」等特質核心標準；即若是「摹擬」之作，猶需兼顧「風雅」等內涵特質，否則可能被冠以「剽襲」之名，甚至淪為「偽體」之流。

藉此，大抵可觀照清代圖書目錄集部提要「文學批評視野」之一隅，即崇尚有風雅、典重……等特質的「漢、魏風骨」，反對只是摹擬、剽襲而不具「風雅」等內涵特質的文學作品。

(三) 文學批評的基本心態

承前文從「文學批評的方法」、「文學批評的核心標準」等二面向的討論，本部分擬針對清代圖書目錄提要編撰者，於「提要」中從事「文學批評」時，其內在所持的基本心態進行闡釋，藉以觀照清代圖書目錄集部提要「文學批評視野」之一隅。

相較於前述的「文學批評的方法」和「文學批評的核心標準」，「文學批評的基本心態」乃是一個更為抽象的概念議題。事實上，大部分的目錄提要編撰者，泰半不會直接表述，或者別立一文以闡述自身所持的「批評心態」；然而，透過對部分「提要內容」的觀照，仍可梳理出目錄提要編撰者可能抱持的「批評心態」，進而作為觀照「文學批評視野」的線索。以《四庫全書總目・集部・總集類存目》記《宋金元詩永》為例一條，「提要」云：

國朝吳綺選。……首有康熙戊午綺自序。其凡例謂:「所選諸篇,品
骨氣味,規矩方圓,要不與李唐丰格,致有天淵之別」云云,故頗
能刊除宋人生硬之病,與元人縟媚之失。然一朝之詩,各有體裁;
一家之詩,各有面目。江淹所謂楚謠漢風,既非一骨,魏製晉造,
固已二體。蛾眉詎同貌,而俱動於魂;芳草寧共氣,而皆悅於魄者
也。必以唐法律宋、金、元,而宋、金、元之本真隱矣。即如唐人
之詩,又豈可以漢、魏六朝繩之?漢、魏六朝又豈可以風騷繩之哉?
是集之所以隘也。[80]

　　此則「提要」的內容,大抵體現了館臣基本的「文學批評心態」,即不應
「以古論今」,以過去的「格律」,作為釐定、論斷後來文學作品優劣好壞的
標準。換句話說,在此則「提要」中,館臣主要是就文章作品的「形式」方
面進行析論,認為每一朝、每一家的文學作品,自然有其各自的風貌;是以
從事「文學批評」時,理應根據各別不同的特質,採取不同的觀察角度進行
審視,如此方能有相對公允的論述。倘若總是以過去文學作品普遍的「格式、
律法」,作為衡量文學作品優劣好壞的標準,反而會令觀察文學作品內在情
志、意義的學術視野受到侷限,致使論斷偏於狹隘。

　　筆者以為,此間所見館臣的「批評心態」,乃在「形式」方面往往根據不
同時期的文學作品,調整所採用的審視標準;換言之,即其審是的標準,並
非是絕對固定,反而是相對浮動、游移不定的。然而,倘若就整體來看,此
即符合前述所謂強調「正」、「變」的文學史觀,同時亦不違背講究「風雅」、
崇尚「漢、魏風骨」的核心標準。

　　首先,對於「格式、律法」的不同,館臣應是認為「正」、「變」交相轉
替,本就是文學發展的必經歷程;凡一文體發展至巔峰,勢必會開始出現革
新、轉變,而既然是「變」,則必定會與過去的「格式、律法」有所差異。因

[80] 永瑢、紀昀等編,《武英殿本 四庫全書總目提要》,頁5:193。

此，倘若完全依照過去的「格式、律法」作為恆定不變的「絕對標準」，進而
審視、批評新產生的「變體」，則其論斷不免有偏頗、狹隘的弊病。

其次，此則「提要」所體現的是館臣對於文學作品「形式」方面的見解，
認為不應僅執單一標準，以作為批評所有文學作品的依據。至於針對文學作
品「內容與情志」的部分，在此則「提要」中館臣則未有所論及；然而，正
因為是「未有所論及」，反過來說亦可視為「崇尚漢、魏風骨」的核心標準，
仍是相對固定而未有所改變的。

簡單來說，在文學作品的「形式」方面，館臣所抱持的是相對客觀、寬
容的心態；不過，對於文學作品「內容與情志」的部分，其所強調的「漢、
魏風骨」，如風雅、典重……等特質，仍是固定不變的文學批評核心標準。

事實上，館臣除了在文學作品「形式」方面，係抱持著相對客觀、寬容
的批評心態之外，對於時代文風，以及各別作家、作品的論斷，亦能察見有
部分提要的說法，乃是持相對客觀、寬容的批評心態。以《四庫全書總目·
集部·總集類存目》記《澄遠堂三世詩存》一條為例，「提要」云：

> 國朝李繩遠編。……朱彝尊《靜志居詩話》謂：弇州標榜前後五子，
> 而外廣爲四十子，若似乎此外無遺賢矣。說詩者遇隆、萬朝士，或
> 置不觀，不知隆、萬諸人，已力挽叫囂之習，歸於平淡。而定陵初
> 年，人皆修辭琢句，出入風雅之林，若李伯遠、鄭允升、歸季思、
> 區用孺輩，尤卓然名家。未見萬歷（按：館臣為避高宗「弘曆」之
> 諱，故將「曆」改作「歷」）初之不及嘉靖季也。[81]

倘若就整體而言，《四庫全書總目》對於明代文學的發展情形，特別是隆
慶、萬曆之際的的作家、作品，泰半是持強烈否定、批判的態度，如所記「《欽
定四書文》提要」，即對於隆慶、萬曆、天啟、崇禎等時期的文風頗為鄙斥。

---

[81] 永瑢、紀昀等編，《武英殿本 四庫全書總目提要》，頁 5：194。

[82]然而，根據所記「《澄遠堂三世詩存》提要」來看，館臣並未因對隆慶、萬曆之際整體時代文風的偏見，而全盤否定當時所有的作家、作品；對於李伯遠、鄭允升……等人，亦是認為乃「卓然名家」，其詩、文之作未必遜於嘉靖時期的文人。

　　換句話說，此間即體現出館臣儘管對於某一特定的時代及其文風，往往會先持有一定程度的偏見；但是，對於各別的詩、文作品，若館臣認為確有其可取之處時，亦能夠以相對客觀、持平和寬容的心態，針對該作家、作品進行「文學批評」，而不至於「以偏蓋全」，忽略給予部分作家、作品的肯定之辭。

　　再有《四庫全書總目》記《廣州四先生詩》一條，「提要」云：

> 不著編輯者名氏，乃明初廣州黃哲、李德、王佐、趙介四人詩也。……雖網羅放失，篇帙無多，然如哲之五言古體，祖述齊、梁；德之七言長篇，胎息溫、李，俱可自名一家。惟佐氣骨稍卑，未能驂駕；而介詩所存太少，不足以見所長耳。然粵東詩派，數人實開其先，其提唱風雅之功，有未可沒者，故存之以著其概。[83]

　　就此則「提要」對於《廣州四先生詩》一書，以及針對黃哲等人詩作的批評來看，館臣並未給予絕對正面的佳評或讚揚，甚至認為「氣骨稍卑」；然而，《廣州四先生詩》猶被館臣納為正式收錄的「總集類」之列，其中原因係認為此四人是開「粵東師派」之先，且詩作乃具「風雅」特質，故實有收錄

---

[82] 《四庫全書總目》記「《欽定四書文》提要」云：「有明二百餘年，自洪、永以迄化、治，風氣初開，文多簡樸。逮於正、嘉，號為極盛。隆、萬以機法為貴，漸趨佻巧，至於啟、禎，警辟奇傑之氣日勝，而駁雜不醇。倡狂自恣者，亦遂錯出於其間。於是啟橫議之風，長傾詖之習，文體整而士習壞，士習壞而國運亦隨之矣。我國家景運事新，乃反而歸於正軌；列聖相承，又皆諄諄以士習文風勤頒誥誡。」見永瑢、紀昀等編，《武英殿本 四庫全書總目提要》，頁5：101-5：102。

[83] 永瑢、紀昀等編，《武英殿本 四庫全書總目提要》，頁5：66。

的價值和意義。筆者以為，此間乃體現出幾項訊息：

一、就此則「提要」來看，館臣之所以收錄此書的關鍵，即在於黃哲等人及《廣州四先生詩》一書，確實具有「提唱風雅之功」；由此可知，館臣真正的著眼點仍是「風雅」的概念。儘管如黃哲的五言古體係「祖述齊、梁」、李德的七言長篇乃「胎習溫、李」，按理在形式上與館臣所喜的詩、文風格稍有出入，但在抽象的概念意義上，係符合館臣所崇尚「漢、魏風骨」的內在意涵，即「風雅」的特質，故仍被視為可納入正式收錄的著作範疇。簡單來說，此間所見館臣選錄《廣州四先生詩》一書的原因，係可與前述所稱館臣以「漢、魏風骨（風雅）」作為文學批評核心標準的說法相互印證。

二、承上言，儘管對於黃哲等人的詩作，館臣並未給予高度的肯定和評價，但因為符合所謂「風雅」的特質，故仍予以歸入正式收錄之列。由此可見，館臣並非的「文學批評」並非只著眼於形式上的成就而已，對於辭章造詣和表現稍遜，但若作品猶具「風雅」特質，或在文學史上有其特殊貢獻或意義者，館臣仍會給予一定程度的肯定與評價。換句話說，就此則「提要」來看，館臣對於一作家、作品在辭章造詣和表現方面的論斷，大抵仍可見其相對客觀、寬容的批評心態。

藉此，大抵可知在具有「漢、魏風骨」或「風雅」等特質的前提之下，儘管所論作家、作品的辭章造詣或表現，未必有特別突出的成就，但館臣仍會以相對客觀、寬容的心態，陳述該作家、作品的優、缺點，並予以持平的批評和論斷。

根據上述所舉《四庫全書總目》的三則「提要」看來，凡是在館臣認知有「漢、魏風骨」或「風雅」等特質的前提之下，無論是格式、律法、時代文風，抑或是作家、作品的辭章造詣及表現，館臣大抵都能以相對客觀、寬容和持平的概念，作為從事「文學批評」時的基本心態。然而，倘若在館臣的「前理解」中，某一特定的作家、作品或文學流派，已然被預設、認知為

不具備「漢、魏風骨」或「風雅」等特質者，則當對這些作家、作品及文學流派作批評時，則「提要」中所體現「批評的基本心態」，即多會呈現朝單一面向的側傾論述，或是以「定向書寫」的概念，給予該作家、作品或文學流派相當程度的「負面批評」。以對「公安」、「竟陵」二派的相關「提要」為例，除《四庫全書總目‧集部‧別集類存目》記「《袁中郎集》提要」[84]之外，尚有記《嶽歸堂集》一條，「提要」云：

> 隆、萬以後，公安三袁，始攻擊王、李詩派，以清巧為工，風氣一變。天門鍾惺，更標舉光新幽冷之詞，與元春相唱和，評點詩歸，流布天下，相率而趨纖仄。有明一代之詩，遂至是而極弊。論者比之詩妖，非過刻也。元春之才，較惺為劣，而詭僻如出一手。日久論定，徒為嗤點之資，觀其遺集，亦足為好行小慧之戒矣。[85]

再有記《甬東山人稿》一條，「提要」云：

> 蓋萬歷（按：館臣為避高宗「弘曆」之諱，故將「曆」改作「歷」）以後，公安、竟陵交煽偽體，么絃側調，無復正聲。[86]

根據此二則「提要」來看，對於「公安」、「竟陵」二派，館臣明顯是給予強烈的批判和否定，甚至以「偽體」稱之，即說明此二派的文學作品，絲毫不具「漢、魏風骨」或「風雅」等特質。換句話說，既然不具「漢、魏風骨」或「風雅」等特質，館臣自然不再是抱持相對客觀、寬容或持平的心態進行批評，而是以「定向書寫」的概念，針對「公安」、「竟陵」二派，在讀

---

[84] 永瑢、紀昀等編，《武英殿本 四庫全書總目提要》，頁4：806。

[85] 永瑢、紀昀等編，《武英殿本 四庫全書總目提要》，頁4：826。

[86] 永瑢、紀昀等編，《武英殿本 四庫全書總目提要》，頁4：819－4：820。

者心中建構一種負面的印象。

　　而承前文所言,《鄭堂讀書記》與《玉函山房藏書簿錄》二目錄,其編纂概念係多依循《四庫全書總目》而來,則對於「公安」、「竟陵」二派的批評,似也與《四庫全書總目》有所相仿,或可作為觀照清代圖書目錄集部提要「文學批評的基本心態」的線索。以《玉函山房藏書簿錄》記《袁中郎全集》一條為例,「提要」云:

> 明吏部稽勳司郎中公安袁宏道中郎撰……其論詩力矯王、李之弊……詩以申寫性靈為主,不免出於率易游戲,世謂之公安派。[87]

再有《鄭堂讀書記》記《邛竹杖》一條[88],「提要」云:

> 國朝施男撰……此書似小說,而不皆屬小說;似別集,而不皆屬別集。所作皆詞意纖佻,尚沿公安、竟陵之末派,而又不諳著作體例,則竟是一無可取之書耳。[89]

　　藉此二則「提要」來看,儘管無法直接證明周中孚、馬國翰對於「公安」、「竟陵」二派的看法,「必然」是源自於《四庫全書總目》,但倘若單就具體的證據而言,至少可說明在清代圖書目錄集部提要中,無論是官、私撰圖書目錄,對於「公安」、「竟陵」二派,係多採取「否定」或「不認同」的態度,並且給予相當程度的「負面批評」。

　　藉由上述的討論,筆者以為清代圖書目錄集部提要所體現「文學批評的

---

[87] 馬國翰,《玉函山房藏書簿錄》卷21,頁32。

[88] 雖《邛竹杖》一書,係為周中孚類例於「子部」;但見其「提要」對於「公安」、「竟陵」二派論述的部分,其著眼點乃為「辭章」方面的表現(「詞意纖佻」),故在此暫且納為本書的討論範疇,並作為闡釋議題的例證。

[89] 周中孚,《鄭堂讀書記》卷65,頁19-20。

基本心態」，大抵可分為二種詮釋脈絡：

一、當該作家、作品或文學流派，在目錄提要編撰者的認知中，係具有「漢、魏風骨」或「風雅」等特質者，即多會採取相對客觀、寬容或持平的概念，作為從事「文學批評」時的基本心態。

二、當該作家、作品或文學流派，在目錄提要編撰者的認知中，不具備「漢、魏風骨」或「風雅」等特質者，則其中所體現「文學批評的基本心態」，即多會呈現朝單一面向側傾的論述，或是以「定向書寫」的概念，給予該作家、作品或文學流派相當程度的「負面批評」。因此，相對來說其批評內容，也就不必然再具有客觀、寬容或持平的概念。

簡單來說，清代圖書目錄集部提要的「文學批評的基本心態」，大抵係以編撰者認定「是否具備『漢、魏風骨』或『風雅』等特質」為論述取向的前提，若是具備者，即給予相對客觀、寬容和持平的論述；反之，則多以單一面向側傾的論述，或者「定向書寫」的概念，直接給予相當程度的「負面批評」。

總括前言，本節係從「批評的方法」、「批評的核心標準」及「批評的基本心態」等三面向著手，藉以觀照清代圖書目錄集部提要的「文學批評視野」。而根據本節的討論，大抵可整理出三項重點：

一、清代圖書目錄集部提要所採取的「文學批評方法」，主要者包括「直抒己見」、「比較式」和「引他人之說」。而此三種方式於諸「提要」中，既有只採取單一方式進行的，亦有三者交相混用者；至於所體現出的學術意涵，自然也就不盡然相同。

二、清代圖書目錄集部提要編撰者所持「批評的核心標準」，係多崇尚「漢、魏風骨」，並且主要是取其「概念」上的意義，即認為作家、作品或文學流派，應必須具備「風雅」、「典重」、「溫厚」……等特質；相對來說，縱使形式上摹擬秦、漢之風、盛唐之習，如「前、後七子」等人，但詩、文的實質內容並不具備「風雅」、「典重」、「溫厚」……

等特質，即多不被集部提要編撰者所青睞，甚至以「偽體」一詞提出強烈的批判和貶抑。

三、清代圖書目錄集部提要所體現「批評的基本心態」，大抵仍是以「漢、魏風骨」或「風雅」等特質為關鍵。若具備上述特質者，即給予相對客觀、寬容和持平的批評；若不具備上述特質者，則多會呈現單一面向側傾的論述，或者以「定向書寫」的概念，給予相當程度的「負面批評」。

而根據上述所歸納的重點來看，大抵可知清代圖書目錄集部提要編撰者，於從事「文學批評」時，其內在所抱持的核心價值，係以「漢、魏風骨」及「風雅」等特質為主；並且，對於各作家、作品或文學流派，提要編撰者亦多以此作為主軸，進而藉由「直抒己見」、「比較式」或「以他人之說」等不同的方法，闡釋其個人的見解。換句話說，此間係體現出當時的文學風氣，係多崇尚所謂的「漢、魏風骨」，以及對於「風雅」、「典重」……等特質的追求；循此理路，乃知清代圖書目錄集部提要所呈現的「文學批評視野」，即是以這樣的時代文風為論述基礎，並根據目錄提要編撰者的主觀認知，以及對於「漢、魏風骨」或「風雅」等特質的「前理解」，進而開展、建構其對於各作家、作品及文學流派的批評系統。

小 結

根據前文對於清代圖書目錄集部提要「外在結構」與「內在理路」的討論，本章係進一步從「文學史的建構」與「文學批評的視野」二面向著手，藉以觀照在清代圖書目錄集部提要中所呈現的「文學視野」。

第一節〈文學史的建構——以《四庫全書總目》為核心〉，係以《四庫全書總目》作為核心的觀察對象，並從「『集部』的類例準則」、「文學史觀」與「建構的文學史樣貌」等三面向著手，藉以勾勒清代圖書目錄集部提要所建

構的「文學史」形象。根據前文的討論，大抵可釐出三項觀察重點：

一、就清代圖書目錄集部的「類例準則」來看，可知其中所涉及的學術範疇，係以「辭章」為主體。

二、清代圖書目錄集部提要編撰者，係以「正」、「變」交相轉替的概念，作為主要的「文學史觀」；同時，他們也認為「正」、「變」係為文學發展的必經歷程，故不具有「孰優」或「孰劣」的價值意義判斷。另一方面，在「正」、「變」的文學史觀之外，對於具有特定意義的文學作品，清代圖書目錄集部提要中，尚設有「偽」的文學史觀；並且，對於被視為「偽」的文學作品，目錄提要編撰者係多先持有一定程度的預設立場，在做實際批評和論斷時，往往會直接賦予絕對性的負面評價。

三、對於「明朝」以前的辭章作品，清代圖書目錄集部提要編撰者，大抵是持「正」、「變」交相轉替的文學史觀，作為陳述和建構「文學史」的線索；然而，特別是針對「明代」的文學發展，則除「正」、「變」之外，又常兼以「偽」，作為建構「明代文學史」的重要文學史觀。

簡單來說，清代圖書目錄集部提要，係以「正」、「變」及「偽」作為主要的文學史觀，針對歷代的「辭章之作」進行討論，釐清文體、文風或文學流派的遞變情形，藉以建構中國文學的發展樣貌。

第二節〈文學批評的視野〉，係從「批評的方法」、「批評的核心標準」及「批評的基本心態」等三面向著手，藉以觀照清代圖書目錄集部提要的「文學批評視野」。而根據前文的討論，大抵可釐出三項觀察重點：

一、清代圖書目錄集部提要編撰者所採取的「文學批評方法」，係多以「直抒己見」、「比較式」和「引他人之說」等三種方法為主；並且，在各別「集部提要」中，既有單獨使用者，亦有混用二種或三種方法者，而此間所體現的學術意涵不盡相同。

二、清代圖書目錄集部提要編撰者於從事「文學批評」時，多是以「概念

意義」上的「漢、魏風骨」，作為批評的核心標準，即強調文學作品當具有「風雅」、「典重」、「溫厚」……等特質。

三、在清代圖書目錄集部提要中，所體現編撰者「批評的基本心態」，係多以「漢、魏風骨」或「風雅」等特質為批評的關鍵。若該作家、作品、文學流派，具備上述特質者，在實際批評的過程中，往往會給予相對客觀、寬容和持平的論斷；反之，若不具備上述特質者，則其批評的導向，則多會呈現單一面向側傾的論述，或者是以「定向書寫」的概念，給予相當程度的「負面批評」。

簡單來說，根據清代圖書目錄集部提要所呈現的時代文風來看，當時對於辭章作品的期待，係多以「漢、魏風骨」和「風雅」、「典重」、「溫厚」……等特質為核心標準；而在這樣的時代文風的基礎之上，清代圖書目錄集部提要編撰者，即根據自身的主觀認知，以及對於「漢、魏風骨」和「風雅」等特質的「前理解」，開展與建構對於歷代各作家、作品及文學流派的批評系統。

綜觀上述，可知清代圖書目錄集部提要，係以「辭章之作」作為觀察的主體對象，並藉由「正」、「變」及「偽」的文學史觀，勾勒歷代文體、文風和文學流派的遞變情形，進而建構「文學史」。另一方面，在集部提要中從事「文學批評」時，多以「直抒己見」、「比較式」、「引他人之說」等批評方法為主，並崇尚「漢、魏風骨」和「風雅」、「典重」、「溫厚」……等特質，同時以此作為批評的核心標準，決定是否以相對客觀、寬容、持平的心態，品評和論斷歷代的作家、作品或文學流派。藉此，筆者以為大抵能觀照「清代圖書目錄集部提要的文學視野」之一隅。

第六章 結論

　　自西漢劉向「條其篇目，撮其旨意」編定《別錄》以降，大抵確立了目錄「提要」體制主要的三項義例，包含「介紹著者的生平」、「說明著書的原委，及書的大旨」和「評論書的得失」；而後人又根據不同的需求和使用取向，在劉向所建構的「提要」義例基礎之上，增加其他有助益於治學的資訊，如對圖書文獻版本的考辨和賞鑑。然而，無論後來的目錄「提要」如何發展，其核心宗旨大抵不脫「撮其旨要」、「論其指歸、辨其訛謬」的範疇，以及「*使讀者在未讀其書之先……幫助他們讀其書時可以有進一步的了解*」的精神宗旨。[1]

　　根據劉向所立「提要」的三項義例，以及明、清兩代盛行的賞鑑書志的提要來看，除記述圖書文獻外在的客觀資訊之外，亦兼有評論、賞鑑等內容；而既然會事涉評論、賞鑑，則提要編撰者個人的「主觀意志」，勢必會在目錄「提要」中有所呈現。事實上，編撰者個人「主觀意志」的形成，往往與其學習經驗、生命歷練、文學觀念……等因素息息相關；此外，所身處時代當時的政治環境、社會氛圍和整體的學術風氣，同樣也可能是影響著每一位編撰者「主觀意志」差異的關鍵因素。換句話說，在目錄「提要」中，除記述圖書文獻外在客觀資訊的部分，確實有其資料性的學術意義之外，所呈現出編撰者「主觀意志」的部分，猶可作為觀照當時社會文化、學術風氣、文學視野……等不同議題的重要線索。因此，筆者以為此間仍有許多值得再進一步挖掘、開發的深層意涵。

---

[1] 昌彼得、潘美月，《中國目錄學》，頁44。

　　按范芝熏〈中國古典目錄體制「提要」之研究〉所考，可知清代乃為具
有「提要」體制的目錄，發展最為興盛的時代；因此，筆者以為若能對於清
代目錄「集部提要」有所掌握，或能作為觀察清代文學發展情形的途徑之一。
其次，綜觀前賢對於清代官修、私撰圖書目錄的相關研究，除《四庫全書總
目》之外，對於其他圖書目錄「集部提要」中所揭示的內在意涵，如文學史、
文學批評……等議題，則相對較少論及；並且，多為針對單一目錄所進行的
討論，如《四庫全書總目》、《文選樓藏書記》、《愛日精廬藏書志》、《鄭堂讀
書記》……等。因此，本書係以前賢對於各圖書目錄的研究為基礎，嘗試以
「綜觀」的概念，梳理清代圖書目錄集部提要的「外在結構」與「內在理路」，
並針對其中所呈現的「文學視野」進行耙梳，藉以闡釋其中所揭示的學術意
涵，作為觀照清代文學發展情形的線索。

　　在上述研究動機的驅使下，故本書係以「清代圖書目錄集部提要」為對
象，並進行相關的研究和討論。以下簡述本書的「研究成果」與「研究展望」。

一、研究成果

　　本書第一章〈緒論〉，係說明研究動機、目的、方法與思路進程，並分析、
探討前賢的研究成果。第二章〈圖書目錄「提要」的體例、形制與內容〉，係
透過對各類型圖書目錄「提要」的體例、形制與內容的耙梳，掌握各別所呈
現的特質，以及內容所側重記述的面向，藉以理解其中所揭示的學術意涵，
並作為開展後續論述的基礎。除此二章之外，本書的論述核心即是在此基礎
之上，進一步針對「清代圖書目錄集部提要」的「外在結構」、「內在理路」
和「文學視野」等面向進行闡釋，以作為觀照清代文學現象與發展情形的線
索。

　　以下即分別就「外在結構」、「內在理路」和「文學視野」等面向，依序
說明與回顧本書的研究成果：

(一) 外在結構

　　針對清代圖書目錄集部提要「外在結構」的討論，本書分別就「官修圖書目錄」與「私撰圖書目錄」二部分進行探討。

　　「官修圖書目錄」部分，乃分為「《四庫全書》系統」與「『天祿琳琅』系統」，針對此二系統目錄所呈現的「外在結構」進行耙梳，藉以勾勒其中所體現的學術意涵。根據前文的討論，大抵可將研究成果整理為四項重點：

一、清代官修系統的目錄，其「提要」的種類與形制，是以「敘錄體」與
　　「藏書志」作為主要的撰述體例。

二、清代官修的「《四庫全書》系統」目錄，對於當代與後世的學術發展，
　　係有其高度的影響力。

三、當《四庫全書總目》與《四庫簡目》將「詔令、奏議類」文獻，移出
　　「集部」而改隸於「史部」收錄時，此間即體現當時官方對於「集部」
　　的類例與收錄準則，乃逐步趨向「辭章之學」的概念發展。

四、藉由「非線性結構」的概念檢視，係知於清代乾隆、嘉慶之際，官方
　　所抱持的學術思維與文學觀念，正立處於變革與調整的階段，而《四
　　庫全書》及其相關目錄的編定，則為確立當時官方學術發展走向的關
　　鍵轉捩點。

　　簡單來說，藉由對清代官修圖書目錄「外在結構」的耙梳，可知「《四庫全書》系統」圖書目錄的編成，不僅引導當代的學術思維走向，更對後世整體的學術發展，產生莫大的影響力。

　　「私撰圖書目錄」部分，大抵將清代劃分為前期（順治、康熙、雍正）、中期（乾隆、嘉慶、道光、咸豐）和後期（同治、光緒、宣統），針對各時期的私撰圖書目錄，舉其要者並就其各別所呈現的「外在結構」進行耙梳。根據前文的討論，可知清代各時期的私撰圖書目錄發展情形大致如下：

一、在「前期」的部分，係以錢曾《讀書敏求記》、鄭元慶《湖錄經籍考》

為例。就「集部」的類例情形來看,「詔令、奏議類」的文獻猶納入「集部」的收錄範疇,並未改隸於「史部」收錄,故可知此時「集部」整體的類例概念,尚未轉趨於「辭章之學」的概念發展。

二、在「中期」的部分,係以吳壽暘《拜經樓藏書題跋記》、黃丕烈《百宋一廛書錄》、張金吾《愛日精廬藏書志》、周中孚《鄭堂讀書記》與馬國翰《玉函山房藏書簿錄》為例。此時期的私撰圖書目錄,由於多編成於《四庫全書總目》之後,是以類例方式多依循《四庫全書總目》,「詔令、奏議類」的文獻,亦多改隸於「史部」收錄;換句話說,自《四庫全書總目》編成以降,大抵確立了「集部」的類例概念,而私撰圖書目錄又多遵循其例,故知當時目錄提要編撰者對於「集部」的認知,已然趨向以「辭章之學」為主體的概念發展。另一方面,以《愛日精廬藏書志》為代表的「私人藏書志」形制於此時期興起,對於後世私撰圖書目錄「提要」的發展走向,具有相當程度的影響力;因此,若從清代目錄的整體發展歷程來看,此時期的私撰圖書目錄確實有其承先啟後的重要意義。

三、在「後期」的部分,係以瞿鏞《鐵琴銅劍樓藏書目錄》、楊紹和《楹書隅錄》、陸心源《皕宋樓藏書志》與《儀顧堂題跋》、丁丙《善本書室藏書志》為例。此時期私撰圖書目錄的類例方式,主要是依循《四庫全書總目》所立的架構,但根據細部「類」、「屬」的訂定情形,猶可略見清代文學觀念轉變的痕跡,如比較《善本書室藏書志》與《四庫全書總目》在「集部・詞曲類」的收錄和分類情形,可初步察見「詞」、「曲」二文體地位的提升。

除上述三項針對清代各時期私撰圖書目錄發展情形的闡釋之外,從「非線性結構」的概念來看,清代整體的學術風氣,乃牽動著目錄「提要」撰述形制的轉型和發展,係逐步由形式相對自由的目錄體制,如:「序、跋集(題跋集)」、「讀書記」,另外發展出講究撰述規範和格式,並強調前後一致性的「私人藏書志」;而其中驅動轉型的關鍵,即為於「樸學」大盛時期所編成的

目錄鉅作──《四庫全書總目》。換句話說，透過對清代私撰圖書目錄的耙梳，仍可察見《四庫全書總目》對於當代及後世學術發展的莫大影響力。

(二) 內在理路

關於清代圖書目錄集部提要所呈現的「內在理路」，本書係從「官方權力」、「提要性質」、「書寫模式」和「指涉意義」等四面向進行闡釋。而根據前文的討論，大抵可將研究成果整理為四項重點：

一、清代無論是官、私撰圖書目錄的集部提要，其內容所側重的撰述面向，以及著錄方式的發展樣貌，皆與「官方權力」發展的消長情形息息相關。

二、「清代圖書目錄集部提要性質」的發展脈絡，大抵是從「兼具『主觀性』和『客觀性』特質」的提要，逐步轉變為「以『客觀性』特質為主」的提要。另一方面，倘若藉此觀照清代整體學術風氣的發展情形，則知大致上是從「重視抒發個人觀點和主觀意志的學風」，逐漸轉趨為「強調『考據』的尚實學風」。

三、藉由檢視清代私撰圖書目錄集部提要的「書寫模式」，一方面可知《四庫全書總目》對於當代、後世目錄編纂及學術發展走向的重要影響力，二方面則能略窺清代目錄集部提要的「多元化」發展情形。此外，根據清代目錄集部提要對於部分「身份敏感」之人（如錢謙益等人）的處理方式，或能作為推想和觀察這些人，於當時文壇上所立處位置的線索。

四、清代目錄集部提要的「指涉意義」，會受到各種主、客觀因素的影響，並隨著時代的變遷而有所移轉和質變。而根據清代目錄集部提要內容的「指涉意義」來看，提要編撰者泰半是採取「儒學」作為其從事文學批評的核心思維與主體價值觀。

藉此，可知清代「官方權力」的消長情形，對於當時整體學術發展的走

向，有著莫大的影響力；而在此影響之下，私撰圖書目錄集部提要普遍所反映出的「內在理路」，即與當時的學術風氣和文學視野息息相關。換句話說，透過對於清代圖書目錄集部提要「內在理路」的耙梳，大抵可窺見清代整體學術發展情形之一隅。

(三) 文學視野

藉由前針對清代圖書目錄集部提要「外在結構」與「內在理路」的梳理，進一步即針對「文學史的建構」與「文學批評的視野」二面向進行闡釋，藉以觀照「清代目錄集部提要的文學視野」。根據討論，大抵可將研究成果整理為二項觀察重點：

一、清代目錄集部提要，係以「辭章」作為觀照的主體對象，藉由「正」、「變」及「偽」的文學史觀，勾勒歷代文體、文風和文學流派的遞變情形，進而建構一套「文學史」體系。

二、在從事「文學批評」時，多採取「直抒己見」、「比較式」和「引他人之說」等批評方法，並崇尚「漢、魏風骨」和「風雅」、「典重」、「溫厚」……等特質，並多以此作為實際批評的核心標準，決定是否以相對客觀、寬容、持平的心態，品評和論斷歷代的作家、作品或文學流派。

藉此，大抵能窺見清代圖書目錄集部提要所體現的「文學視野」，即是以「漢、魏風骨」與「風雅」、「典重」、「溫厚」……特質為核心，凡是在此「前理解」概念之下的文學作家、作品或流派，無論其在文學史上所處的位置，係為「正」或「變」，普遍都可為清代目錄集部提要編撰者所認同，而得到相對客觀、寬容、持平的論述；反之，則可能流於「偽」的概念，而遭致強烈的批判或給予相當程度的負面評價。換句話說，此間乃體現出當時整體學術風氣的取向，以及普遍所存在的「文學視野」，應是以「儒學」作為其最內在的核心思維與主體價值觀。

綜觀上述對於本書研究成果的說明與回顧，除第一章〈緒論〉和第二章
〈圖書目錄「提要」的體例、形制與內容〉，係為架構全文的知識基礎之外，
通過第三、四、五章分別從「外在結構」、「內在理路」與「文學視野」等不
同面向，針對「清代圖書目錄集部提要」所進行的探討，大抵能徵見其中所
揭示的學術意涵，以及清代文學現象與發展情形之一隅。

二、研究展望

事實上，清代圖書目錄集部提要所涉及的學術範疇博大，絕非本書所能
概括研究，故仍有許多本書力有未逮，尚不及探討的議題。因此，茲於本書
所探討的議題之外，提供其他相關研究方向的建議，以作為後續研究參考之
用，如下：

一、本書主要是以「目錄學」為核心出發點，針對清代目錄集部提要的「外
    在結構」、「內在理路」及「文學視野」進行闡釋；實際上，清代目錄
    集部提要中，不乏與版本學、輯佚學、校勘學……等其他文獻學領域
    的內容，而此皆可作為後續深入研究的題材。
二、本書於「文學視野」的部分，係以集部提要所呈現的「文學史」及「文
    學批評視野」為核心議題，對於「主題性」的議題，則相對無所論及。
    因此，如目錄集部提要中，所收錄的「女性作家、作品」情形，以及
    針對此類作家、作品所進行的文學批評，筆者以為此間猶有可再進一
    步闡釋和研究的空間。
三、除對於目錄中所收錄「女性作家、作品」相關議題的闡釋之外，在目
    錄集部提要中，各朝遺民詩、文集的收錄和批評情形，筆者以為同樣
    可作為更進一步研究的方向。

除上述三項與「清代圖書目錄集部提要」相關的建議之外，倘若將論述

的範疇擴大，筆者以為尚有二種面向的議題，值得進一步開發和探討。分別
是：

一、就「時代」而言，對於清代以前的目錄，抑或可循本書的思維脈絡，
進行相關的討論和研究。

二、就「類例」而言，可針對清代圖書目錄的「經」、「史」、「子」等部類
的提要，進行相關的討論；又或者可納入「未遵循四部成法的目錄」
相互參照，以釐清其中學術觀點的差異。

簡單來說，除本書針對「清代圖書目錄集部提要」所提出的論述脈絡之
外，倘若進一步擴大研究範疇，則關於「圖書目錄提要」，筆者以為仍有許多
尚未開發、探討的研究議題，猶待後續研究者的持續努力和耕耘。

參考書目

一、專書

(一) 古籍 (以作者時代、姓氏筆畫為順序)

〔漢〕班固,《仁壽本二十六史‧漢書》(臺北:成文出版社,1971 年)。

〔梁〕阮孝緒,《七錄‧序》,收錄於《宋磧砂大藏經‧廣弘明集》(臺北:新文豐出版社,1987 年)。

〔梁〕劉勰著、范文瀾注,《文心雕龍注》(臺北:臺灣開明書店,1993 年)。

〔唐〕杜甫著、楊倫輯,《杜詩鏡銓》(臺北:臺灣中華書局,1973 年)。

〔唐〕長孫無忌,《仁壽本二十六史‧隋書》(臺北:成文出版社,1971 年)。

〔宋〕陸游,《老學庵筆記》(臺北:廣文書局,1972 年)。

〔宋〕陸游,《渭南文集》,收錄於《文淵閣《四庫全書》》電子版(香港:迪志文化出版有限公司,2007 年)。

〔宋〕鄭樵,《通志》(北京:中華書局,1995 年)。

〔元〕馬端臨,《文獻通考》(北京:中華書局,1999 年)。

〔明〕徐師曾,《文體明辨》,收錄於《《四庫全書》存目叢書》(臺南:莊嚴文化事業有限公司,1997 年)。

〔明〕張溥輯,《重校精印漢魏六朝百三名家集》(臺北:文津出版社,1979 年)。

〔明〕陸深,《儼山外集》,收錄於《文淵閣《四庫全書》》電子版(香港:迪志文化出版有限公司,2007 年)。

〔清〕丁丙,《善本書室藏書志》(臺北:廣文書局,1988 年)。

〔清〕于敏中等編,《欽定天祿琳琅書目》,收錄於王道榮等編《書目續編》(臺北:廣文書局,1992 年)。

〔清〕王鳴盛,《十七史商榷》(臺北:廣文書局,1980 年)。

〔清〕王國維,《海寧王靜安先生遺書》(臺北:臺灣商務印書館,1976 年)。

〔清〕永瑢等編,《文淵閣原鈔本 四庫全書簡明目錄》(臺北:臺灣商務印書館,1983 年)。

〔清〕永瑢、紀昀等編,《武英殿本 四庫全書總目提要》(臺北:臺灣商務印書館,1983 年)。

〔清〕永瑢、紀昀等編,《合印《四庫全書總目提要》及《四庫未收書目、禁燬書目》》(臺北:臺灣商務印書館,1985 年)。

〔清〕朱緒曾,《開有益齋讀書志》(臺北:廣文書局,1969 年)。

〔清〕吳壽暘編,《拜經樓藏書題跋記》,收錄於《國家圖書館藏古籍題跋叢刊》第 9 冊(北京:北京圖書館出版社,2002 年)。

〔清〕吳壽暘編、郭立喧整理,《拜經樓藏書題跋記》(上海:上海古籍出版社,2007 年)

〔清〕吳偉業,《梅村集全集》(上海:上海古籍出版社,1990 年)。

〔清〕阮元,《文選樓藏書記》(臺北:廣文書局,1969 年)。

〔清〕汪璐輯,《藏書題識》,收錄於《國家圖書館藏古籍題跋叢刊》第 4 冊(北京:北京圖書館出版社,2002 年)。

〔清〕汪沆,《小眠齋讀書日札》,收錄於《國家圖書館藏古籍題跋叢刊》第 4 冊(北京:北京圖書館出版社,2002 年)。

〔清〕汪藩,《半氈齋題跋》,收錄於《國家圖書館藏古籍題跋叢刊》第 5 冊(北京:北京圖書館出版社,2002 年)。

〔清〕周廣業,《四部寓眼錄》,收錄於《國家圖書館藏古籍題跋叢刊》第 4 冊(北京:北京圖書館出版社,2002 年)。

〔清〕周中孚,《鄭堂讀書記》(臺北:世界書局,1965 年)。

〔清〕胡爾榮，《破鐵網》，收錄於《國家圖書館藏古籍題跋叢刊》第 9 冊（北京：北京圖書館出版社，2002 年）。

〔清〕姚鼐著、林紓選評、慕容真點校，《林紓選評 古文辭類纂》（杭州：浙江古籍出版社，1986 年）。

〔清〕紀昀，《紀文達公遺集》，收錄於《續修四庫全書》第 1435 冊（上海：上海古籍出版社，2002 年）。

〔清〕馬國翰，《玉函山房藏書簿錄》（北京：北京圖書館出版社，2001 年）。

〔清〕馬國翰，《玉函山房文集》，收錄於《清代詩文集彙編》第 586 冊（上海：上海古籍出版社，2010 年）。

〔清〕徐方來，《煙嶼樓讀書志》，收錄於《續修四庫全書》第 1162 冊（上海：上海古籍出版社，2002 年）。

〔清〕章學誠，《文史通義‧校讎通義》（臺北：廣文書局，1981 年）。

〔清〕陸心源，《皕宋樓藏書志》（臺北：廣文書局，1968 年）。

〔清〕陸心源，《儀顧堂題跋》（臺北：廣文書局，1968 年）。

〔清〕張金吾，《愛日精廬藏書志》（臺北：文史哲出版社，1982 年）。

〔清〕張金吾撰、馮惠民整理，《愛日精廬藏書志》（北京：中華書局，2012 年）。

〔清〕張之洞，《書目答問二種》（北京：生活‧讀書‧新知 三聯書店，1998 年）。

〔清〕張之洞，《輶軒語》，收錄於嚴靈峯編，《書目類編》第 93 冊（臺北：成文出版社，1978 年）。

〔清〕莫友芝撰、傅增湘訂補、傅熹年整理，《藏園訂補郘亭知見傳本書目》（北京：中華書局，2009 年）。

〔清〕清高宗乾隆，《御製樂善堂全集定本》，收錄於《文淵閣四庫全書電子版》（香港：迪志文化出版有限公司，2007 年）。

〔清〕黃丕烈，《百宋一廛書錄》，收錄於《國家圖書館藏古籍題跋叢刊》第 5 冊（北京：北京圖書館出版社，2002 年）。

〔清〕黃丕烈，《士禮居藏書題跋記》，收錄於《國家圖書館藏古籍題跋叢刊》第 6 冊（北京：北京圖書館出版社，2002 年）。

〔清〕黃丕烈,《士禮居藏書題跋記續》,收錄於《國家圖書館藏古籍題跋叢刊》第 6、7 冊（北京：北京圖書館出版社,2002 年）。

〔清〕黃丕烈,《蕘圃藏書題識》,收錄於《國家圖書館藏古籍題跋叢刊》第 7、8 冊（北京：北京圖書館出版社,2002 年）。

〔清〕黃丕烈,《蕘圃刻書題識》,收錄於《國家圖書館藏古籍題跋叢刊》第 8 冊（北京：北京圖書館出版社,2002 年）。

〔清〕黃丕烈,《蕘圃藏書題識續錄》,收錄於《國家圖書館藏古籍題跋叢刊》第 8 冊（北京：北京圖書館出版社,2002 年）。

〔清〕黃丕烈,《士禮居藏書題跋記續編》,收錄於《國家圖書館藏古籍題跋叢刊》第 8、9 冊（北京：北京圖書館出版社,2002 年）。

〔清〕黃丕烈,《士禮居藏書題跋補錄》,收錄於《國家圖書館藏古籍題跋叢刊》第 9 冊（北京：北京圖書館出版社,2002 年）。

〔清〕黃丕烈,《百宋一廛書錄》,收錄於《續修四庫全書》第 923 冊（上海：上海古籍出版社,2002 年）。

〔清〕彭元瑞等編,《欽定天祿琳琅書目續編》,收錄於王道榮等編《書目續編》（臺北：廣文書局,1992 年）。

〔清〕彭元瑞,《知聖道齋跋尾》,收錄於《國家圖書館藏古籍題跋叢刊》第 4 冊（北京：北京圖書館出版社,2002 年）。

〔清〕傅以禮,《華延年室題跋》（臺北：廣文書局,1969 年）。

〔清〕葉德輝,《郋園讀書志》,收錄於《古書題跋叢刊》第 25 冊（北京：學苑出版社,2009 年）。

〔清〕葉德輝,《書林清話》（臺北：文史哲出版社,1998 年）。

〔清〕楊紹和,《楹書隅錄》（臺北：廣文書局,1967 年）。

〔清〕鄭元慶,《湖錄經籍考》（臺北：廣文書局,1969 年）。

〔清〕盧文弨,《鍾山札記》,收錄於《續修四庫全書》第 1149 冊（上海：上海古籍出版社,2002 年）。

〔清〕錢謙益,《絳雲樓題跋》（臺北：成文出版社,1978 年）。

〔清〕錢謙益,《牧齋題跋》,收錄於《國家圖書館藏古籍題跋叢刊》第 2 冊（北京：北京圖書館出版社,2002 年）。

〔清〕錢曾撰、章鈺校證,《讀書敏求記校證》（臺北：廣文書局,1989 年）。

〔清〕錢大昭,《可盧著述十種敘例》,收錄於《國家圖書館藏古籍題跋叢刊》第 4 冊（北京：北京圖書館出版社,2002 年）。

〔清〕錢泰吉,《曝書雜記》,收錄於《國家圖書館藏古籍題跋叢刊》第 10 冊（北京：北京圖書館出版社,2002 年）。

〔清〕瞿鏞,《鐵琴銅劍樓藏書目錄》（臺北：廣文書局,1967 年）。

〔清〕瞿中溶,《古泉山館題跋》,收錄於《國家圖書館藏古籍題跋叢刊》第 9 冊（北京：北京圖書館出版社,2002 年）。

〔清〕顧廣圻,《思適齋書跋》,收錄於《國家圖書館藏古籍題跋叢刊》第 5 冊（北京：北京圖書館出版社,2002 年）。

(二) 近人論著（以作者姓氏筆畫為順序）

丁原基,《清代康雍乾三朝禁書原因之研究》（臺北：華正書局,1983 年）。

王欣夫,《文獻學講義》（臺北：臺灣商務印書館,1986 年）。

王紹仁主編,《江南藏書史話》（上海：上海古籍出版社,2009 年）。

王汎森,《權力的毛細管作用——清代的思想、學術與心態》（修訂版）（臺北：聯經出版事業股份有限公司,2014 年）。

王英志,《清人詩論研究》（南京：江蘇古籍出版社,1986 年）。

王運熙、顧易生主編,《中國文學批評通史》（上海：上海古籍出版社,1996 年）。

王俊義、黃愛平著,《清代學術文化史論》（臺北：文津出版社,1999 年）。

王燕玉,《中國文獻學綜說》（貴陽：貴州人民出版社,1997 年）。

王國瓔,《中國文學史新講》（臺北：聯經事業出版公司,2006 年）。

王秋桂、王國良合編,《中國圖書・文獻學論集》（臺北：明文書局,1983 年）。

司馬朝軍,《《四庫全書總目》研究》（北京：社會科學文獻出版社,2004 年）。

司馬朝軍,《《四庫全書總目》編纂考》（武漢：武漢大學出版社,2005 年）。

田鳳台,《古籍重要目錄書析論》(臺北:黎明文化事業公司,1990 年)。

石祥,《杭州丁氏八千卷樓書事新考》(上海:上海古籍出版社,2011 年)。

向思,《中國皇宮文化——歷朝皇宮珍寶和典籍》(北京:團結出版社,1997 年)。

朱立元主編,《當代西方文藝理論》(上海:華東師範大學出版社,2005 年)。

朱東潤,《中國文學批評史大綱》(上海:上海古籍出版社,2005 年)。

朱賽虹、曹鳳祥等編《中國出版通史——清代卷(上、下)》(北京:中國書籍出版社,
　　2008 年)。

汪辟疆,《目錄學研究》(上海:商務印書館,1934 年)。

余英時,《論戴震與章學誠》(臺北:華世出版社,1980 年)。

余嘉錫,《四庫提要辨證》(臺北:藝文印書館,1989 年)。

余嘉錫,《目錄學發微》(臺北:藝文印書館,1987 年)。

沈新民,《清丁丙及其善本書室藏書志研究》(臺北:漢美圖書有限公司,1991 年)。

沈俊平,《葉德輝文獻學考論》(臺北:臺灣學生書局,2012 年)。

杜澤遜,《文獻學概要》(北京:中華書局,2001 年)。

來新夏,《清代目錄提要》(濟南:齊魯書社,1997 年)。

李希泌、張椒華編,《中國古代藏書與近代圖書館史料(春秋至五四前後)》(北京:
　　中華書局,1996 年)。

李家駒,《中國古代藏書管理》(臺北:花木蘭文化出版社,2005 年)。

李煜瀛、楊家駱著《世界學典與四庫全書》(臺北:世界書局,1983 年)。

李瑞騰,《晚清文學思想論》(臺北:漢光文化事業公司,1992 年)。

李瑞良,《中國古代圖書流通史》(上海:上海人民出版社,2005 年)。

李澤厚,《中國近代思想史論》(臺北:三民書局,1996 年)。

李裕民,《四庫提要訂誤》(北京:中華書局,2005 年)。

李四珍,《明清文話敘錄》(臺北:花木蘭文化出版社,2006 年)。

吳宏一,《清代詩學初探》(臺北:臺灣學生書局,1986 年)。

吳宏一,《清代詞學四論》(臺北:聯經事業出版公司,1990 年)。

吳宏一主編，《清代詩話知見錄》（臺北：中央研究院中國文哲研究所，2002 年）。

吳哲夫，《清代禁燬書目研究》（臺北：嘉新水泥公司文化基金會，1969 年）。

吳哲夫，《四庫全書薈要纂修考》（臺北：國立故宮博物院，1976 年）。

吳哲夫，《四庫全書纂修之研究》（臺北：國立故宮博物院，1990 年）。

吳辰伯，《江浙藏書家史略》（臺北：文史哲出版社，1982 年）。

宋建成，《清代圖書館事業發展史》（臺北：花木蘭文化出版社，2006 年）。

何宗美、劉敬著，《明代文還原研究——以《四庫全書總目》明人別集提要為中心》（北京：人民出版社，2014 年）。

屈萬里、昌彼得著　潘美月增訂，《圖書版本學要略》（臺北：中國文化大學出版部，1986 年）。

昌彼得、潘美月，《中國目錄學》（臺北：文史哲出版社，1986 年）。

昌彼得，《中國圖書史略》（臺北：文史哲出版社，1993 年）。

周彥文，《中國目錄學理論》（臺北：臺灣學生書局，1995 年）。

周彥文，《中國文獻學理論》（臺北：臺灣學生書局，2011 年）。

周積明，《文化視野下的《四庫全書總目》》（北京：中國青年出版社，2001 年）。

林淑玲，《陸心源及其《皕宋樓藏書志》史部宋刊本研究（上）、（下）》（臺北：花木蘭文化出版社，2005 年）。

林存陽，《三禮館：清代學術與政治互動的鏈環》（北京：社會科學文獻出版社，2008 年）。

邱麗玟，《馬國翰及其《玉函山房藏書簿錄》研究》（臺北：花木蘭文化出版社，2009 年）。

胡述兆編，《中國圖書館學與目錄學名人錄》（臺北：漢美出版社，1999 年）。

胡楚生，《中國目錄學》（臺北：文史哲出版社，2004 年）。

胡楚生，《清代學術史研究》（臺北：臺灣學生書局，1988 年）。

胡玉縉，《四庫全書總目提要補正》（臺北：木鐸出版社，1981 年）。

胡昌智，《歷史知識與社會變遷》（臺北：聯經事業出版公司，1988 年）。

姚名達，《中國目錄學史》（上海：上海古籍出版社，2005 年）。

洪湛侯，《文獻學》（臺北：藝文印書館，2002 年）。

柯慶明，《文學美綜論》（臺北：大安出版社，2000 年）。

祖保泉，《中國詩文理論發微》（合肥：安徽人民出版社，2006 年）。

查洪德、李軍，《元代文學文獻學》（北京：中國社會科學出版社，2002 年）。

唐文治，《十三經讀本‧禮記》（臺北：新文豐出版社，1980 年）。

徐楨基，《潛園遺事——藏書家陸心源生平及其他》（上海：生活‧讀書‧新知上海三
　　聯書店，1996 年）。

徐凌志，《中國歷代藏書史》（南昌：江西人民出版社，2004 年）。

徐有富，《目錄學與學術史》（北京：中華書局，2009 年）。

馬積高，《清代學術思想的變遷與文學》（長沙：湖南出版社，1996 年）。

孫欽善，《中國古文獻學史簡編》（北京：北京大學出版社，2008 年）。

桑兵，《清末新知識界的社團與活動》（北京：生活、讀書、新知三聯書店，1995 年）。

陳祖武、朱彤窗，《乾嘉學派研究》（北京：人民出版社，2011 年）。

陳惠美，《徐乾學及其藏書刻書》（臺北：花木蘭文化出版社，2007 年）。

陳美朱，《明末清初詩詞正變觀研究：以二陳、王、朱為對象之考察》（臺北：花木蘭
　　文化出版社，2007 年）。

陳登原，《古今典籍聚散考》（臺北：河洛圖書出版社，1979 年）。

張三夕，《中國古典文獻學》（武漢：華中師範大學出版社，2007 年）。

張允亮《故宮善本書目》，收錄於嚴靈峯編《書目類編》第 16 冊（臺北：成文出
　　版社，1978 年）

張秀民，《中國印刷史》（上海：上海人民出版社，1989 年）。

張書才等編，《纂修四庫全書檔案》（上海：上海古籍出版社，1997 年）。

張舜徽，《四庫提要敘講疏》（臺北：臺灣學生書局，2002 年）。

張碧惠，《晚清藏書家繆荃孫研究》（臺北：漢美出版社，1991 年）。

張維屏，《紀昀與乾嘉學術》（臺北：國立臺灣大學出版委員會，1998 年）。

張傳峰，《《四庫全書總目》學術思想研究》（上海：學林出版社，2007 年）。

張君炎，《中國文學文獻學》（南昌：江西人民出版社，1986 年）。

張伯偉，《中國古代文學批評方法研究》（北京：中華書局，2006 年）。

張惠貞，《王鳴盛《十七史商榷》研究（上）》（臺北：花木蘭文化出版社，2005 年）。

張升，《明清宮廷藏書研究》（北京：商務印書館，2006 年）。

張劍、易聞曉主編，《莫友芝文學及文獻學研究》（北京：中國社會科學出版社，2012 年）。

郭紹虞，《中國詩的神韻、格調及性靈說》（臺北：華正書局，2005 年）。

郭紹虞，《中國文學批評史》（臺北：文史哲出版社，2008 年）。

郭琳編著，《心理學實用常識速查寶典（實例白金版）》（北京：清華大學出版社，2013 年）。

梁啟超，《中國近三百年學術史》（臺北：里仁書局，1995 年）。

梁啟超，《梁啟超全集》（北京：北京出版社，1999 年）。

崔富章，《四庫提要補正》（杭州：杭州大學出版社，1984 年）。

崔富章，《版本目錄論叢》（北京：中華書局，2014 年）。

曹紅軍，《康雍乾三朝刻書機構研究》（臺北：花木蘭文化出版社，2013 年）。

喬衍琯，《宋代書目考》（臺北：文史哲出版社，1987 年）。

湯絢，《清初藏書家錢曾研究》（臺北：漢美出版社，1991 年）。

曾紀剛，《《四庫全書》之纂修與崇實思潮之關係研究》（臺北：花木蘭文化出版社，2005 年）。

曾守正，《權力、知識與批評史圖像——《四庫全書總目》「詩文評類」的文學思想》（臺北：臺灣學生書局，2008 年）。

程千帆、徐有富，《校讎廣義——典藏編》（濟南：齊魯書社，1998 年）。

程千帆、徐有富，《校讎廣義——目錄編》（濟南：齊魯書社，1998 年）。

程千帆、徐有富，《校讎廣義——版本編》（濟南：齊魯書社，1998 年）。

程千帆、徐有富，《校讎廣義——校勘編》（濟南：齊魯書社，1998 年）。

黃信捷編，《目錄學題解精要》（臺北：緯揚文化事業有限公司，1990 年）。

黃燕生，《天祿琳琅──古代藏書和藏書樓》（臺北：萬卷樓圖書有限公司，2000 年）。

黃建國、高躍新主編，《中國古代藏書樓研究》（北京：中華書局，2002 年）。

黃慶雄，《阮元輯書刻書考》（臺北：花木蘭文化出版社，2007 年）。

葉慶炳，《中國文學史》（臺北：臺灣學生書局，1987 年）。

葉樹聲、許有才，《清代文獻學簡論》（合肥：安徽大學出版社，2004 年）。

傅璇琮、謝灼華主編，《中國藏書通史》（寧波：寧波出版社，2001 年）。

馮浩菲，《文獻學理論研究導論》（濟南：山東大學出版社，2009 年）。

褚斌杰，《中國古代文體學》（臺北：臺灣學生書局，1991 年）。

楊立誠編，《四庫目略》（臺北：臺灣中華書局，1970 年）。

楊蔭深編著，《中國文學家考略》（臺北：新文豐出版社，1976 年）。

楊立誠、金步瀛合編，《中國藏書家考略》（臺北：新文豐出版社，1976 年）。

楊子彥，《紀昀文學思想研究》（北京：中國社會科學出版社，2015 年）。

鄔國平、王鎮遠著，《清代文學批評史》（上海：上海古籍出版社，1995 年）。

董恩林，《中國傳統文獻學概論》（上海：華東師範大學出版社，2008 年）。

潘美月，《龍坡書齋雜著──圖書文獻學論文集（上）、（中）、（下）》（臺北：
　　花木蘭文化出版社，2011 年）。

趙飛鵬，《觀海堂藏書研究》（臺北：花木蘭文化出版社，2005 年）。

趙飛鵬，《黃丕烈及其《百宋一廛賦注》研究》（臺北：花木蘭文化出版社，2005 年）。

趙昌智主編，《揚州文化通論》（揚州：廣陵書社，2011 年）。

劉兆祐，《中國目錄學》（臺北：五南圖書出版公司，2002 年）。

劉兆祐，《文獻學》（臺北：三民書局，2007 年）。

劉兆祐，《認識古籍版刻與藏書家》（臺北：臺灣學生書局，2007 年）。

劉兆祐，《校讎通義今註今譯》（臺北：臺灣學生書局，2012 年）。

劉薔，《天祿琳琅研究》（北京：北京大學出版社，2012 年）。

魯迅，《魯迅全集》（北京：人民文學出版社，1998 年）。

鄭鶴聲、鄭鶴春，《中國文獻學概要》（上海：上海古籍出版社，2001 年）。

鄭偉章，《文獻家通考》（北京：中華書局，1999 年）。

鄭偉章，《中國著名藏書家傳略》（北京：書目文獻出版社，1986 年）。

蔡芳定，《葉德輝觀古堂藏書研究》（臺北：花木蘭文化出版社，2005 年）。

蔡芳定，《葉德輝《書林清話》研究》（臺北：花木蘭文化出版社，2011 年）。

蔡鎮楚，《中國古代文學批評史》（長沙：岳麓書社，1999 年）。

齊秀梅、楊玉良，《清宮藏書》（北京：紫禁城出版社，2005 年）。

鞏本棟，《宋集傳播考論》（北京：中華書局，2009 年）。

賴福順，《清代天祿琳琅藏書印記研究》（臺北：中國文化大學出版社，1991 年）。

簡秀娟，《錢謙益藏書研究》（臺北：漢美出版社，1991 年）。

藍文欽，《鐵琴銅劍樓藏書研究》（臺北：漢美出版社，1991 年）。

嚴佐之，《近三百年古籍目錄舉要》（上海：華東師範大學出版社，2008 年）。

蘇精，《近代藏書三十家》（臺北：傳記文學出版社，1983 年）。

顧志興，《浙江藏書史》（杭州：杭州出版社，2006 年）。

龔鵬程，《文學批評的視野》（臺北：大安出版社，1998 年）。

龔鵬程，《文史通義導讀》（宜蘭：佛光人文社會學院，2004 年）。

龔詩堯，《《四庫全書總目》之文學批評研究》（臺北：花木蘭文化出版社，2005 年）。

〔法〕Michel Foucault 著、劉北成等譯，《規訓與懲罰——監獄的誕生》（苗栗：桂冠
圖書股份有限公司，1992 年）。

〔德〕H.Gadamer 著、洪漢鼎譯《真理與方法：哲學詮釋學的基本特徵》（上海：上
海譯文出版社，2004 年）。

二、 期刊論文（以刊載時間為順序）

梁子涵，〈玉函山房藏書簿錄及輯佚書問題〉，《大陸雜誌》第 4 卷第 5 期（1952 年 3
月），頁 149—154。

李子瑞,〈序跋提要及其他〉,《圖書館工作與研究》第 4 期（1984 年），頁 26—27。

盧荷生,〈中國目錄學的歷史特性：略考中國目錄類例之衍變〉,《輔仁學誌‧文學院之部》第 15 期（1986 年 6 月），頁 193—209。

盧荷生,〈集部類例考述〉,《輔仁學誌‧文學院之部》第 20 期（1991 年 6 月），頁 95—104。

李芳,〈版本式解題目錄〉,《圖書館研究與工作》第 2 期（1986 年），頁 24—29。

錢亞新,〈略論《天祿琳琅書目》〉,《河南圖書館學刊》1989 年第 1 期（總第 33 期）（1989 年 3 月），頁 25—26。

李紅,〈古代題跋的文獻學價值初探〉,《山東圖書館季刊》第 3 期（1990 年），頁 15—18。

李國新,〈品評人物之風大盛與傳錄體目錄的勃興——魏晉南北朝目錄學研究〉,《山東圖書館季刊》第 4 期（1990 年 12 月），頁 10—16。

朱天俊,〈中國古代提要〉,《晉圖學刊》第 4 期（1993 年），頁 50—54。

包根弟,〈《四庫全書總目提要》歷代詞家評論探析〉,《輔仁國文學報》第 9 期（1993 年 6 月），頁 53—108。

王晉卿,〈《四庫全書總目》目錄學思想與方法〉,《湘潭大學學報（社會科學版）》第 1 期（1994 年），頁 111—115。

王忠賢,〈提要發展述略〉,《圖書館學刊》第 16 卷第 3 期（1994 年），頁 52—55。

王溯仁,〈目錄學與文史研究〉,《固原師專學報》第 15 卷第 3 期（1994 年），頁 80—83。

王玉華,〈提要與文摘異同比較〉,《情報資料工作》第 6 期（1994 年），頁 20—22。

吳聖波,〈論古代書目提要〉,《圖書館論壇》第 4 期（1995 年），頁 13—15、72。

黎至英,〈論書目提要〉,《大學圖書情報學刊》第 3 期（1996 年），頁 1—3。

周積明,〈《四庫全書總目》文化價值重估〉,《中國書目季刊》第 31 卷第 1 期（1997 年 6 月），頁 14—20。

昌彼得,〈「四庫學」展望〉,《書目季刊》第 32 卷第 1 期（1998 年 6 月），頁 1—4。

成林,〈試論《四庫提要》的文學批評方法〉,《南京大學學報（哲學人文社會科學）》第 1 期（1998 年），頁 47—53。

李蘇華,〈試論提要在文獻編目中的重要作用〉,《嘉義大學學報（社會科學）》第 4 期（1998 年），頁 104—106。

王心裁，〈從古典目錄學到現代目錄學──中國目錄學產生發展演變的軌跡〉，《圖書情報工作》第 4 期（1999 年），頁 2—7。

周汝英，〈《四庫全書總目》分類法評述〉，《溫州師範學院學報（哲學社會科學版）》第 20 卷第 2 期（1999 年 4 月），頁 77—80。

張寶三，〈《詩經》詮釋傳統中之「風雅正變」說研究〉，《文史哲學報》第 52 期（2000年 6 月），頁 1—40。

文平志，〈目錄學苑一奇葩──佛經目錄學探勝〉，《佛教文化》z1 期（2000 年），頁 63。

李劍亮，〈試論《四庫全書總目》詞籍提要的詞學批評成就〉，《文學遺產》第 5 期（2001年），頁 86—93。

楊有山，〈論《四庫全書總目》的文體研究〉，《南陽師範學院學報（社會科學版）》第 1 卷第 3 期（2002 年 6 月），頁 44—45。

丁銀燕、顏作輝，〈《四庫全書總目》淺探〉，《圖書館》第 3 期（2003 年），頁 93—95。

岳書法，〈《四庫全書總目》詩類著錄情況分析〉，《西華師範大學學報（哲社版）》第 5期（2003 年），頁 122—126。

楊有山，〈試論《四庫全書總目》的文學批評觀念〉，《江漢論壇》2003 年第 4 期，頁 107—109。

楊有山，〈論《四庫全書總目》的文學史研究〉，《信陽師範學院學報（哲學社會科學版）》第 23 卷第 4 期（2003 年 8 月），頁 95—97。

徐瑞香，〈析辨「提要」及其撰寫原則舉隅〉，《書目季刊》第 38 卷第 1 期（2004 年 6月），頁 39—54。

胡春年，〈清代著名藏書家版本目錄學家──錢曾及其善本書目《讀書敏求記》〉，《山東圖書館季刊》，2004 年第 2 期（2004 年），頁 104—106。

周蓉，〈中國古代解題目錄及其沿革〉，《西北師範大學學報（自然科學版）》第 40 卷第 3 期（2004 年），頁 103—105。

胡堅，〈《欽定天祿琳琅書目》辨誤補正一則〉，《圖書館雜誌》2004 年第 3 期(2004 年)，頁 71－73。

周積明、雷平著，〈清代經世思潮研究述評〉，《漢學研究通訊》第 25 卷第 1 期（2004

年 2 月），頁 1—10。

陳東輝，〈章學誠與索引學〉，《書目季刊》第 38 卷第 2 期（2004 年 9 月），頁 23—27。

許銘全，〈「變」「正」之間——試論韓愈到歐陽修亭臺樓閣記之體式規律與美感歸趨〉，《中國文學研究》第 19 期（2004 年 12 月），頁 25—66。

司馬朝軍，〈殿本《四庫全書總目》與庫本提要之比較〉，《圖書管理論與實踐》第 2 期（2005 年），頁 61—63。

董運來，〈讀《天祿琳琅書目》札記九則〉，《圖書館雜誌》2005 年第 4 期（2005 年），頁 73－75。

李僅，〈《四庫全書總目》案語初探〉，《江淮論壇》第 4 期（2005 年），頁 157—160。

周錄詳、胡露著，〈論文淵閣鈔本《四庫簡目》的校勘價值——以集部為例〉，《圖書館雜誌》2005 年第 4 期（2005 年），頁 68。

陳曉華，〈《四庫全書》三種提要之比較〉，《首都師範大學學報（社會科學版）》2005 年第 3 期（2005 年），頁 61－65。

楊果霖，〈清乾隆時期「天祿琳琅」藏書特點及其現象〉，《國家圖書館館刊》，九十五年第 2 期（2006 年 12 月），頁 123—144。

楊果霖，〈《天祿琳琅書目》考訂偽本圖書方法析論〉，《書目季刊》第 40 卷第 3 期（2006 年 12 月），頁 9－29。

祈晨越，〈「藏書志」界義初探〉，《圖書館雜誌》2006 年第 8 期（2006 年），頁 75。

丁延峰，〈《楹書隅錄》版本考略〉，《圖書館研究與工作》2007 年第 4 期（2007 年），頁 58－61。

卓越〈論朱緒曾的文獻學成就——以《讀書志》為例〉，《東南文化》2007 年第 4 期（2007 年），頁 54—59。

孫紀文，〈《四庫全書總目》文學批評的話語分析〉，《江西社會科學》2007 年 7 月（2007 年），頁 235－243。

唐桂豔，〈略論《天祿琳琅書目》的文獻學價值〉，《故宮博物院院刊》2007 年第 2 期(2007 年)，頁 146－151。

卓越〈《讀書志》的撰寫、流傳與刊印〉,《圖書館雜誌》第 27 卷第 6 期（2008 年）,
頁 55、79—80。

卓越〈《讀書志》的文獻學成就〉,《古籍整理研究學刊》第 2 期（2008 年 3 月）,頁
22—26。

楊暉,〈「正變繫乎詩」——試論葉燮對「詩體代變」的原創性闡釋〉,《甘肅社會科學》
第 4 期（2008 年 4 月）,頁 21—24。

姚伯岳,〈《鐵琴銅劍樓藏書目錄》初探〉,《常熟理工學院學報（哲學社會科學）》第 9
期（2008 年 9 月）,頁 110—117。

顏崑陽,〈混融、交涉、衍變到別用、分流、佈體——「抒情文學史」的反思與「完
境文學史」的構想〉,《清華中文學報》第 3 期（2009 年 12 月）,頁 113—154。

曾守正,〈被隱藏的聯繫性:《四庫全書總目》唐代別集提要的文學史敘述〉,《淡江中
文學報》第 21 期（2009 年 12 月）,頁 119－152。

劉薔,〈論《天祿琳琅書目》對後世版本目錄之影響〉,《國家圖書館學刊》2011 年第
4 期（2011 年）,頁 64、90－95。

楊果霖,〈《天祿琳琅書目》考辨古籍版本方法述評〉,國家圖書館館刊》101 年第 1
期（2012 年）,頁 23－50。

許嘉瑋〈「崇實」作為一種批評方法——論《四庫全書總目》「楚辭類」提要呈現之文
學思想〉,《淡江中文學報》第 27 期（2012 年 12 月）,頁 225－252。

王曉靜,〈《天祿琳琅書目》點校拾零〉,《圖書館理論與實踐》2013 年第 7 期(2013
年),頁 52－55。

楊果霖,〈《天祿琳瑯書目》鑒別版刻優劣之法析論〉,《人文集刊》第 10 期（2013 年
8 月）,頁 1－23。

黃智明,〈武英殿本《四庫全書總目》與文溯閣《四庫全書》書前提要異同述略〉,《中
國文哲研究通訊》第 25 卷第 3 期（2015 年 9 月）,頁 167－185。

楊果霖,〈《天祿琳琅書目》的整理成果及其展望〉,《臺北大學中文學報》第 19 期（2016
年）,頁 1－22。

三、 論文集論文（以出版時間為順序，同論文集以登載頁數為順序）

喬衍琯，〈經義考及補正・校記綜合引得敘例〉，收錄於《屈萬里院士紀念論文集》（臺北：臺灣學生書局，1985 年 5 月），頁 31－37。

陳耀盛，〈目錄學多層次研究對象的辯證思考──目錄學理論學習札記〉，收錄於彭斐章、謝灼華等編，《目錄學文獻學論文選》（北京：書目文獻出版社，1991 年），頁 49—65。

陳傳夫，〈論目錄學的功能體系〉，收錄於彭斐章、謝灼華等編，《目錄學文獻學論文選》（北京：書目文獻出版社，1991 年），頁 66—82。

謝灼華，〈簡論文學文獻與文學文獻學〉，收錄於彭斐章、謝灼華等編，《目錄學文獻學論文選》（北京：書目文獻出版社，1991 年），頁 132—140。

朱建亮，〈論文獻觀〉，收錄於彭斐章、謝灼華等編，《目錄學文獻學論文選》（北京：書目文獻出版社，1991 年），頁 233—247。

高家望，〈文獻的認識論及其定義〉，收錄於彭斐章、謝灼華等編，《目錄學文獻學論文選》（北京：書目文獻出版社，1991 年），頁 248—258。

魏白蒂，〈《四庫全書》纂修外一章：阮元（1764—1849）如何提挈與促進嘉道時代的學術研究〉，收錄於淡江大學中國文學系主編，《兩岸四庫學──第一屆中國文獻學學術研討會論文集》（臺北：臺灣學生書局，1998 年），頁 1—54。

周積明，〈《四庫全書總目》與十八世紀中國文化的流向〉，收錄於淡江大學中國文學系主編，《兩岸四庫學──第一屆中國文獻學學術研討會論文集》（臺北：臺灣學生書局，1998 年），頁 55—80。

吳哲夫，〈清四庫館臣對文獻文物管理方法之探尋〉，收錄於淡江大學中國文學系主編，《兩岸四庫學──第一屆中國文獻學學術研討會論文集》（臺北：臺灣學生書局，1998 年），頁 311—336。

顏崑陽〈論「典範模習」在文學史建構上的「連漪效用」與「鍊接效用」〉，收錄於《建構於反思──中國文學史的探索學術研討會論文集（下）》（臺北：臺灣學生書局，2002 年），頁 787－833。

司馬朝軍,〈《四庫全書總目》考據方法〉,收錄於周彥文編,《文獻學研究的回顧與展
望——第二屆中國文獻學學術研討會論文集》(臺北:臺灣學生書局,2002 年),
頁 63—86。

陳仕華,〈輯錄體解題之文獻揭示——以徵引資料之排列與出處為例〉,收錄於周彥文
編,《文獻學研究的回顧與展望——第二屆中國文獻學學術研討會論文集》(臺
北:臺灣學生書局,2002 年),頁 469—480。

程毅中,〈古代小說目錄的幾個問題〉,收錄於周彥文編,《文獻學研究的回顧與展
望——第二屆中國文獻學學術研討會論文集》(臺北:臺灣學生書局,2002 年),
頁 527—538。

陳仕華,〈類書與輯錄體解題〉,收錄於北京大學中國古文獻研究中心等編,《海峽兩
岸古典文獻學學術研討會論文集》(上海:上海古籍出版社,2002 年),頁 25—
38。

漆永祥,〈從《全宋詩》的編纂看《四庫全書》的文獻價值〉,收錄於北京大學中國古
文獻研究中心等編,《海峽兩岸古典文獻學學術研討會論文集》(上海:上海古籍
出版社,2002 年),頁 405—447。

龔鵬程,〈乾隆年間的文人史論——論章實齋的「文史學」〉,收錄於陳仕華、林惠珍
等編,《章學誠研究論叢——第四屆中國文獻學學術研討會論文集》(臺北:臺灣
學生書局,2005 年),頁 93—114。

林家驪,〈章學誠的文學觀〉,收錄於陳仕華、林惠珍等編,《章學誠研究論叢——第
四屆中國文獻學學術研討會論文集》(臺北:臺灣學生書局,2005 年),頁 301—
322。

吳鷗,〈章學誠的詩學觀與「六經皆史」說〉,收錄於陳仕華、林惠珍等編,《章學誠
研究論叢——第四屆中國文獻學學術研討會論文集》(臺北:臺灣學生書局,2005
年),頁 323—330。

王國良,〈章實齋圖書編撰學探析〉,收錄於陳仕華、林惠珍等編,《章學誠研究論叢——
第四屆中國文獻學學術研討會論文集》(臺北:臺灣學生書局,2005 年),頁 409—
440。

胡楚生,〈章學誠《校讎通義》與鄭樵《校讎略》之關係〉,收錄於陳仕華、林惠珍等

編,《章學誠研究論叢——第四屆中國文獻學學術研討會論文集》（臺北：臺灣學生書局，2005 年），頁 441—456。

陳仕華,〈章學誠會通思想在目錄學上的意義〉，收錄於陳仕華、林惠珍等編,《章學誠研究論叢——第四屆中國文獻學學術研討會論文集》（臺北：臺灣學生書局，2005 年），頁 505—526。

陳仕華,〈《文獻通考‧經籍考》輯錄體解題引文之研究〉，收錄於李浩、賈三強主編,《古代文獻的考證與詮釋－海峽兩岸古典文獻學國際學術會議論文集》（上海：上海古籍出版社，2006 年），頁 139。

楊果霖,〈《天祿琳琅書目》補正析例〉，收錄於《第一屆中國古典文獻學國際學術研討會論文集》（臺北：聖環圖書股份有限公司，2010 年）頁 67－86。

四、 學位論文（以論文出版時間、姓氏筆畫為順序）

許文淵,〈清修四庫全書之目錄學〉，政治大學中國文學研究所碩士論文，1975 年。

王珠美,〈清代藏書家張金吾研究〉，臺灣大學圖書館學研究所碩士論文，1988 年。

劉正元,〈余嘉錫的目錄學研究〉，臺北市立師範學院應用語言文學研究所碩士論文，2001 年。

林良如,〈邵晉涵之文獻學探究〉，臺灣師範大學國文研究所碩士論文，2002 年。

唐桂豔,〈《天祿琳琅書目》研究〉，山東大學古籍研究所碩士論文，2004 年。

謝宛芝,〈《天祿琳琅書目‧後編》研究〉，臺北大學古典文獻學研究所碩士論文，2005 年。

范芝熏,〈中國古典目錄體制「提要」之研究〉，輔仁大學圖書資訊學系碩士論文，2006 年。

薛建發,〈《四庫全書總目》文學鑑賞研究〉，臺北市立教育大學應用語言文學研究所語文教學碩士學位班碩士論文，2006 年。

段又瑄,〈四庫分纂稿、閣書提要和《總目》提要之內容比較分析——以集部為例〉，臺灣大學圖書資訊學研究所碩士論文，2007 年。

王春琴，〈彭元瑞與《天祿琳琅書目後編》〉，華東師範大學人文學院古籍研究所碩士論文，2008 年。

郭佳靜，〈明末清初藏書家族之研究——以浙東祁家為主〉，臺北大學古典文獻研究所碩士論文，2008 年。

鄭惠珍，〈中西圖書分類原理之比較研究〉，臺灣大學圖書資訊學系碩士論文，2009 年。

白育穎，〈周中孚及其《鄭堂讀書記》研究〉，臺北大學古典文獻研究所碩士論文，2010 年。

吳佩瑜，〈清乾嘉時期藏書家與學者關係之一考察——以黃丕烈及其學術知交為例〉，臺北大學古典文獻研究所碩士論文，2011 年。

張相果，〈明清藏書家之書籍流通途徑與困境——以錢謙益藏書為例〉，成功大學歷史學系碩士論文，2013 年。

劉學倫，〈馬端臨及其《文獻通考·經籍考》之文獻學研究〉，中央大學中國文學研究所博士論文，2013 年。

國家圖書館出版品預行編目(CIP) 資料

```
文獻蒙拾：清代圖書目錄集部提要管窺 / 鮑
廣東著. -- 初版. -- 臺北市：元華文創，
2018.06
    面；  公分

  ISBN 978-986-393-981-8(平裝)

 1.清代文學 2.專科目錄 3.提要

016.82                         107006832
```

文獻蒙拾
　──清代圖書目錄集部提要管窺

鮑廣東　著

發 行 人：陳文鋒
出 版 者：元華文創股份有限公司
聯絡地址：100 臺北市中正區重慶南路二段 51 號 5 樓
電　　話：(02) 2351-1607
傳　　真：(02) 2351-1549
網　　址：www.eculture.com.tw
E - m a i l：service@eculture.com.tw
出版年月：2018（民 107）年 06 月 初版
定　　價：新臺幣 530 元

ISBN：978-986-393-981-8 (平裝)

總 經 銷：易可數位行銷股份有限公司
地　　址：231 新北市新店區寶橋路 235 巷 6 弄 3 號 5 樓
電　　話：(02) 8911-0825　　傳　　真：(02) 8911-0801